LA DOLCE VITA

Alte und neue Klassiker der römischen Küche

ELEONORA GALASSO

Fotografien von David Loftus

Für Nonna Ia, die immer mein Schutzengel sein wird.

Titel der Originalausgabe: *As the Romans do. La Dolce Vita in a Cookbook. Classic and Reinvented Recipes from Rome.*
Erschienen bei Mitchell Beazley, ein Unternehmen der Octopus Publishing Group Ltd, Carmelite House, 50 Victoria Embankment, London EC4Y 0DZ, 2016
Text Copyright © 2016 Eleonora Galasso
Design & Layout Copyright © 2016 Octopus Publishing Group Ltd
Eleonora Galasso has asserted her moral right to be identified as the author of this work.
Fotografie: David Loftus mit Ausnahme von S. 8, 11, 65 oben rechts und 153 unten links: Cecilia Fusco; S. 302 oben Mitte: Olivia Magris
Deutsche Erstausgabe
Copyright © 2017 von dem Knesebeck GmbH & Co. Verlag KG, München
Ein Unternehmen der La Martinière Groupe

Umschlaggestaltung: Leonore Höfer, Knesebeck Verlag
Satz: satz & repro Grieb, München
Lektorat: Text-Genuss, Annika Genning, München
Printed in China

ISBN 978-3-86873-987-9

www.knesebeck-verlag.de

Hinweis: Soweit nicht anders angegeben, verstehen sich die Ofentemperaturangaben für Umluft. Da jeder Ofen anders heizt, bitte zwischendurch immer ein Auge auf das Gar-/Backgut werfen.

LA DOLCE VITA

Alte und neue Klassiker der römischen Küche

ELEONORA GALASSO

Fotografien von David Loftus

Aus dem Englischen von Susanne Schmidt-Wussow

KNESEBECK

INHALT

Einführung 8
In der Vorratskammer...................................12

KAPITEL 1
**Frühstücksritual
AL BAR 14**

Maritozzi 18
Rosinenbrötchen
Ventagli 20
Blätterteigfächer
Granola 22
Knuspermüsli
**Treccia di brioche con scaglie
di cioccolato** 25
Briochezopf mit Schokostückchen
Biscotti brutti ma buoni 26
Hässliche, aber leckere Kekse
Bignè di San Giuseppe 30
Römische Karnevalskrapfen
Bomboloni 31
Gebackene Donuts
Biscottoni da inzuppo 32
Frühstückskekse zum Eintunken
Fette biscottate 35
Frühstückszwieback
Budini di riso 36
Reistörtchen

KAPITEL 2
Für zwischendurch 38

Tarallucci al vino 43
Süße Knabbereien mit & zum Wein
**Insalata di farro con pollo, zucchine
e formaggio di capra** 44
Dinkelreissalat mit gegrillten Hähn-
chenstreifen, Zucchini & Ziegenkäse
Trio di bruschette 46
Dreierlei Bruschette
**Torta rustica carciofi, piselli
e prosciutto** 50
Bauernpastete mit Artischocken,
Erbsen & Schinken
Tortino di verdure incartato 51
Gemüsepastete im Mangoldkleid
Pizzette rosse 55
Minipizzen mit Tomatensauce
**Girelle di pan carrè con mousse di
prosciutto cotto agrumata** 56
Sandwichschnecken mit Prosciuttomousse
Trio di ovis molis alle marmellate 57
Butterkekse mit dreierlei Konfitüre
**Ciambellone di polenta alla zucca
e mele** 59
Polentakuchen mit Kürbis & Apfel
La pastiera 60
Neapolitanischer Osterkuchen

KAPITEL 3
Mittagessen für unterwegs ...62

Pomodori ripieni con patate 66
Reisgefüllte Tomaten mit Kartoffeln
**Rosette con mortazza, stracchino e
mostarda casalinga**...............................69
Rosetta-Brötchen mit Mortadella,
Stracchino & hausgemachter Mostarda
»Panino« di mozzarella 71
Mozzarella-»Sandwich«
**Conchiglioni ripieni su foglie
di basilico** 72
Gefüllte Conchiglioni auf
Basilikumblättern
Fagottini di verza ripieni 74
Wirsing-Kalbfleisch-Päckchen
**Carpaccio di spigola con pesche,
kiwi e rughetta** 75
Wolfsbarschcarpaccio mit Pfirsichen,
Kiwi & Rucola
Frittata di spaghetti 79
Spaghetti-Omelett
**Soppressata di polpo con insalata
di patate e sedano** 80
Tintenfisch-»Wurst« mit Kartoffeln &
Sellerie
Melanzane e zucchine a barchetta 84
Auberginen- & Zucchiniboote

Gnocchi alla ricotta del giovedì con gamberetti e pistacchi 86
Donnerstags-Ricotta-Gnocchi mit Garnelen & Pistazien
Ceci e baccalà 89
Freitagsfisch mit Kichererbsen

KAPITEL 4
Mittagessen mit der Familie 90

Gnocchi alla Romana con sugo di spuntature di maiale 94
Römische Gnocchi mit Schweinerippchen in Tomatensauce
Coda di rospo agli agrumi e finocchio accompagnata da fagiolini corallo 96
Zitronen-Seeteufel mit Fenchel & fruchtigem Stangenbohnensalat
Spiedini di manzo ripieni con tortino di agretti 98
Gefüllte Rindfleischpäckchen mit herzhaften Agrettiküchlein
Pasta al forno con asparagi, pancetta e provola 103
Überbackene Nudeln mit Spargel & Pancetta
Filetto di salmone con mousse di fave e pecorino 104
Lachsfilet mit Minze-Bohnen-Mousse

Spaghetti alla carbonara 106
Spaghetti mit Carbonara-Sauce
Spezzatino in umido con parmigiana di carciofi 108
Rinderragout mit Artischockenauflauf
Pesce spada al cartoccio con polpo e scarola in padella 112
In Papier gegarter Schwertfisch mit Babykalmaren & geschmorten Endivien
Pasticcio di cappelletti panna, prosciutto, fegatini e piselli 114
Nudelpastete mit Schinken, Leber & Erbsen
Polpette della nonna accompagnate da scalogni glassati con prugne secche 117
Großmutters Fleischbällchen mit glasierten Schalotten & Backpflaumen
Vitel tonné 118
Kalb mit Thunfischsauce
Insalata di puntarelle 120
Puntarellesalat
Cannelloni al forno con ricotta e zafferano 121
Cannelloni mit Ricotta & Safran
Coda alla vaccinara in verde 124
Grünes Ochsenschwanzragout
Biancomangiare 125
Weiße Suppe

KAPITEL 5
APERITIVO 126

Mozzarella in carrozza 131
Mozzarella im Brotteig
Panzanella 132
Brotsalat
Trio di fritti: Supplì al telefono, crocchette di patate e schiacciatine di bollito 134
Frittiertes Trio: Römische Reiskugeln, Kartoffelkroketten & Fleischbällchen
Olive all'ascolana 137
Gefüllte Oliven nach Ascoli-Art
Fiori di zucca ripieni 139
Gefüllte Zucchiniblüten
Galantina di pollo servita con bocconcini d'uva al formaggio 142
Hähnchengalantine mit Käsetrauben
Sandwich di polenta con salsiccia e formaggio 145
Polentasandwich mit gebackenem Würstchen & Käse
Tramezzini 146
Feine Sandwiches
Alici o sardine marinate 147
Marinierte Sardellen oder Sardinen
Limoni ripieni alla crema di tonno ... 149
Zitronen gefüllt mit Thunfischcreme

KAPITEL 6

ROMANTISCHE ABENDESSEN 150

Bucatini alle vongole e patate alla menta 154
Bucatini mit Venusmuscheln & Minze-kartoffeln

Ossobuco al pepe verde e vignarola 157
Römisches Ossobuco mit geschmortem Frühlingsgemüse

Pasta e ceci, salvia e fagioli del purgatorio con tartufo nero e lardo ... 158
Nudeln, Kichererbsen & Bohnen mit schwarzen Trüffeln

Orata in crosta di patate 161
Dorade im Kartoffelmantel

Costolette d'agnello in crosta con cavolfiore e castagne accompagnate da gattò di patate, cardi e arance ... 164
Knusprige Lammkoteletts mit Blumenkohl, Maronen & Kartoffel-Orangen-Kuchen

Ravioli alla Romana con broccoli, alici, pomodori secchi e ricotta 168
Römische Ravioli mit Brokkoli, Sardellen & sonnengetrockneten Tomaten

Spiedini di anguille in foglie di alloro e salsa al cren 170
Aal-Lorbeer-Spieße mit hausgemachter Meerrettichsauce

Penne gratinate alla Campolattaro ...171
Pennegratin nach Art von Campolattaro

Seppioline piselli, avocado e pomodoro 173
Tintenfisch mit Erbsen, Avocado & Tomaten

KAPITEL 7

ABENDESSEN: #FOODHAPPINESS 174

Pollo alla Romana con peperoni 179
Römisches Hähnchen mit Paprika

Pasta cacio, pepe e cozze 181
Nudeln mit Käse, Pfeffer & Miesmuscheln

Braciole di maiale con panuntelle 183
Schweinekoteletts mit geröstetem Landbrot

Tesoro di riso e sogliole con salsa al prosecco 184
Reis-Rotzunge-Timbale mit Proseccosauce

Porchetta di Ariccia e cavoli trascinati 188
Schweinebraten nach Ariccia-Art mit »gezogenem« Wirsing

Maccheroni alla Gricia con carciofi, zucchine e ricotta salata 192
Maccheroni mit Artischocken, Zucchini & Ricotta salata

Pasta all'Amatriciana 193
Nudeln mit Amatriciana

Coniglio brodettato della vendemmia con uva e olive 194
Kaninchenragout mit Trauben & Oliven

Ribollita Laziale 196
Ribollita aus dem Latium

KAPITEL 8

ZEIT ZUM FEIERN 198

Palline ricotta e cocco 202
Ricotta-Kokos-Kugeln

Mimosa al profumo di ananas con fiorellini zuccherati 204
Mimosentorte mit Ananas & kandierten Blüten

Cuzzupa Pasquale 207
Osterbrot mit Ei

Pane di Pasqua con pecorino, miele e salame 211
Osterbrot mit Pecorino, Honig & Salami

Lumaca di pangiallo Romanesco dell'imperatore con gelatina di mandarini 212
Süßes Kaiserbrot mit Clementinen-gelee

Pesche sciroppate con panna 217
Pochierte Pfirsiche in Sirup mit Sahne

Cotechino in crosta con insalata di finocchi, olive, arance e melograno 218
Cotechino im Teigmantel mit Salat aus Fenchel, Oliven, Orangen & Granatapfel

Pesce finto di Natale 222
Weihnachts-»Fisch«

Castagnole di carnevale alla Romana 223
Römische Karnevalskrapfen

KAPITEL 9
KUCHEN & CO. 224

Fruttini gelato 229
Eiscremefrüchte

**Meringona alla Romana con
salsa di arance** 230
Römische Meringen mit Orangen-
sauce

**Torta al cioccolato, amaretti
e tutti frutti** 233
Schokoladenkuchen mit Amaretti &
Früchten

**Semifreddo ai cantucci e
Vin Santo** 237
Mandeleistorte mit süßem Wein

Torta della nonna 238
Großmutters Cremetorte

**Crostata ricotta e cioccolato
come al ghetto** 240
Ricotta-Schokoladen-Kuchen
jüdischer Art

Tiramisù al limone 241
Zitronentiramisu

**Torta di castagne e mele con
farina alle nocciole e arance
candite** 244
Apfel-Maronen-Haselnuss-Kuchen
mit kandierten Orangen

Castagnaccio 245
Rührkuchen mit Kastanienmehl

Rotolo ricotta e visciole 247
Sauerkirsch-Ricotta-Biskuitrolle

KAPITEL 10
FÜR DIE VORRATS-
KAMMER 248

Carciofini sott'olio 252
Artischocken in Öl

**Sugo passepartout per conserve,
pizza e pasta** 254
Tomatensauce auf Vorrat für
Pizza & Pasta

**Tozzetti della Tuscia con semi
di chia** 257
Toskanische Tozzetti mit Chiasamen

Grissini 258
Grissini

Pangrattato 262
Semmelbrösel

Pesto Romano di zucchine 262
Zucchinipesto römischer Art

Crostini 263
Crostini

Conserva alla cipolla rossa 263
Eingelegte rote Zwiebeln

Marmellata di uva e noci pecan 265
Trauben-Pekannuss-Konfitüre

Cubetti di ghiaccio 266
Farbige Eiswürfel

Il Negroni 268
Negroni

Sambuca alla Romana 271
Römischer Sambuca

KAPITEL 11
MITTERNACHTS-
SCHLEMMEREIEN 272

Grattachecca 276
Römische Granita

Pallotte cacio e uova 278
Kurzgebratene Käse-Ei-Bällchen

**Straccetti al Marsala accompagnati
da spinaci e pane raffermo** 279
Kalbsstreifen in Marsalasauce & Spinat
mit Brotwürfeln

Carciofi alla Romana 283
Geschmorte Artischocken römische Art

**Salsiccia con lenticchie, porro e
finocchio** 284
Eintopf mit Schweinewurst, Linsen,
Lauch & Fenchel

**Saltimbocca alla Romana con pera
caramellata, salvia fritta e lattuga
brasata** 287
Saltimbocca mit karamellisierter Birne,
gebratenem Salbei & geschmortem Salat

Pappa al pomodoro 288
Brot mit Tomatensuppe

**Fusilli lunghi aglio, olio, indivia,
peperoncino, capperi e molliche** 290
Fusilli mit Endivien, Chilischoten,
Kapern & Crostini

Affogato al caffè 293
Eis im Kaffeebad

Sgroppino 295
Luftiger Zitronencocktail

Register 298
Danksagungen 303

EINFÜHRUNG

Essen ist eine Sprache – es muss genau wie jede andere entschlüsselt werden. Ich sehe mich dabei als kulinarische Dolmetscherin. Entdecken Sie mit mir die Geheimnisse der römischen Küche in all ihrer wunderbar komplexen Einfachheit.

Dieses Buch ist für alle, die gerne italienisch kochen würden, aber nie wussten, wo sie anfangen sollten. Aber auch für jene, die italienische Küche hauptsächlich mit Pasta und Pizza in Verbindung bringen. Für alle, die sich nicht davor scheuen, eine neue, verborgene Ebene italienischer Köstlichkeiten (von Leckereien für Frühaufsteher bis zu Gerichten für Mitternachtsschlemmereien) zu betreten. Meine Art zu kochen lebt von den Aromen und lässt sich einfach zu Hause nachkochen. Die Rezepte stammen aus der authentischen italienischen Familienküche, daher brauchen Sie weder spezielle Zutaten noch Gerätschaften. Einige Rezepte werden in meiner Familie von Generation zu Generation weitergegeben. Andere habe ich auf meinen Reisen durch das Latium zusammengetragen. Dort entdeckte ich Küchengeheimnisse und -techniken der unterschiedlichsten Menschen, für die »italienisch essen« keine Lifestyle-Entscheidung ist, sondern unabdingbar.

In Italien legt man auf das lockere gemeinsame Essen zu Hause größeren Wert. Die italienische Küche ist auf der ganzen Welt wohl so beliebt, weil bei ihr das Zusammensein ganz von selbst die wichtigste Zutat ist. Während Zeit und Raum sich in guten Gesprächen auflösen, ergeben sich einfach schöne Momente mit Freunden und Familie, wenn alle gemeinsam in der trubeligen Küche kochen. Diese ist in Italien immer Mittelpunkt des Hauses oder der Wohnung. Dann endlich heißt es *è pronto a tavola!*, »Und nun zu Tisch!«. Wenn alle gegessen haben, breitet sich allseits ein Gefühl der Zufriedenheit aus in dem Bewusstsein, Lebenszeit sinnvoll genutzt zu haben.

Ich lebe abwechselnd in Rom, Paris und London, und doch – so sehr ich das Reisen liebe – sehe ich nirgendwo besser die ganze Welt vorbeiziehen als an meinem eigenen Tisch. Dort kann ich im sanften Gespräch, prickelndem Schlagabtausch oder bei lebhaften Debatten über Gott und die Welt diskutieren. So fühle ich mich als Teil des Lebens. Jeder hat dabei ein Recht auf seine eigene Sicht der Dinge, jeder Gang hat eine Geschichte zu erzählen: Essen ist der Schlüssel zum Leben. Für mich ist eine Mahlzeit dann perfekt, wenn sie dieses Gefühl der Zugehörigkeit heraufbeschwören kann. Das ist es, was wir auf unserem Weg durch das Leben suchen. Wenn wir dieses »zu Hause angekommen« endlich gefunden haben, können wir uns hinsetzen und sagen: »Hey, hier gefällt es mir. Ich glaube, hier bleibe ich eine Weile.«

Meine Rezepte sind bodenständig und sprechen die Seele an; unkomplizierte Mahlzeiten für Singles, Paare, Freunde und Familie, die das Budget nicht strapazieren. Spielen Sie mit den Zubereitungsmethoden, passen Sie sie an. Hauptsache, Sie finden Ihr #foodhappiness (»Essensglück«), auch wenn es nur ein Espresso, dazu ein Esslöffel Ricotta mit etwas Honig, ist – genießen Sie mit einem Lächeln im Gesicht, während das Leben einen Gang zurückschaltet.

Rom ist eine vielschichtige Stadt, das Ergebnis von jahrhundertelangem prunk- und eindrucksvollem urbanem Chaos. Die Zeit hinterließ Spuren und eine kunstvolle Vielfalt an Gebäuden und Persönlichkeiten. Es gibt das klassische Rom, die Mittelalterstadt, die Renaissance, den Barock, das Rom nach 1870, als es Hauptstadt des Königreiches Italien wurde. Dann gibt es noch das Rom des *dolce vita* – die Cafés, die fröhlichen Menschen, die Vespas, das Pfeifen nach den Mädchen, die langen Spaziergänge in Freiluftmuseen und diese unerklärliche und bezaubernde Verwirrung, die jeden Besucher hier befällt und fasziniert.

Ich bezeichne mich gern als eine Kreuzritterin des guten Essens. Mit diesem Buch begeben Sie sich mit mir auf einen Spaziergang durch die römischen Düfte. Ich nehme Sie mit auf eine Reise durch die winzigen Gässchen, die großen Palazzi, zeige Ihnen Traditionen, die Viertel und die verborgenen Schätze der Ewigen Stadt. Entdecken Sie, was »typisch römisch« bedeutet. In Rom weckt mich das Aroma eines starken Kaffees, der Duft einer dünnen, öligen Pizza bianca (Pizza mit Ricotta statt Tomatensauce) bringt mich durch den Vormittag und eine unbeschreibliche Mischung aus verbranntem Holz und Tomatensauce erinnert mich daran, dass das Mittagessen naht. Man braucht keine Uhr in einer Stadt, in der die Zeit durch die Aromen, die aus den Küchen wehen, und durch das Läuten der Kirchenglocken regiert wird. Wer die römische Lebensart erkunden will, muss Augen, Nase und Ohren weit offen halten.

Ich möchte hier vertraute Stimmungen und Aromen mit Ihnen teilen. Ich hoffe, dass sie Ihnen beim Durchblättern dieser Beschreibung des *dolce far niente*, des »süßen Nichtstun«, ebenso vertraut werden. Ich erbitte Ihr Wohlwollen auf diesem Weg und lasse Sie: kochen, essen und reden – ganz die römische Lebensart!

IN DER VORRATSKAMMER

Einige Grundzutaten sind in jeder Küche Roms zu finden. Mit folgenden Zutaten können Sie ganz leicht römisch kochen und Gladiatoren des guten Essens werden:

• Wenn wir Römer »Olivenöl« sagen, meinen wir »kalt gepresstes natives Olivenöl extra«. Dieses wird durch das Auspressen der Oliven, also ohne Hitzezufuhr, gewonnen und behält so seinen gesamten Nährwert sowie das volle Aroma. Das leuchtend goldene Öl wertet jedes Gericht unverwechselbar auf.

• Römer haben als *vino per cucinare* (Kochwein) stets einen preiswerten, vollmundigen Wein aus der Gegend zur Hand. Für uns ist ein ordentlicher Rotweinfleck auf dem Tischtuch ein Zeichen für eine fröhliche Mahlzeit, aber wir verwenden Wein auch in vielen Rezepten, von Ragouts bis hin zu herzhaften Pasteten.

• Eier sollten selbstverständlich möglichst aus Freilandhaltung stammen. Sie müssen unbedingt sehr frisch und für die Verarbeitung zimmerwarm sein.

• Römer lieben Kräuter – ihr Duft betört einfach –, aber wir haben keine festen Regeln für ihre Verwendung. Scheuen Sie sich nie davor, Basilikum, Petersilie, Rosmarin, Thymian, Salbei etc. dazuzugeben.

• Nudeln gehören zur Grundausstattung jeder italienischen Vorratskammer. Formen und Marken sind uns gar nicht immer so wichtig, aber zu besonderen Anlässen gönnen wir uns gern etwas Gutes. Teurere Pasta wurde mit größerer Wahrscheinlichkeit auf Bronze gezogen, was die Oberfläche rauer macht, so dass die Sauce besser haftet. Und sobald Sie selbst Nudeln machen können, spielen Sie einfach ein paar Varianten durch.

• Verwenden Sie entweder Carnaroli- oder Arborio-Reis (etwa für *timballi* oder gebratene *supplì*, siehe Seiten 184 und 134).

• Alle Römer haben eine natürliche Vorliebe für *acciughe* (Sardellen), vielleicht weil sie die Hauptzutat von *garum* waren, einer Fischsauce aus sonnengetrockneten und fermentierten Zutaten, die sich im alten Rom großer Beliebtheit erfreute. Sardellenfilets schmecken köstlich in Salaten oder als Teil einer saftigen Füllung von frischen Eiernudeln.

• In vielen römischen Haushalten wird wöchentlich eine große Portion Brühe vorgekocht. Dafür einen großen Topf zur Hälfte mit Wasser füllen,

1 geschälte Karotte, 1 Selleriestange, 1 Tomate, 1 Kartoffel und 1 große weiße Zwiebel, geschält und mit Gewürznelken gespickt, dazugeben und alles 20 Minuten kochen lassen. So einfach ist das.

• *Soffritto* entsteht beim Anschwitzen in Olivenöl von Karotte, Knoblauch, Zwiebel und Sellerie, alles sehr fein gehackt. Es ist Grundlage für jede (Würz-)Sauce, ob auf Gemüse-, Fisch- oder Fleischbasis.

• Ricotta (vor allem aus Schafsmilch) kauft man in Rom so regelmäßig ein wie Brot und Zwiebeln. Dank seines milden Aromas passt er zu allem, von Fleisch- und Fischgerichten bis hin zu Kuchen oder Ihrem Frühstückstoast.

• Römer haben immer einige Gläser Tomatensauce in der Speisekammer, auch wenn dafür eine gute Flasche Wein weniger hineinpasst. Ein narrensicheres Rezept für eine schnelle Tomatensauce finden Sie auf Seite 254.

• Butter ist in der römischen Küche immer ungesalzen. Sie taucht in diesem Buch nicht besonders häufig auf, weil Butter eher typisch für die norditalienische Küche ist, während die meisten Rezepte der Toskana und weiter südlich eher Olivenöl verlangen.

• Artischocken sind der Heilige Gral der römischen Küche. Italienische Artischocken sind klein, violett und haben kein erkennbares Heu. So putzen Sie sie:

Mit einem Messer 1 Zitrone halbieren, die Fingerspitzen damit einreiben – so vermeiden Sie Flecken. Alternativ Einmalhandschuhe tragen. Eine mittelgroße Schüssel mit Wasser füllen und den Saft der zweiten Zitronenhälfte hineindrücken. Die zähen grünen Außenblätter abbrechen, bis die zarten gelb-violetten Innenblätter hervorkommen. Mit einem kleinen scharfen Messer den Stiel bis auf 4 cm abschneiden, dann spiralförmig vom Stielende nach oben die hellgrüne Schale von der Artischockenbasis schälen. Das obere (spitze) Ende der Artischocke wegschneiden. Die Schnittflächen mit Zitronensaft bestreichen. Wenn Sie die üblichen Artischocken verwenden, müssen Sie nun das Heu entfernen: Die Blättchen mit den violetten Spitzen in der Mitte der Artischocke greifen und herausziehen, dann das Heu mit allen Härchen herauskratzen. Die Artischocke in die Schüssel mit dem Zitronenwasser legen, damit sie nicht braun wird.

Kapitel I FRÜHSTÜCKSRITUAL AL BAR

Ich war schon immer eine Frühaufsteherin. Frühmorgens scheint Rom voll träger Geheimnisfülle: Man hat die Stadt für sich und kann seine Schritte auf den *sanpietrini* hören, dem römischen Kopfsteinpflaster. Die Steine, die einst Pilgern den Weg zum Vatikan weisen sollten, sind durch Millionen frommer Füße glatt poliert. Leider können sie recht rutschig sein und eignen sich damit weder für hohe Geschwindigkeiten noch für ebensolche hohen Absätze. Ideal dagegen sind sie für glückliche Begegnungen mit einem schönen Fremden: Man glaubt, man gleite elegant dahin, stolpert jedoch und endet als Häufchen Unglück am Boden, zusammen mit den Einkaufstüten und dem Selbstwertgefühl.

Bei Sonnenaufgang bevölkert ein besonderer Menschenschlag die Stadt: Müllsammler, Straßenkünstler, Nachtschwärmer auf dem Weg nach Hause, aber nicht ohne einen Zwischenstopp *al bar*. Die meisten Italiener betrachten das Frühstück kaum als eine richtige Mahlzeit; sie trinken auf dem Weg zur Arbeit nur kurz im Café ihren selbigen im Stehen, *al bar*. Italien ohne *caffè* ist kaum vorstellbar. Im Grunde ist er das Nationalfrühstück. Alle Italiener sind Kaffeekenner, selbst diejenigen, die es nicht sind. Zuerst zahlt man bei dem Familienmitglied des Cafébesitzers, das an diesem Morgen gerade kassiert, dann nimmt man den Bon mit zur Theke und bestellt dort. *Un caffè* an der Bar, im Stehen genossen, kostet wesentlich weniger, als wenn man ihn im Sitzen schlürft.

Aber denken Sie daran: Wenn Sie in Italien *un caffè* bestellen, bekommen Sie immer einen Espresso. Probieren Sie einfach auch mal *un caffè macchiato* (Espresso mit etwas aufgeschäumter Milch) oder *un caffè marocchino* (*un macchiato* mit Kakaopulver) oder *un caffè Americano* (Espresso mit viel heißem Wasser). Wer mehr Milch und mehr Schaum möchte, ordert beim Barista *un cappuccino*, aber niemals zu einer anderen Tageszeit als zum Frühstück, sonst gibt es schiefe Blicke. Wenn Sie aber wie ein echter Römer frühstücken wollen, bestellen Sie *un cappuccio e un cornetto*, Cappuccino und Croissant. Beim letzteren haben Sie wieder die Qual der Wahl: pur oder mit Schokoladen-, Creme- oder Marmeladenfüllung. Sie könnten *un bombolone* bestellen (die italienische Version eines Donuts, siehe Seite 31), einen fluffigen *maritozzo* (siehe Seite 18) oder einen blättrigen *ventaglio* (siehe Seite 20). Danach kann man es sogar mit einem trüben Montagmorgen aufnehmen.

Maritozzi

ROSINENBRÖTCHEN

Das *maritozzo* ist der Mittelpunkt meines römischen Frühstücks. Die Bezeichnung
für das köstliche kleine Rosinenbrötchen ist eine Verniedlichung von *marito* (Ehemann). Es kam
im Mittelalter auf, als Liebesbeweis: Dem Mädchen, das den besten *maritozzo* buk, wurde
die köstlichste Ehre von allen zuteil – die Aufmerksamkeit des schönsten jungen Mannes
in der Nachbarschaft. Wer würde das nicht ausprobieren wollen? Einer solch verlockenden
Gaumenfreude zu verfallen geht fast so schnell, wie sich das erste Mal zu verlieben.

Zubereitungszeit: 30 Minuten
plus Zeit zum Gehen

Backzeit: 20 Minuten

Ergibt 8 Stück

1 TL Trockenhefe

1 TL Malzextrakt oder feiner
Zucker

375 g Manitobamehl (stark
glutenhaltiges Mehl, siehe Tipp),
plus mehr nach Bedarf

70 g feiner Zucker

1 Prise Salz

70 ml Maiskeimöl

Abrieb von 1 unbehandelten
Zitrone

2 Eier, getrennt

20 g Rosinen, 10 Minuten in
warmem Wasser eingeweicht und
abgetropft

20 g Pinienkerne

Abrieb von 1 unbehandelten
Orange

Für die Glasur (nach Belieben)
120 g Zucker

Für die Füllung
350 ml Schlagsahne

30 g Puderzucker

50 g Pistazienkerne, zu feinem
Pulver zerstoßen

In einer kleinen Schüssel die Hefe in 50 ml lauwarmem Wasser auflösen, das Malzextrakt (oder den Zucker) einrühren. Ein Backblech mit Backpapier auslegen.

In einer großen Schüssel das Mehl (siehe Tipp) mit dem Zucker vermischen. Eine Mulde in die Mitte drücken, die Hefemischung hineingießen und alles verrühren.

In einer kleinen Schüssel in 150 ml lauwarmem Wasser das Salz, Öl und den Zitronenabrieb verquirlen, dann zur Mehlmischung gießen. Mit dem Eigelb zu einem festen Teig verkneten. Die Rosinen, Pinienkerne und den Orangenabrieb gut unterkneten.

Den Teig mit Mehl bestäuben, mit Frischhaltefolie bedeckt an einem warmen Ort mindestens 2 Stunden gehen lassen. Sein Volumen sollte sich um ein Drittel vergrößern.

Anschließend den Teig auf einer gut bemehlten Arbeitsfläche kräftig durchkneten. Er sollte fest und elastisch werden. Dann 8 runde Brötchen daraus formen. Die *maritozzi* auf dem Backblech und mit Frischhaltefolie bedeckt weitere 30 Minuten ruhen lassen.

Anschließend die Brötchen zu Ovalen formen und mit dem Eiweiß bestreichen. Mit Frischhaltefolie bedeckt 1 Stunde gehen lassen.

Den Ofen auf 180 °C vorheizen und für den Zuckersirup (falls gewünscht) in einem Topf den Zucker in 80 ml Wasser bei mittlerer Temperatur ohne Umrühren 3–5 Minuten erhitzen, bis die Flüssigkeit durchsichtig wird. Zum Abkühlen beiseitestellen.

Die *maritozzi* im Ofen in 20 Minuten goldbraun backen, herausnehmen und mit dem Zuckersirup bestreichen. Mindestens 20 Minuten abkühlen lassen.

Für die Füllung die Sahne mit dem Puderzucker steif schlagen. In jeden *maritozzo* von oben einen Keil schneiden, Schlagsahne einfüllen und mit dem Pistazienpulver bestreuen.

Tipp: Statt Manitobamehl (ein kanadisches Brotmehl) eine stark glutenhaltige Mischung (50:50) aus Mehl, Type 550 und *semolina* Tipo 00 verwenden. Mit Hingabe kneten, die Gehzeiten einhalten.

Ventagli
BLÄTTERTEIGFÄCHER

Sobald der Mai kommt, wird es in Rom brütend heiß. Wenn die Herren in alten Zeiten
bei Festlichkeiten zu Ehren von Bacchus, dem römischen Gott des Weins und der Trunkenheit,
der drückenden Hitze entfliehen wollten, suchten sie sich eine ruhige Ecke und ließen sich
von Mädchen mit Fächern aus Straußenfedern Kühlung zufächeln. In der Renaissance gehörte
der Fächer zur Ausstattung der Damen. Lucrezia Borgia besaß offenbar eine ganze Sammlung
davon. Sie waren handgefertigt aus Federn, Elfenbein und Edelmetallen. Der Fächer diente
unabhängig von seiner Gestaltung bei sozialen Ereignissen in jedem Fall als Verführungshilfe –
natürlich nur, wenn er nicht gerade als Fliegenklatsche gebraucht wurde.
Diese süß duftenden Blätterteigfächer sind ein Sinnbild für römischen Frühstücksgenuss.
Sie halten sich im luftdichten Behälter bis zu 5 Tage.

Zubereitungszeit: 10 Minuten
plus Zeit zum Kühlen

Backzeit: 20 Minuten

Für 6 Personen

1 (à 320 g) Blätterteig, TK-Ware,
aufgetaut

75 g feiner brauner Zucker
(siehe Tipp)

Abrieb von 1 unbehandelten
Zitrone

75 g feiner Zucker

Den Ofen auf 180 °C vorheizen. Ein Backblech mit Backpapier auslegen.

Auf einer Arbeitsfläche die Blätterteigplatte rechteckig ausrollen, darauf
gleichmäßig den Zucker und Zitronenabrieb verteilen.

Von einer der kurzen Seiten her den Teig fest bis zur Mitte aufrollen, dabei
darauf achten, dass die Platte nicht reißt. Von der gegenüberliegenden
Seite ebenso vorgehen, so dass zwei fest aufgerollte Teigrollen nebenein-
anderliegen. Den Teig locker in Backpapier einschlagen und 15 Minuten
im Gefrierfach fest werden lassen (so lässt er sich einfacher schneiden).

Anschließend den angefrorenen Teig herausnehmen und quer in 1 cm
dicke Scheiben schneiden. Den feinen Zucker in eine flache Schüssel geben
und jede Teigscheibe darin wälzen, bis beide Seiten mit Zucker bedeckt
sind.

Die Teigfächer auf das Backblech legen, dabei rundherum einen Abstand
von mindestens 2,5 cm lassen. Die *ventagli* im Ofen in 20 Minuten goldbraun backen, dabei nach der Hälfte der Backzeit wenden. Aus dem Ofen
nehmen und vor dem Servieren auf einem Kuchengitter abkühlen lassen.

Tipp: Feiner brauner Zucker muss kein Rohzucker sein, es kann sich auch
um raffinierten Zucker handeln, der nach der Prozessierung mit Melasse
eingefärbt wird. Er sollte in jedem Fall leicht feucht sein und ein kräftiges
(Malz-)Aroma haben.

Granola

KNUSPERMÜSLI

In einer Stadt der Ausschweifungen, wo selbst Showgirls ins Parlament gewählt werden, aber der gemeine Universitätsabsolvent sich glücklich schätzen kann, einen unterbezahlten Job zu finden, kann es einem manchmal so vorkommen, als sei die Welt ein Irrenhaus. Und jeder, dem man begegnet, eine hohle Nuss. Keine Angst, in diesem Müsli finden sich nur die guten Nüsse. Dieses Rezept liebe ich, denn jeder kann es mit seinen liebsten Trockenfrüchten, Nüssen, Kernen oder anderen Zutaten nach eigenem Geschmack abändern. Dieses Frühstück sorgt für einen weichen und doch energiegeladenen Start in den Tag. Ganz ohne hohle Nüsse!

Zubereitungszeit: 5 Minuten plus Zeit zum Einweichen

Backzeit: 30 Minuten

Ergibt etwa 850 g

100 g Rosinen

130 g Mandelkerne

100 g Kürbiskerne

100 g Sonnenblumenkerne

300 g Haferflocken

130 g getrocknete Aprikosen, gehackt

50 g Ahornsirup

50 g flüssiger Wildblütenhonig

Zum Servieren

100 g griechischer Joghurt pro Portion

frische Beeren wie Himbeeren, Heidel- und Rote Johannisbeeren

frisch gepresster Orangensaft

Den Ofen auf 150 °C vorheizen. Ein Backblech mit Backpapier auslegen.

In einer kleinen Schüssel die Rosinen 30 Minuten in Wasser einweichen, dann abgießen und mit den Händen das Wasser herausdrücken, beiseitestellen.

In einer Schüssel die restlichen trockenen Zutaten vermischen. Mit dem Ahornsirup sowie Honig übergießen und alles gut vermengen.

Die Müslimischung in einer gleichmäßigen Schicht auf dem Backblech verteilen und 30 Minuten backen, bis es kross und gleichmäßig gebräunt ist, dabei das Blech gelegentlich rütteln. Nach der Hälfte der Backzeit die Rosinen hinzufügen.

Das Blech aus dem Ofen nehmen und die *granola* mit dem Griff einer Teigrolle in mundgerechte Stücke brechen. Vor dem Servieren abkühlen lassen. Schmeckt köstlich dazu: griechischer Joghurt und frische Beeren sowie frisch gepresster Orangensaft.

Hält sich in einem luftdichten Behälter bis zu 2 Wochen.

Treccia di brioche con scaglie di cioccolato

BRIOCHEZOPF MIT SCHOKOSTÜCKCHEN

Rom ist die Stadt mit den meisten Kirchen auf der ganzen Welt – an einem hellen, klaren Morgen sieht man über die Dächer hinweg ihre Kuppeln, so weit das Auge reicht. Die Geschichte des Petersdoms begleitet die Stadt seit 17 Jahrhunderten, er ist ein Meilenstein in der religiösen, sozialen und künstlerischen Entwicklung. Noch heute dominiert seine zentrale Kuppel die Stadtsilhouette von Rom. Die Hügelchen, die sich aus diesem herrlich weichen Briochezopf erheben, erinnern an kleine Kirchendächer. Für diese Frühstücksköstlichkeit braucht es etwas Zeit bei der Zubereitung, aber ihre Schönheit ist kaum zu überbieten – wie der Blick hinüber in eine andere Dimension.

Zubereitungszeit: 20 Minuten plus Zeit zum Gehen

Backzeit: 25–30 Minuten

Ergibt 1 Laib (à 900 g)

500 g Mehl, Type 550

1 TL Trockenhefe

50 g feiner Zucker

4 Eier, verquirlt, plus 1 Eigelb

1 Prise Salz

6 Kardamomkapseln, die Samen herausgetrennt und gemahlen

200 g Butter, gewürfelt

50 g hochwertige dunkle Schokolade (70 % Kakaogehalt), in etwa 1 cm große Quadrate gebrochen

4 weiche getrocknete Aprikosen, geviertelt

2 EL Milch

3 TL schwarze Mohnsamen

Eine Kastenform (Fassungsvermögen 900 g) mit Backpapier auslegen.

In eine große Rührschüssel oder in die Schüssel eines Rührgeräts das Mehl, die Hefe und den Zucker sieben, die verquirlten Eier hinzufügen und 15 Minuten mit den Knethaken durchkneten, dabei nach und nach das Salz, den gemahlenen Kardamom und die gewürfelte Butter hinzufügen. Es soll ein fester, aber elastischer Teig entstehen. Den Teig in einer Schüssel mit Frischhaltefolie bedeckt an einem warmen Ort 2 Stunden gehen lassen, bis er sein Volumen verdoppelt hat.

Auf einer leicht bemehlten Arbeitsfläche mit den Händen die Luft aus dem Teig drücken, bis er glatt ist. Den Teig halbieren. Jede Hälfte in acht gleich große Stücke teilen, diese zu Kugeln formen und jeweils 1 Stück Schokolade und 1 Aprikosenviertel darin einschlagen.

Die 16 gefüllten Teigkugeln in zwei Schichten eng nebeneinander in die Kastenform legen. Mit Alufolie abdecken und weitere 2 Stunden gehen lassen.

Den Ofen auf 180 °C vorheizen.

In einer kleinen Schüssel das Eigelb mit der Milch verrühren und die Oberseite des Brots damit bestreichen. Mit den Mohnsamen bestreuen und im Ofen 25–30 Minuten backen, bis das Brot leicht goldbraun ist. Den Laib 5 Minuten ruhen lassen, dann aus der Form nehmen. Er muss beim Klopfen auf die Unterseite hohl klingen. Den *treccia di brioche* vor dem Servieren auf einem Kuchengitter abkühlen lassen.

Biscotti brutti ma buoni

HÄSSLICHE, ABER LECKERE KEKSE

Es ist nicht alles Gold, was glänzt – und das Gegenteil gilt genauso. Es ist paradox, wie unattraktiv einige der größten kulinarischen Köstlichkeiten Italiens aussehen. Nehmen Sie zum Beispiel diese Kekse, die wie matschige kleine Monster aussehen. Sie sind weder farblich abgestimmt noch stimmt das Gleichgewicht zwischen Kalorien und Fettgehalt. Doch ihre Farbe erinnert mich an den reichhaltigen, fruchtbaren Boden meines geliebten Italiens, und letztendlich liegt die Schönheit ja doch im Auge des Betrachters.

Zubereitungszeit: 20 Minuten

Backzeit: 15 Minuten

Ergibt 40 Kekse

1 TL flüssiger Honig

300 g Puderzucker

150 g Haselnusskerne, blanchiert

150 g Mandelkerne

4 Eiweiß

1 Prise Salz

50 g Granatapfelsamen

Den Ofen auf 180 °C vorheizen. Ein Backblech mit Backpapier auslegen.

In einem kleinen Topf 80 ml Wasser, den Honig und 50 g des Puderzuckers sanft erhitzen, bis der Zucker sich aufgelöst hat. Vom Herd nehmen und abkühlen lassen.

Die Hälfte der Haselnuss- und Mandelkerne in einer Küchenmaschine grob zerkleinern.

In einer Schüssel das Eiweiß mit dem Salz steif schlagen. Weitere 10 Minuten schlagen, dabei nach und nach den abgekühlten Zuckersirup und den restlichen Puderzucker unterschlagen, bis der Eischnee glänzt und fest ist.

Die gehackten Nüsse zum Eischnee geben und mit einem Metalllöffel vorsichtig unterheben, damit keine Luft entweicht. Die restlichen ganzen Nusskerne unterheben.

Mithilfe von zwei Teelöffeln jeweils 2 cm große Kugeln der Mischung abstechen, diese auf dem Backblech nebeneinander mit 2 cm Abstand setzen. Jeden Keks mit einigen Granatapfelsamen bestreuen und im Ofen in 15 Minuten goldbraun und kross backen. Vor dem Servieren abkühlen lassen. Die *biscotti* halten sich in einem luftdichten Behälter bis zu 10 Tage.

Bignè di San Giuseppe
RÖMISCHE KARNEVALSKRAPFEN

Jedes Jahr Mitte März und während der gesamten Karnevalssaison kündigen alle *pasticcerie* (Konditoreien) der Stadt die bevorstehende Ankunft der *bignè di San Giuseppe* an. Das frittierte Brandteiggebäck von der Farbe des »goldenen Tibers« wird mit einer Creme gefüllt, die göttlich schmeckt. Sie können nach diesem Rezept übrigens auch eine Variante der *pastarelle* herstellen, die man das ganze Jahr über isst – einfach die *bignè* halbieren.

Zubereitungszeit: 30 Minuten plus Zeit zum Abkühlen

Backzeit: 20–30 Minuten

Ergibt etwa 10 Stück

Für die Füllung
6 EL feiner Zucker

6 Eigelb

720 ml Vollmilch

6 EL Mehl

Abrieb von 1 unbehandelten Zitrone

170 ml Milch

100 g weiche Butter, gewürfelt

1 TL feiner Zucker

1 TL Salz

170 g Mehl

Abrieb von 1 unbehandelten Orange

2 Eier

Pflanzenöl zum Frittieren (nach Belieben, Menge je nach Gefäßgröße)

100 g Puderzucker

Für die Glasur (nach Belieben)
100 g Puderzucker, gesiebt

je 1 Spritzer Lebensmittelfarbe in Rosa, Gelb oder Blau (nach Belieben)

Für die Füllung in einem Topf den Zucker und das Eigelb verrühren, dann die Milch, das Mehl und den Zitronenabrieb hinzufügen. Unter ständigem Rühren sanft erhitzen, bis die Mischung Blasen wirft, dann 2–3 Minuten weiter köcheln lassen. In eine Schüssel umfüllen und abkühlen lassen. Mit Frischhaltefolie abdecken, beiseitestellen.

In einem Topf mit Sandwichboden die Milch mit 170 ml Wasser, der Butter, dem Zucker und Salz bei schwacher bis mittlerer Temperatur verrühren. Unter Rühren 1–2 Minuten einkochen lassen, bis die Mischung dick und cremig ist. Das gesiebte Mehl und den Orangenabrieb hinzufügen. Schnell unterrühren, bis eine glatte Teigkugel entsteht, die sich von den Topfwänden löst (das nennt man »abbrennen«). Den Teig in eine Schüssel geben und 10 Minuten abkühlen lassen, dann die Eier unterschlagen.

Ein 24 x 18 cm großes Stück Backpapier in Quadrate schneiden. Mit zwei Esslöffeln oder mithilfe eines Spritzbeutels runde, feigengroße Teighäufchen auf jedes Quadrat setzen.

Zum Frittieren einen großen Topf oder eine Fritteuse mit reichlich Pflanzenöl füllen und auf 180 °C erhitzen (Probe: ein Brotwürfel sollte in 30 Sekunden darin bräunen). Die *bignè* mit dem Papierquadrat vorsichtig ins heiße Öl geben (das Papier löst sich nach einigen Sekunden und kann mit einer Zange herausgenommen werden) und 1–2 Minuten frittieren, bis sie rundum goldbraun sind. Mit einem Schaumlöffel herausheben und auf einem Teller mit Küchenpapier entfetten, dann mit Puderzucker bestreuen.

Für eine fettfreiere Version den Ofen auf 180 °C vorheizen. Die *bignè* auf den Papierquadraten auf einem Backblech verteilen, mit Puderzucker bestreuen und in etwa 25 Minuten goldbraun backen.

Nach dem Abkühlen vorsichtig ein Loch in den Boden jedes *bignè* bohren. Mit einem Spritzbeutel die Creme hineingeben.

Für die Glasur in einem kleinen Topf 3 EL Wasser zum Kochen bringen und den Puderzucker esslöffelweise unter ständigem Rühren darin vollständig auflösen. Wenn die Glasur farbig sein soll, nun einige Tropfen Lebensmittelfarbe hinzufügen.

Mithilfe eines Teelöffels jeden *bignè* mit etwas Glasur bestreichen, bis zum Servieren in den Kühlschrank stellen.

Bomboloni

GEBACKENE DONUTS

Als Kind war ich die Königin der Donuts und trug sie als Zeichen meiner Macht (meiner Macht als Nervensäge!) an meinen Fingern. Jetzt, da ich erwachsen bin (wenigstens meistens), lasse ich mich gern vom Aroma frisch gebackener Donuts wecken und mich dabei in der Gewissheit wiegen, dass die Welt in Ordnung ist. Ein bisschen sinnliche Sorglosigkeit am Morgen, dann bin ich bereit für den Tag, der vor mir liegt. In diesem Rezept sorgen die Kartoffelpüreeflocken für besonders saftige Donuts. Alternativ können Sie auch »richtiges« Kartoffelpüree (etwa die Reste vom Vorabend) verwenden.

Zubereitungszeit: 20 Minuten plus Zeit zum Gehen

Backzeit: 15 Minuten

Ergibt 20 Stück

200 ml Vollmilch, zimmerwarm

75 g Kartoffelpüreeflocken

1 TL Trockenhefe

250 g Mehl, Type 405, plus mehr zum Bestäuben

250 g Manitobamehl (stark glutenhaltiges Mehl, siehe Tipp Seite 18)

3 Eier, plus 1 Eigelb, verquirlt, zum Bestreichen

85 g weiche Butter, plus mehr zum Bestreichen

85 g feiner Zucker, plus mehr zum Bestreuen

Abrieb von 1 unbehandelten Orange

Abrieb von 1 unbehandelten Zitrone

Ein Backblech mit Backpapier auslegen.

In einer kleinen Schüssel 150 ml der Milch mit den Kartoffelpüreeflocken zu einer dicken, cremigen Masse verrühren. Alternativ etwa 200 g Kartoffelpüree vom Vorabend bereitstellen.

In einer zweiten Schüssel die Hefe in der restlichen Milch auflösen.

In eine große Rührschüssel oder in die Schüssel eines Rührgeräts die Mehlsorten sieben. Das Kartoffelpüree, die Hefemilch und alle restlichen Zutaten zufügen. Mit den Knethaken in 15 Minuten zu einem weichen Teig verkneten, der sich von der Schüsselwand löst.

Den Teig in eine große Schüssel geben, mit einem sauberen Geschirrtuch abdecken und 2–3 Stunden an einem warmen Ort gehen lassen, bis er sein Volumen verdreifacht hat.

Auf einer leicht bemehlten Arbeitsfläche den Teig 1 cm dick ausrollen. Mit einem bemehlten Donutausstecher (Durchmesser 9 cm) 20 Donuts ausstechen. Alternativ ein Wasserglas verwenden (zwischendurch den Rand immer wieder in Mehl tauchen), anschließend mit einem Schnapsglas die Donutlöcher in der Mitte der Kreise ausstechen.

Die Donuts vorsichtig mit jeweils mindestens 2,5 cm Abstand auf das Backblech legen. Mit einem Geschirrtuch abdecken und weitere 30 Minuten gehen lassen.

Den Ofen auf 180 °C vorheizen.

Die aufgegangenen *bomboloni* mit dem verquirlten Eigelb bestreichen und im Ofen in 10–15 Minuten goldbraun backen. Herausnehmen und mit etwas zerlassener Butter bestreichen, dann großzügig mit Zucker bestreuen. Warm oder kalt servieren.

FRÜHSTÜCKSKEKSE ZUM EINTUNKEN

Damals war es mir nicht bewusst, doch es war in der Speisekammer meiner Großmutter, diesem Genusstempel der Völlerei, wo ich zum ersten Mal diesen befriedigenden Glücksmoment erlebte, den die Welt der Essensfreuden bereithält. Diese saftigen, nussigen, einfachen und doch so köstlichen Kekse stehen für den nostalgischen Glanz meiner Kindheit. Am liebsten tunke ich sie morgens in meinen Cappuccino oder krümle sie über Naturjoghurt. Und wo auch immer auf der Welt ich gerade bin, wenn ich einen solchen Keks auf meiner Zunge spüre, dann weiß ich, dass ich zu Hause bin.

Zubereitungszeit: 15 Minuten plus Zeit zum Abkühlen

Backzeit: 20–25 Minuten

Ergibt 30 Frühstückskekse

Butter zum Einfetten

500 g *semolina* Tipo 00 (siehe Tipp), plus mehr zum Bestäuben

1 TL Natron

1 TL Weinstein

250 g feiner Zucker, plus 30 g zum Bestreuen

3 Eier (Größe L), plus 1 Ei, verquirlt, zum Bestreichen

125 ml Vollmilch

½ TL Backpulver

100 ml natives Olivenöl extra

Den Ofen auf 180 °C vorheizen. Ein großes Löffelbiskuitblech oder ein normales Backblech mit Butter einfetten, dann mit Mehl bestäuben.

In einer Schüssel das Mehl mit dem Natron, Weinstein und Zucker vermischen. Die Eier hineinschlagen und zu einer hellen, luftigen Mischung verrühren.

In einem Topf die Milch sanft erwärmen, dann vom Herd nehmen. Das Backpulver darin einrühren und auflösen. Die warme Milch zur Mehl-Ei-Mischung geben. Alles verrühren, dann das Öl hinzufügen und die Masse zu einem feuchten, lockeren Teig verarbeiten.

Den Teig in die Vertiefungen des Muldenblechs füllen, dabei vorsichtig in die Vertiefungen drücken und klopfen, damit er sie ganz ausfüllt. Alternativ den Teig mit einem Spritzbeutel in längliche Streifen (10 × 2 cm) auf das Backblech spritzen, dabei mindestens 1 cm Abstand rundherum lassen. Dann mit dem verquirlten Ei bestreichen und im Ofen 10–15 Minuten backen.

Das Blech aus dem Ofen nehmen und die Kekse mit feinem Zucker bestreuen, dann noch 5–10 Minuten weiter backen, bis die *biscottoni* auf der Oberseite goldbraun sind und sich fest anfühlen. Auf einem Kuchengitter mindestens 30 Minuten, am besten über Nacht, abkühlen lassen. Mit Kaffee oder kalter Milch zum Eintunken servieren. Sie halten sich in einem luftdichten Behälter bis zu 2 Monate.

Tipp: Anders als bei deutschen Mehlen wird bei italienischen Mehlen nicht per Ausmahlungsgrad (je größer die Ziffer der deutschen Type, desto mehr Aschegehalt, also auch Mineralstoffe) unterschieden, sondern zwischen Hart- und Weichweizen, *semola* und *farina*. Italienisches Mehl Tipo 00 entspricht der deutschen Type 405, enthält aber mehr Gluten, so wird der Teig also mit *semolina* Tipo 00 elastischer. *Semolina/semola rimacinata* ist dabei feiner gemahlen als *semola*.

Fette biscottate

FRÜHSTÜCKSZWIEBACK

Zu manchen Zeiten – vor allem, wenn ich mich an meine Neujahrsvorsätze zu halten versuche – erlaube ich mir weniger Süßes, aber dieser knusprige Zwieback ist immer eine Ausnahme. Selbst gemachte Konfitüre mit saisonalen Früchten passt ideal dazu, aber ich genieße ihn auch asketisch-pur, ohne das farbenfrohe Drumherum, das ich gewöhnlich mit Rom verbinde.

Zubereitungszeit: 15 Minuten plus Zeit zum Gehen

Backzeit: 1 Stunde 45 Minuten

Ergibt 15–20 Zwiebackscheiben

150 g weiche Butter, plus mehr zum Einfetten

125 ml Vollmilch

1 Pckg Trockenhefe

20 g brauner Zucker

500 g Manitobamehl (stark glutenhaltiges Mehl, siehe Tipp Seite 18)

3 Eier (Größe L), plus 1 Ei, verquirlt, zum Bestreichen

1 TL Salz

50 g Leinsamen

Eine Kastenform (23 cm lang) einfetten und mit Backpapier auslegen. In einem kleinen Topf die Milch sanft erhitzen, bis sie lauwarm ist.

Unterdessen in einer Schüssel mit 120 ml lauwarmem Wasser die Hefe und die Hälfte des Zuckers unter Rühren auflösen.

In eine weitere Schüssel oder in die Schüssel eines Rührgeräts das Mehl sieben. Eine Mulde in die Mitte drücken und die aufgelöste Hefe, die Eier, den restlichen Zucker sowie die lauwarme Milch hineingeben. Mit den Knethaken etwa 10 Minuten gründlich zu einem glatten, elastischen Teig verkneten, dann nach und nach das Salz, die Leinsamen sowie die Butter unterkneten, bis alles gut vermengt ist. Weitere 5 Minuten kneten. Den Teig zu einer Kugel rollen, die Schüssel mit einem sauberen Geschirrtuch abdecken und 45 Minuten an einem warmen Ort gehen lassen, bis der Teig sein Volumen verdoppelt hat.

Anschließend den Teig aus der Schüssel nehmen und mit den Händen grob in die Form der Kastenform bringen. Den Teig vorsichtig in die Form legen und bedeckt erneut 1 Stunde gehen lassen. Es darf ruhig etwas Teig über den Rand der Form hängen, das gibt dem Zwieback erst seine hübsche Form.

Den Ofen auf 180 °C vorheizen. Ein Backblech mit Backpapier auslegen.

Den Teig mit dem verquirlten Ei bestreichen und 45 Minuten im Ofen backen, bis der Laib leicht goldbraun ist. Den Laib aus der Form nehmen und 1 Stunde auf einem Kuchengitter abkühlen lassen. Er muss nach dem Herausnehmen aus der Form beim Klopfen auf die Unterseite hohl klingen.

Nach dem Abkühlen den Laib in etwa 1 cm dicke Scheiben schneiden – nach Belieben können die Scheiben auch dünner oder dicker sein. Die Scheiben auf dem Backblech verteilen und bei 150 °C 1 weitere Stunde backen, bis sie trocken und goldbraun sind. Die *fette biscottate* auf einem Kuchengitter auskühlen lassen. Sie halten sich in einem luftdichten Behälter bis zu 1 Woche.

Budini di riso

REISTÖRTCHEN

Trastevere ist das unbestrittene Streetfood-Zentrum von Rom; dort fand ich dieses Rezept. Dieses Viertel nennen auch die freimütigsten *matrone*, die jede Mahlzeit wie eine Zeremonie angehen, ihre Heimat. Der wahre Küchenkenner weiß, dass diese beeindruckenden römischen Frauen schon kulinarische Trends vorgaben, als die aktuellen Sterneköche noch in den Windeln lagen. Niemals würden sie in einen Supermarkt voller Fertiggerichte gehen – man findet sie ausschließlich auf dem Wochenmarkt, wo sie ihre unerschütterliche Meinung über die heutigen Sitten zu Gehör bringen. »ISS!«, befehlen sie, wenn man sich an ihren Tisch setzt. So bin ich aufgewachsen; aus diesem Grund gehe ich prinzipiell zwei Mal pro Woche joggen. Diese Törtchen stecken voller Wärme und kratzbürstigem Charme der italienischen *mamma*. Warten Sie geduldig, bis der Reis durchscheinend und cremig wird, dann in die Teighüllen füllen. Dieses Gericht ist wie die Römer selbst: von außen ein bisschen hart, aber mit unglaublichem Herz.

Zubereitungszeit: 15 Minuten plus Zeit zum Kühlen

Backzeit: 60 Minuten

Ergibt 12 Törtchen

Für die Böden

100 g Mehl, Type 405

100 g Dinkel-Vollkornmehl

100 g Reismehl

100 g Demerara-Zucker

1 Prise Salz

2 TL Backpulver

150 g kalte Butter, gewürfelt

1 Ei (Größe L), verquirlt

1 l Vollmilch

Abrieb von 1 unbehandelten Zitrone

1 Vanilleschote, der Länge nach aufgeschnitten, das Mark herausgekratzt

300 g Risottoreis (Carnaroli oder Arborio)

6 EL brauner Zucker (siehe Tipp Seite 20)

2 TL Backpulver

1 Prise Salz

2 Eier (Größe L), getrennt

Die 12 Vertiefungen eines Muffinblechs mit Backpapier auslegen. Alternativ Backförmchen aus Papier einlegen.

Für die Törtchenböden in eine große Schüssel die drei Mehlsorten sieben und mit dem Demerara-Zucker, Salz und dem Backpulver mischen. Die Butter hinzufügen und mithilfe eines Holzlöffels zu einem krümeligen Teig verarbeiten. (Die Butter am besten nicht mit den Händen berühren, da sie sonst schmilzt und der Teig matschig wird.)

Das verquirlte Ei unter den Teig kneten, bis er glatt ist. Das Ganze zu einer Kugel formen und in Frischhaltefolie gewickelt 1 Stunde im Kühlschrank ruhen lassen.

In einem großen Topf mit Sandwichboden die Milch und den Zitronenabrieb mit dem Vanillemark zum Köcheln bringen. Sobald die Milch Blasen wirft, den Reis hinzufügen und 20–30 Minuten oder nach Packungsanleitung garen lassen, bis er weich und cremig ist. Vom Herd nehmen, die Hälfte des braunen Zuckers einrühren und abkühlen lassen.

Den Ofen auf 170 °C vorheizen.

Wenn der Reis vollständig abgekühlt ist, das Backpulver, das Eigelb und den restlichen braunen Zucker unterrühren.

In einer weiteren Schüssel das Eiweiß mit 1 Prise Salz steif schlagen und vorsichtig unter den Reispudding heben.

Den Teig in 12 gleich große Stücke teilen. Jedes Stück vorsichtig mit den Fingern in eine Vertiefung im Muffinblech drücken.

Den Reispudding in die Teighüllen löffeln und im Ofen etwa 40 Minuten backen, bis die Reistörtchen an den Rändern goldbraun sind. Aus dem Ofen nehmen und warm oder kalt mit Puderzucker bestäubt, alternativ mit frischem Obst und Joghurt servieren.

Kapitel 2 FÜR ZWISCHENDURCH

»Che ne voi artri du' chicchetti?« – »Willst du nicht noch ein paar Happen mehr?«, fragten mich die großen, fromm in Schwarz gewandeten Frauen immer in der Kantine meiner katholischen Grundschule. Die Nonne, der ich meine Liebe zu allem verdanke, was gut riecht und tröstlich schmeckt, hieß Schwester Fortunata. Reichlich Körpermasse, Kölnischwasser und Süßigkeiten waren ihre Markenzeichen, neben einem freizügigen Einsatz von Schuldgefühl als Erziehungsmittel.

Wenn die Sommerferien anbrachen, ging es in einem Bus voller kreischender Kinder ins Sommerlager. Meist ging es in eines der vielen mittelalterlichen Klöster in der Umgebung von Rom, trotzdem dauerte es nicht weniger als vier Stunden, dorthin zu fahren. Ließ der Zauber des vollen Schulbusses oder die Stimme von Schwester Beata (der Gesegneten – wer hätte es mit dieser himmlischen Grazie aufnehmen können?) mit ihrem staubtrockenen Humor die Zeit beinahe stillstehen? Ich hätte es nicht sagen können.

An den Nachmittagen rannten wir heimlich in die Speisekammer, um ein paar knusprige Butterkekse (siehe Seite 57) oder *pizzette rosse* (Minipizzen, siehe Seite 55) zu stibitzen. Sobald eine Nonne kam, versteckten wir uns jedoch hinter dem riesigen Glas voller *tarallucci* (Knabbereien, siehe Seite 43), da wir genau wussten, dass jeder, der sich vor dem Abendessen an einer *merenda* (Snack) bediente und damit die Heiligkeit des Mahls verletzte, großen Ärger bekam.

Jeder musste bei der Zubereitung helfen: Eine schälte die Kartoffeln, die Nächste schlug für *costolette* (panierte Kalbsschnitzel) Eier auf. Dieses Ritual, das ich nunmehr mit Freunden und Familienangehörigen als Gehilfen häufiger in meiner Küche wieder aufleben lasse, war so etwas wie eine Beichte. Während wir mit all dem Essen hantierten, machten wir unsere Witzchen und erzählten uns Geschichten. So entwickelte sich unser Charakter.

Die gutmütigen, unermüdlichen, häufig schnurrbärtigen Frauen lehrten mich, die besten Zutaten zu erkennen und jeder Jahreszeit Respekt zu zollen. Viele Kirchen in und um Rom schmücken sich immer noch mit einem *hortum botanicum*, einem liebevoll gehegten Gemüsegarten, in dem es je nach Jahreszeit reichlich Kohl, Tomaten, Chicorée, Radieschen, Auberginen, Kartoffeln, Paprika und mehr zu ernten gibt.

VINI E BIRRE
LAVAS

COLATO

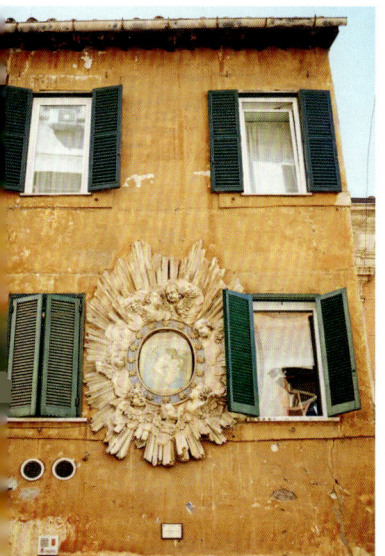

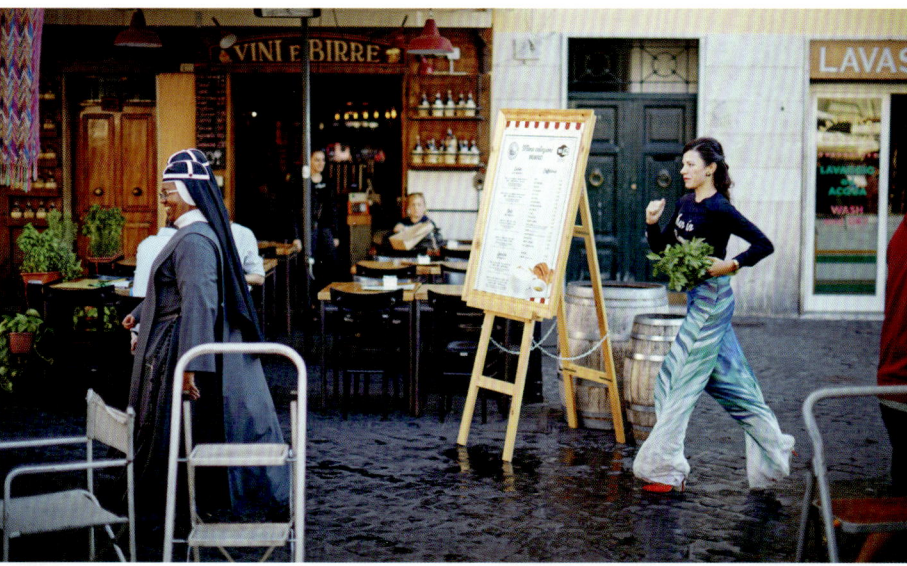

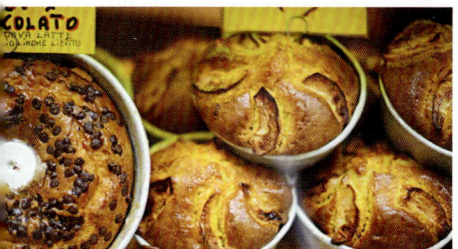

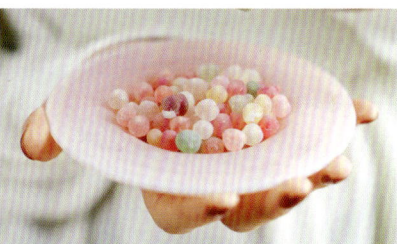

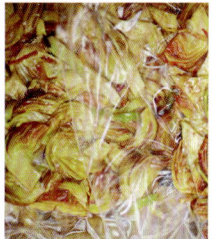

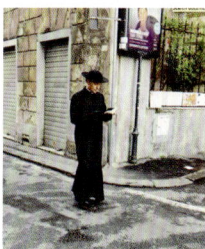

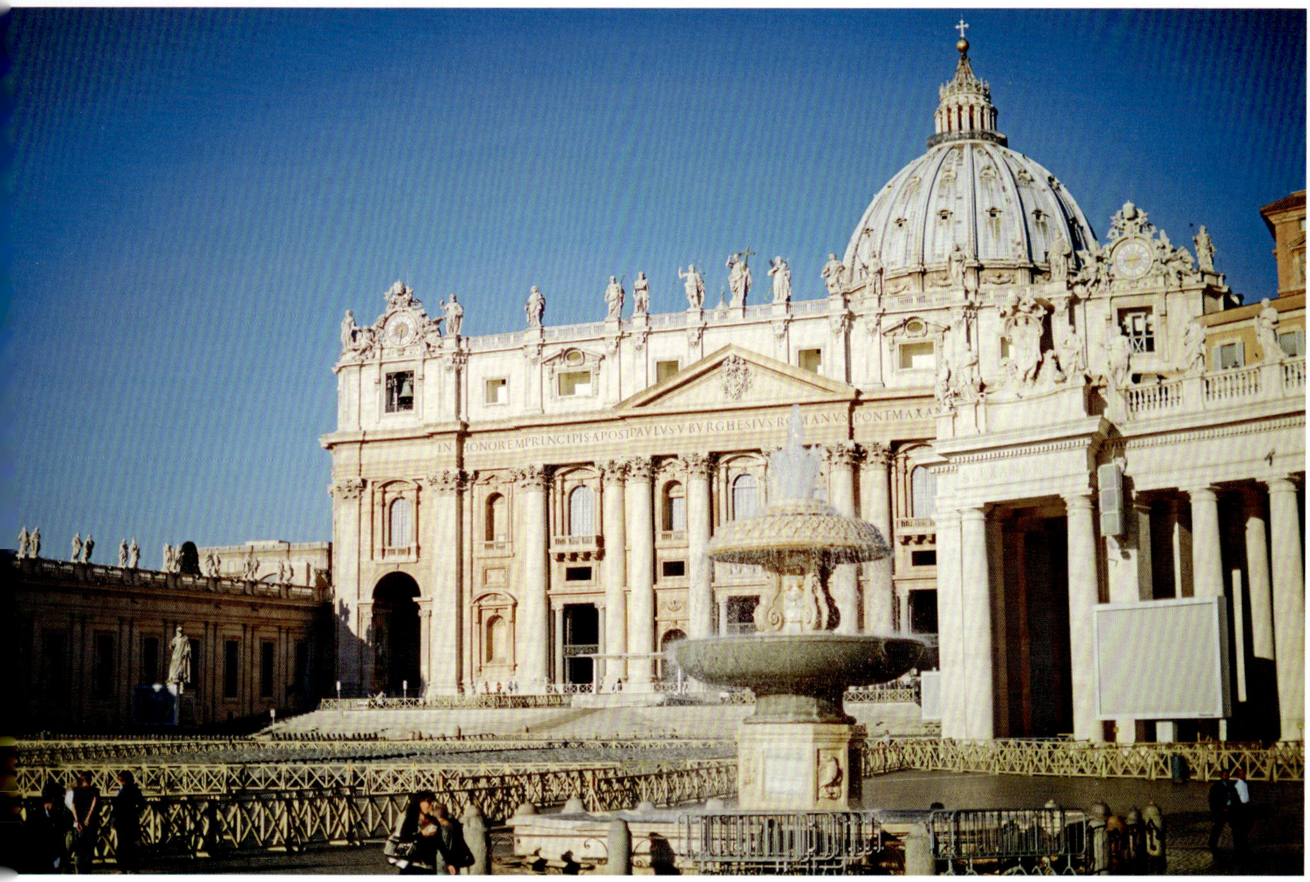

Tarallucci al vino

SÜSSE KNABBEREIEN MIT & ZUM WEIN

An den Wänden der Fiaschetteria Beltramme, einem Restaurant auf der Via della Croce, stehen Reihen von *fiaschi* (traditionelle strohumwickelte Weinflaschen) aus dem 19. Jahrhundert. Die 16 Gemeinden der Castelli Romani, die sich in der Nähe Roms befinden, von Ariccia, wo die *porchetta* (siehe Seite 188) herstammt, bis zu Tivoli, wo die prächtige Villa Adriana steht, haben alle eins gemeinsam: ihre weichen, unkomplizierten Weine. Was für ein Genuss, dazu diese knusprigen kleinen Snacks mit Weinaroma serviert zu bekommen!
Tarallucci sind auch ideale Stimmungsaufheller für die vormittägliche Kaffeepause. Traditionell werden sie mit Sambuca (siehe Seite 271) und verkorktem Wein zubereitet. Dieses Rezept bietet die ideale Möglichkeit, Letzteren aufzubrauchen, denn Wegschütten wäre in der italienischen *cucina povera* (regionale Bauernküche), in der nichts vergeudet wird, eine Sünde.

Zubereitungszeit: 20 Minuten

Backzeit: 20 Minuten

Ergibt 40 *tarallucci*

350 g Mehl, plus mehr zum Bestäuben

1 Prise Salz

2 EL Anissamen

120 ml natives Olivenöl extra

200 g feiner brauner Zucker (siehe Tipp Seite 20), plus etwas zum Wälzen

120 ml Rotwein

1 EL römischer Sambuca (siehe Seite 271), Grand Marnier oder anderer Likör auf Kräuterbasis

Den Ofen auf 180 °C vorheizen. Ein großes Backblech mit Backpapier auslegen.

In einer Schüssel das Mehl, Salz, die Anissamen, das Öl und die Hälfte des Zuckers gut verrühren. Nach und nach den Wein und Sambuca hinzufügen. Dabei weiterrühren, bis ein fester Teig entsteht.

Den Teig auf einer bemehlten Arbeitsfläche zu einer länglichen Rolle formen, dann in 40 gleich große Stücke teilen. Jedes Stück zur Kugel rollen, dann mit den Handflächen zu einem etwa 10 cm langen Strang ausrollen. Die Enden zusammendrücken, so dass ein Ring entsteht (er muss nicht kreisrund sein – er kann ruhig die Form einer Träne haben).

Den restlichen Zucker in eine Schüssel geben und die Teigringe darin wälzen, bis sie vollständig bedeckt sind. Die *tarallucci* mit 1 cm Abstand auf dem Backblech verteilen und in 20 Minuten goldbraun backen.

Anschließend die *tarallucci* 2 Stunden auf einem Kuchengitter auskühlen lassen, dann servieren.

Insalata di farro con pollo, zucchine e formaggio di capra

DINKELREISSALAT MIT GEGRILLTEN HÄHNCHENSTREIFEN, ZUCCHINI & ZIEGENKÄSE

Wenn ich meine Neujahrsvorsätze in die Tat umsetze, beginne ich den Tag mit einer Tasse heißem Wasser und Zitronensaft. Später bereite ich dieses herrlich leichte, köstliche Gericht zu, das die Aromen meines Roms einfängt. So schnell und einfach, wie der Salat zubereitet ist, kann ich wohl kaum damit angeben. Dinkel mit seinem köstlich nussigen Aroma ist besser verträglich als die meisten üblichen Weizensorten. Daher eignet sich dieses Gericht auch ideal für ein Rendezvous, denn romantische Stimmung stellt sich schlecht mit vollem Magen ein! Dieses Rezept dient als Ausgangspunkt: Sie können alle Zutaten verwenden, die Ihnen besonders gut schmecken.

Zubereitungszeit: 10 Minuten plus Zeit zum Einweichen

Garzeit: 25 Minuten

Für 2 Personen

30 g Rosinen

150 g Dinkelreis oder Perlgraupen

1 kleine Handvoll Meersalzflocken

4 EL natives Olivenöl extra

100 g Hähnchenbrust, in 1 cm breite Streifen geschnitten

1 Zucchini, längs halbiert, in sehr dünne Scheiben geschnitten

8 Kirschtomaten, gewürfelt (Kantenlänge 5 mm)

100 g halbweicher Ziegenkäse, gewürfelt (Kantenlänge 5 mm)

100 g Rucola, grob gehackt

Salz

Abrieb und Saft von 1 unbehandelten Zitrone

1 kleine Handvoll gehackte Minze

In einer kleinen Schüssel die Rosinen 30 Minuten in Wasser einweichen, dann abgießen und mit den Händen das Wasser herausdrücken.

In einem Topf den Dinkelreis mit Wasser bedeckt zum Kochen bringen. Die Meersalzflocken hinzufügen und den Dinkelreis nach Packungsanleitung garen, bis er locker ist, aber noch etwas Biss hat (gewöhnlich etwa 15 Minuten). Den fertigen Dinkel abtropfen lassen und unter fließendem kaltem Wasser abspülen, um ihn abzukühlen und den Garprozess zu stoppen. In einer großen Schüssel beiseitestellen.

In einer Grillpfanne oder in einer antihaftbeschichteten Bratpfanne 1 EL Olivenöl erhitzen, dann die Hähnchen- und Zucchinistreifen hineingeben und von jeder Seite 3 Minuten kräftig anbraten. Dabei mit dem Öl bestreichen, bis das Fleisch gar ist. Vom Herd nehmen und beiseitestellen.

Die Tomaten- und Ziegenkäsewürfel, die Rosinen und den gehackten Rucola zum Dinkelreis geben. Die restlichen 3 EL Olivenöl darüberträufeln. Das Ganze salzen, dann mit dem Zitronenabrieb bestreuen und den Zitronensaft darüber träufeln. Die Minzeblätter hinzufügen und alles gut vermengen, bis alle Zutaten gleichmäßig mit Dressing überzogen sind. Die gegrillten Hähnchen- und Zucchinistreifen auf dem Dinkelreissalat anrichten und servieren.

Trio di bruschette

DREIERLEI BRUSCHETTE

Als *bruschetta*, wörtlich »die Geröstete«, genossen Bauern traditionell ihr Brot – mit Knoblauch eingerieben und mit Olivenöl und Salz verfeinert. Ich liebe dieses Gericht: Es erinnert an meine Wurzeln. Jede Jahreszeit hat ihren eigenen typischen Belag, also lassen Sie Ihre Fantasie spielen und genießen Sie die intensiven Aromen dieser köstlichen Kleinigkeiten!

Zubereitungszeit: 10 Minuten

Garzeit: 25 Minuten

Ergibt 15 Brotscheiben

1 Landbrot, in 1 cm dicke Scheiben geschnitten

20 marinierte Sardellenfilets (siehe Seite 147)

Für den Auberginen-Tomaten-Belag

2 EL natives Olivenöl extra

1 Knoblauchzehe, geschält

1 kleine Aubergine, gewürfelt (Kantenlänge 5 mm)

2 Kirschtomaten, gewürfelt (Kantenlänge 5 mm)

Salz

50 ml Weißwein

5 Salbeiblätter, gehackt

Für den Würstchen-Brokkolini-Belag

1 Schweinewürstchen oder Wurstbrät

80 g Brokkolini (Spargelbrokkoli), die Röschen fein geschnitten

2 EL natives Olivenöl extra

1 TL Fenchelsamen

Für den Auberginen-Tomaten-Belag in einer antihaftbeschichteten Pfanne das Öl erhitzen. Die Knoblauchzehe leicht mit einer flachen, breiten Messerklinge andrücken, im Öl sanft goldbraun braten. Den Knoblauch aus der Pfanne nehmen, die Auberginen- und Tomatenstücke hinzufügen und salzen. Die Temperatur mittel bis hoch regulieren. Dann den Pfanneninhalt mit dem Wein ablöschen und unter Rühren etwa 10 Minuten weiter garen, bis der Wein verkocht ist und die Auberginenstücke weich sind. Die Salbeiblätter darüberstreuen und beiseitestellen.

Für den Würstchen-Brokkolini-Belag das Würstchen aus der Pelle drücken und in einer kleinen antihaftbeschichteten Pfanne gar braten, dabei die Wurstmasse mit einem Kochlöffel zerkleinern und gelegentlich umrühren, damit sie in der trockenen Pfanne nicht ansetzt. Unterdessen in einem kleinen Topf mit kochendem Salzwasser den Brokkolini etwa 5 Minuten garen, dann abtropfen lassen und zum Würstchen in die Pfanne geben. Das Öl und die Fenchelsamen hinzufügen und unter Rühren 5 Minuten weiter braten, damit die Aromen sich mischen. Beiseitestellen.

Den Ofen mit Grillfunktion auf hoher Temperatur vorheizen.

Die Brotscheiben auf einem Backblech verteilen und in 5 Minuten unter dem Ofengrill leicht goldbraun grillen. Dann herausnehmen, auf eine Servierplatte legen und jeweils 5 Scheiben mit dem Tomaten-Auberginen-Belag, dem Würstchen-Brokkolini-Belag und den marinierten Sardellen belegen. Einfach genießen!

Torta rustica carciofi, piselli e prosciutto

BAUERNPASTETE MIT ARTISCHOCKEN, ERBSEN & SCHINKEN

Weißbrot war schon immer ein Synonym für Reichtum, während dunkles Brot für das einfache Landleben stand. Im Jahr 1870, Rom wurde just zur Hauptstadt gewählt, gab es eine Umzugswelle vom Land in die Stadt. Vollkornbrot kam aus der Mode, weil man die Lebensart der oberen Klassen zu imitieren suchte. Aber kulinarische Trends verlaufen oft zyklisch und so steht dieses einfache Gericht heute wieder im Scheinwerferlicht. Diese wunderbar gesunde Pastete ist oft meine Rettung, wenn ich mitten am Tag unerwartet Heißhunger verspüre. Und nein, man kann nicht zu viel davon essen.

Zubereitungszeit: 15 Minuten plus Zeit zum Kühlen

Backzeit: 1 Stunde 15 Minuten

Für 8 Personen

Für den Teig
200 g Mehl, Type 550

200 g Roggenmehl

4 EL Weißwein

1 Prise Salz

1 kleine Handvoll Basilikumblätter

3 EL natives Olivenöl extra, plus mehr zum Bestreichen

1 Knoblauchzehe, geschält

3 Artischocken, geputzt (siehe Seite 13), längs geviertelt, in Zitronenwasser

150 g Erbsen, TK-Ware, aufgetaut

1 kleine Handvoll Minze, in feine Streifen geschnitten

Salz

frisch gemahlener schwarzer Pfeffer

Butter zum Einfetten der Tarteform

4 EL Semmelbrösel (siehe Seite 262), plus mehr für die Tarteform

400 g Mozzarella

200 g würziger Kochschinken, in Scheiben und 3 mm breite Streifen geschnitten

Für den Teig in einer großen Schüssel die beiden Mehlsorten, den Wein und das Salz mit ausreichend Wasser (etwa 4 EL) anrühren. Es soll ein klebriger Teig entstehen. Das Basilikum hinzufügen und weiterrühren, bis der Teig glatt ist. In eine Schüssel legen, mit einem Geschirrtuch abdecken und 30 Minuten im Kühlschrank ruhen lassen.

Unterdessen in einer großen antihaftbeschichteten Pfanne das Öl erhitzen, die Knoblauchzehe hineingeben und sanft braten, bis sie braun wird, dann aus der Pfanne nehmen. Die Artischocken und Erbsen hineingeben, beides bei mittlerer Temperatur 15 Minuten weich dünsten. Nach der Hälfte der Garzeit die Minze und etwa 2 EL Wasser hinzufügen. Mit Salz und Pfeffer abschmecken, beiseitestellen.

Den Ofen auf 180 °C vorheizen. Eine Tarteform (Durchmesser 25 cm) ausbuttern und mit etwas Semmelbröseln ausstreuen.

Den Mozzarella würfeln (Kantenlänge etwa 1 cm) und mit Küchenpapier trocken tupfen. Die Mozzarellawürfel in den Semmelbröseln wenden, bis sie gleichmäßig paniert sind.

Auf einer bemehlten Arbeitsfläche drei Viertel des gekühlten Teigs mithilfe einer Teigrolle 5 mm dick ausrollen. Einen Kreis von 28 cm Durchmesser ausschneiden und die Tarteform so damit auslegen, dass der Teig am Rand überhängt. Den restlichen Teig in sieben Streifen (je 4 cm breit) schneiden.

Den Pastetenboden gleichmäßig mit einer Gabel einstechen, dann mit den Schinkenscheiben, den vorgegarten Artischocken und Erbsen sowie mit den panierten Mozzarellawürfeln belegen. Die Teigstreifen gitterförmig darauf verteilen, den überhängenden Teig nach innen schlagen und die Ränder gut versiegeln. Den Teig obenauf mit etwas Öl bestreichen, mit einem Blatt Backpapier abdecken und im Ofen 30 Minuten backen. Das Backpapier entfernen und weitere 30 Minuten backen, bis der Teig goldbraun ist. Die *torta rustica* heiß oder kalt mit einem grünen Salat oder zu einer Schüssel Suppe genießen.

Tortino di verdure incartato

GEMÜSEPASTETE IM MANGOLDKLEID

Bei dieser interessanten Variation der bekannten Lasagne ersetzen knackige Mangoldblätter die Nudelplatten. Mit einem belebenden, frischen Aroma verleihen sie dem Gericht den Anschein eines hübsch verpackten Geschenks. Für mich machen ja Kräuter die Persönlichkeit eines Gerichts aus. Ich nehme für dieses Rezept gern Salbei und Basilikum, aber Sie können dieses betörende »Gemüsepaket« auch ganz nach Ihren Vorlieben mit anderen Kräutern zubereiten. Dann wird diese *tortino* bald zu Ihrem Liebling!

Zubereitungszeit: 40 Minuten

Backzeit: 1 Stunde 40 Minuten

Für 6 Personen

50 g gesalzene Butter

500 g Lauch, gewaschen und geputzt, in feine Ringe geschnitten

1 Handvoll Basilikum, grob gehackt

1 Handvoll Salbei, grob gehackt

Salz

frisch gemahlener schwarzer Pfeffer

500 g Mangold, Strunk entfernt

3 Eier

200 ml Schlagsahne

1 Karotte, geputzt, gewürfelt (Kantenlänge 5 mm)

1 Stange Staudensellerie, geputzt, gewürfelt (Kantenlänge 5 mm)

200 g Radieschen

In einem großen Topf die Butter sanft zerlassen, den Lauch hinzufügen und unter gelegentlichem Rühren 1 Stunde leicht confieren (im Fett schmoren) lassen, bis er weich und glasig ist. Dabei fällt er fast auseinander. Nun die gehackten Kräuter unterrühren, mit Salz und Pfeffer abschmecken und vom Herd nehmen. Beiseitestellen.

Während der Lauch gart, in einem großen Topf mit kochendem Salzwasser die Mangoldblätter 2–3 Minuten blanchieren. Abtropfen und zwischen zwei sauberen Geschirrtüchern trocknen lassen.

Den Ofen auf 180 °C vorheizen. Ein Blatt Backpapier mit etwas Wasser befeuchten und eine Springform (Durchmesser 18 cm) damit auslegen.

In einer Schüssel die Eier hell und leicht cremig verrühren. Die Schlagsahne eingießen und weiterschlagen, bis die Masse leicht fest wird, dann salzen und pfeffern. Den gebratenen Lauch sowie die Karotten- und Selleriewürfel unterrühren.

Die getrockneten Mangoldblätter bis auf 1 Handvoll überlappend so in der Springform verteilen, dass Boden und Rand bedeckt sind. Die Sahne-Gemüse-Masse in die Form füllen, mit den restlichen Blättern abdecken und die überhängenden Blätter wie bei einem Päckchen zur Mitte schlagen, so dass die Füllung ganz eingeschlossen ist. Den *tortino* locker mit Backpapier abdecken und 40 Minuten im Ofen backen, bis die Füllung fest geworden ist.

Abschließend den *tortino* aus dem Ofen nehmen, vorsichtig auf eine große Platte stürzen und das Backpapier entfernen. Mit einem Gemüsehobel oder einem scharfen Messer die Radieschen in hauchdünne Scheiben schneiden und den *tortino* damit garnieren. Heiß oder kalt servieren.

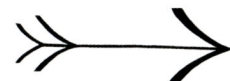

Pizzette rosse

MINIPIZZEN MIT TOMATENSAUCE

Den Film des Lebens, der sich in Rom permanent abspielt, genieße ich gern mit all meinen Sinnen: Ich nehme mir ein paar *pizzette rosse* mit auf meinen Vormittagsspaziergang über den Markt und beobachte heimlich die Leute. Essen und zwischendurch Lebensmittel einkaufen: Römischer geht es kaum! Diese duftenden Köstlichkeiten schmecken am nächsten Tag übrigens sogar noch besser. Einfach 5 Minuten bei 110 °C im Ofen aufwärmen – fertig ist die köstlichste Seelennahrung. Ich nehme gern eine winzige Espressotasse zum Ausstechen für meine Minipizzen, aber Sie können auch eine Cappuccinotasse oder eine Müslischüssel nehmen, wenn Sie sie gern etwas größer hätten.

Zubereitungszeit: 10 Minuten plus Zeit zum Gehen

Backzeit: 15–20 Minuten

Ergibt etwa 50 Stück (Durchmesser etwa 6 cm)

Für den Teig
1 Pckg Trockenhefe

500 g *semolina* Tipo 00 (siehe Tipp Seite 32), plus mehr zum Bestäuben

1 TL feiner Zucker

30 g weiche Butter

1 TL natives Olivenöl extra

1 TL Salz

250 g passierte Tomaten

1 kleine Handvoll Basilikum, gehackt

2 EL natives Olivenöl extra

1 TL Salz

100 g Mozzarella, gewürfelt (Kantenlänge 5 mm)

In einer kleinen Schüssel mit 250 ml lauwarmem Wasser die Hefe auflösen. In eine große Rührschüssel das Mehl mit dem Zucker sieben. Die aufgelöste Hefe zur Mehl-Zucker-Mischung geben und 5 Minuten lang kneten. Die weiche Butter, das Öl und das Salz hinzufügen. Weitere 2–3 Minuten kneten, bis ein weicher, leicht klebriger Teig entsteht. Gegebenenfalls noch bis zu 50 ml lauwarmes Wasser hinzufügen – der Teig sollte sich weder zu klebrig noch zu trocken anfühlen. Die Schüssel mit einem sauberen Geschirrtuch abdecken und an einem warmen Ort 1 Stunde gehen lassen, bis der Teig sein Volumen fast verdoppelt hat.

Den Ofen auf 200 °C vorheizen, das Backblech ebenfalls erhitzen. Besser noch einen Pizzastein im Ofen anwärmen.

In einer Schüssel die passierten Tomaten, die gehackten Basilikumblätter, das Öl und das Salz vermischen, dann beiseitestellen.

Auf einer bemehlten Arbeitsfläche den aufgegangenen Teig 1 cm dick ausrollen. Mit einer kleinen Tasse (siehe Einleitung oben) Kreise ausstechen. Etwas Tomatenmischung auf die Mitte jeder *pizzetta* löffeln, dabei die Ränder freilassen, damit der typische Weiß-Rot-Kontrast einer guten Margherita erhalten bleibt.

Anschließend das erhitzte Backblech mit Backpapier auslegen und die *pizzetta* 15–20 Minuten darauf (oder auf dem Pizzastein) knusprig backen. Dabei nach der Hälfte der Backzeit auf jede *pizzetta* einige Mozzarellawürfel streuen. Die *pizzette* sind fertig, wenn der Käse Blasen wirft. *Buon appetito!*

Girelle di pan carrè con mousse di prosciutto cotto agrumata

SANDWICHSCHNECKEN MIT PROSCIUTTOMOUSSE

Auf Vernissagen in römischen Kunstgalerien sieht man die Blicke der Gäste während der Festreden immer wieder zum Büfett hinüberwandern. Man darf sich nicht von ihren perfekt gebügelten Anzügen und den glamourösen Frisuren täuschen lassen – eigentlich wollen sie nur möglichst viele Gratishäppchen verdrücken.

Ihren optimalen Geschmack entfaltet diese Prosciuttomousse erst etwa 12 Stunden nach der Zubereitung, also planen Sie genügend Vorlauf ein. Wie bei allen Dingen im Leben ist die richtige Organisation hier der Schlüssel zum Erfolg. Deshalb ist Kochen für mich auch wie eine Therapie: Wenn es gerade hoch hergeht, verziehe ich mich zu den kleinen Details beim Kochen. Schaffe ich die Herausforderung dort, besteht auch Hoffnung für alles andere.

Zubereitungszeit: 30 Minuten plus Zeit zum Kühlen

Für 20 Personen als Teil einer Kanapeeplatte

2 Blatt Gelatine

120 ml Schlagsahne

600 g würziger Kochschinken, in 1 cm große Würfel geschnitten

2 EL Dijonsenf

2 EL Tomatenketchup

15 schwarze Pfefferkörner

4 EL Zitronensaft

4 unbehandelte Zitronen

1 Weißbrot, in Scheiben geschnitten

1 Vollkornbrot, in Scheiben geschnitten

Die Gelatineblätter 5 Minuten in einer kleinen Schlüssel mit lauwarmem Wasser einweichen, dann herausnehmen und ausdrücken.

In einer ofenfesten Schüssel über dem Wasserbad (die Schüssel sollte nur vom Wasserdampf erhitzt werden) die eingeweichten Gelatineblätter in der Schlagsahne unter Rühren auflösen. Bei sehr geringer Temperatur warmhalten.

In einem Mixer 500 g der Schinkenwürfel gemeinsam mit dem Senf, dem Ketchup, den Pfefferkörnern und dem Zitronensaft in etwa 30 Sekunden zu einer leichten, cremigen Paste verarbeiten. Die warme Schlagsahne-Gelatine-Mischung dazugießen und 30 Sekunden mixen, dann die Mousse in eine große Schüssel geben und die restlichen Schinkenwürfel unterheben.

Eine quadratische Terrinenform (Kantenlänge 16 cm) unter fließendem Wasser anfeuchten, dann mit einem Blatt Backpapier auslegen. Die Mousse in die Form füllen, mit Frischhaltefolie abdecken und mindestens 12 Stunden im Kühlschrank fest werden lassen, am besten über Nacht.

Zum Servieren die Zitronen halbieren und die Hälften in hauchdünne Scheiben schneiden. Die Brotscheiben von den Rinden befreien und jede Scheibe vierteln.

Die Mousse großzügig auf die Brotscheibenviertel streichen und das Brot vorsichtig aufrollen. Eine Zitronenscheibe darauflegen und mit einem Cocktailspieß feststecken. Mit den restlichen Zutaten ebenso verfahren und die *girelle* auf einer großen Servierplatte anrichten. Mit einer Auswahl anderer Kleinigkeiten servieren (siehe Seiten 126–149).

Trio di ovis molis alle marmellate

BUTTERKEKSE MIT DREIERLEI KONFITÜRE

Die Nonnen an meiner Schule sollten ein möglichst einfaches Leben führen:
Die einzigen erlaubten Aktivitäten waren Gebete und die Pflege des Gemüsegartens.
Ora et labora (Bete und arbeite). Vieles für die tägliche Ernährung pflückten sie im Küchen-
garten – so stellen sich Köche das Paradies vor. Die besten Aromenkombinationen
bilden Zutaten, die gemeinsam gedeihen. In der Marmeladensaison kamen also Pfirsiche,
Aprikosen und (späte) Erdbeeren auf den Tisch. Dieses Kekstrio lässt mein Herz
hüpfen – die Farben der drei Konfitüren, der Puderzuckerstaub und der Wohlgeschmack
rufen bei mir einfach eine große Zufriedenheit hervor.

Zubereitungszeit: 5 Minuten
plus Zeit zum Abkühlen

Backzeit: 15 Minuten

Ergibt etwa 20 Stück

50 g Sonnenblumenkerne

100 g Mehl, Type 550

50 g Puderzucker, plus mehr
zum Bestäuben

80 g kalte Butter, gewürfelt

Abrieb von 1 unbehandelten
Zitrone

1 Eigelb

½ TL Backpulver

je 1 EL von 3 Lieblingsmarme-
laden oder -konfitüren (ich nehme
gern Aprikose, Pfirsich und
Erdbeere)

20 frische Himbeeren (nach
Belieben)

Den Ofen auf 180 °C vorheizen. Ein Backblech mit Backpapier auslegen.

Die Sonnenblumenkerne in einer sauberen Kaffee- oder Gewürzmühle
fein mahlen.

In eine Schüssel das Mehl sieben, dann den Puderzucker, die gemahlenen
Sonnenblumenkerne, die Butterwürfel, den Zitronenabrieb, das Eigelb
und das Backpulver hinzufügen. Alles gründlich zu einem festen Teig
verarbeiten.

Den Teig in 20 gleich große Stücke teilen, diese auf einer Arbeitsfläche zu
Kugeln rollen. Mit dem Daumen in jede Kugel eine Mulde drücken.

Die so geformten Kekse auf dem Backblech gleichmäßig verteilen und in
12 Minuten leicht goldbraun backen. Aus dem Ofen nehmen und auf
einem Kuchengitter abkühlen lassen.

Unterdessen die jeweiligen Konfitüren in 3 getrennten kleinen Töpfen
sanft erhitzen, bis sie flüssig sind.

Wenn die Kekse abgekühlt sind, das erste Drittel der Kekse mit der ersten
flüssigen Konfitüre füllen. Mit den restlichen Konfitüren und Keksen
ebenso verfahren. Nach Belieben auf jeden Keks 1 Himbeere setzen und
abschließend mit Puderzucker bestreuen.

Ciambellone di polenta alla zucca e mele

POLENTAKUCHEN MIT KÜRBIS & APFEL

Rom wurde auf sieben Hügeln gebaut: Campidoglio, Celio, Esquilino, Palatino, Viminale, Quirinale und Aventino. Letzterer strahlt eine getragene Ruhe aus. Außerdem hat er ein Ass im Ärmel, das ich gern als Überraschung präsentiere, wenn ich mit nicht-römischen Freunden durch die Stadt schlendere: das Schlüsselloch im Tor zum Kloster des Malteserordens. Wer hindurchspäht, erhascht einen zauberhaften Blick auf den Petersdom, eingerahmt von den Orangenbäumen im Klostergarten.
Beim Genuss dieses Kuchens sehe ich mich jedes Mal in diesen herrlichen Garten versetzt, wenn die Luft zur Sommerzeit vom berauschenden Duft reifer Orangen geschwängert ist. In diesem Rezept ergibt die Polenta mit dem erdigen Kürbispüree und den Äpfeln eine lebendige Kombination. Betörend köstlich.

Zubereitungszeit: 10 Minuten plus Zeit zum Einweichen und Abkühlen

Backzeit: 1 Stunde 50 Minuten

Für 10 Personen

Butter zum Einfetten

500 g Mehl, Type 405, plus mehr zum Bestäuben

150 g Rosinen

400 g Kürbis, geschält, gewürfelt (Kantenlänge 5 mm)

2 säuerliche, wasserhaltige Kochäpfel (Boskop oder Bramley), geschält, das Kerngehäuse entfernt, gewürfelt

4 Eier (Größe L)

400 g feiner Zucker

4 EL natives Olivenöl extra

150 g Instant-Polenta

2 TL Backpulver

1 EL Rum

Abrieb von 1 unbehandelten Orange

250 g Rote Johannisbeeren

Puderzucker zum Bestäuben

Den Ofen auf 200 °C vorheizen. Ein Backblech mit Backpapier auslegen und eine Spring- oder Savarinform (Durchmesser 32 cm) einfetten, dann mit Mehl bestäuben.

In einer kleinen Schüssel die Rosinen 30 Minuten in Wasser einweichen, dann abgießen und mit den Händen das Wasser herausdrücken.

Unterdessen die Kürbiswürfel gleichmäßig auf dem Backblech verteilen und im Ofen 40 Minuten backen, bis sie weich sind. Herausnehmen, 10 Minuten abkühlen lassen, dann mit einer Gabel grob zerdrücken.

In einem Topf die Apfelwürfel mit Wasser bedeckt zum Köcheln bringen. Etwa 10 Minuten bei mittlerer Temperatur köcheln, bis die Äpfel weich sind und zu zerfallen beginnen. Abtropfen lassen und beiseitestellen.

In einer großen Schüssel die Eier mit dem Zucker mithilfe eines Schneebesens zu einer hellen, luftigen Masse schlagen. Unter ständigem Rühren nach und nach das Öl angießen, dann die Polenta und das Backpulver darübersieben. Alles zu einem Teig verrühren. Anschließend den Rum, die Rosinen und den Orangenabrieb hinzufügen, dann das Kürbispüree und die Apfelstücke. Alles gut vermengen.

Den Teig in die Kuchenform füllen und 10 Minuten im Ofen backen. Dann die Temperatur auf 170 °C reduzieren und den *ciambellone* weitere 50 Minuten backen, bis er leicht goldbraun ist und die Seiten sich vom Rand der Kuchenform lösen. Zur Garprobe ein Holzstäbchen in die Mitte hineinstechen – wenn nichts daran kleben bleibt, ist der Kuchen fertig.

Abschließend aus der Form nehmen und auf einem Kuchenrost abkühlen lassen. Den *ciambellone di polenta* mit Johannisbeerrispen garniert vor dem Servieren mit Puderzucker bestäuben.

La pastiera

NEAPOLITANISCHER OSTERKUCHEN

Schwester Serena, meine Lieblingsnonne, hat eine Schwäche für *Tosca*. Während Toscas Geliebter auf seine Hinrichtung wartet, erinnert er sich: »Und es leuchteten die Sterne, und es duftete die Erde, es knarrte die Gartentür … Sie trat ein, duftend, sank mir in die Arme. … und hab das Leben niemals so sehr geliebt!« Schwester Serena erinnert dieses Lied an die Zubereitung der *pastiera*: die Kombination aus gekochtem Weizen, Eiern, Ricotta und kandierten Früchten wird zu einer Erklärung der Lebenslust. Feuerwerk, Vertraulichkeiten und Puccini in der Küche …

Zubereitungszeit: 25 Minuten plus Zeit zum Einweichen und Kühlen

Backzeit: 1 Stunde 15 Minuten

Ergibt 1 Kuchen (23 cm Durchmesser)

Für den Teig

1 Ei

250 g Mehl, Type 550, plus mehr zum Bestäuben

100 g feiner Zucker

1 TL Backpulver

80 g Butter

30 ml Limoncello

Abrieb von 1 unbehandelten Zitrone

20 g Butter, plus mehr zum Einfetten

50 ml Vollmilch

200 g *grano cotto* (vorgegarter Weizen, siehe Tipp), abgetropft

Zesten von 1 unbehandelten Zitrone, grob gehackt

350 g Ricotta

300 g feiner Zucker

3 Eier, getrennt

2 EL Orangenblütenwasser

1 TL gemahlener Zimt

50 g Orangeat, gehackt

30 g Rosinen, 30 Minuten in Wasser eingeweicht, ausgedrückt

50 g Walnusskerne, gehackt

Eine antihaftbeschichtete Springform (Durchmesser 23 cm) einfetten und mit Backpapier auslegen.

In einer Küchenmaschine das Ei, das Mehl, den Zucker, das Backpulver, gemeinsam mit der Butter, dem Likör und dem Zitronenabrieb zu einem Teig verarbeiten. Diesen zu einer Kugel rollen und in Frischhaltefolie gewickelt 30 Minuten im Kühlschrank ruhen lassen.

Den Ofen auf 190 °C vorheizen.

In einem Topf 20 g Butter zerlassen. Mit der Milch, dem *grano cotto* sowie den Zitronenzesten 10 Minuten sanft köcheln lassen.

In einer großen Schüssel den Ricotta mit der Hälfte des Zuckers verrühren. In einer zweiten Schüssel das Eigelb gemeinsam mit dem restlichen Zucker zu einer luftigen Masse aufschlagen. Den *grano cotto* in die Ricottamasse rühren. In einer dritten Schüssel das Eiweiß gemeinsam mit dem Orangenblütenwasser und Zimtpulver steif schlagen. Das Orangeat, die Rosinen und die Walnusskernstücke sowie die Eigelbmasse zur Ricottamasse geben, dann den Eischnee unterheben, beiseitestellen.

Vom gekühlten Teig zwei Drittel abteilen. Das größere Stück zwischen 2 Lagen Backpapier legen und mithilfe einer Teigrolle zu einem Kreis (Durchmesser 29 cm) ausrollen. Die Kuchenform mit dem Teig auskleiden, dabei die Ränder 3 cm hoch festdrücken. Dann 10 Minuten im Kühlschrank kühlen.

Unterdessen den restlichen Teig ebenfalls zwischen 2 Blatt Backpapier ausrollen, dann in 10 Streifen à 23 × 2 cm schneiden. Diese auf einem leicht bemehlten Backpapier 5 Minuten kalt stellen.

Den Boden aus dem Kühlschrank nehmen und die Füllung daraufgeben. Die Teigstreifen vorsichtig gitterförmig auflegen und die *pastiera* im Ofen in 1 Stunde leicht braun backen. Zur Garprobe ein Holzstäbchen hineinstechen – wenn nichts daran kleben bleibt, ist sie fertig. Vor dem Servieren mindestens 30 Minuten abkühlen lassen.

Tipp: *Grano cotto* ist im gut sortierten italienischen Feinkosthandel oder online erhältlich. Alternativ Milchreis oder Graupen (jeweils gegart) verwenden oder Weizen in Wasser oder Milch etwa 1 Stunde weich garen.

Kapitel 3 MITTAGESSEN FÜR UNTERWEGS

Wenn der Hunger regiert, kennen Italiener kein Pardon. Wochentags sieht man daher in jedem *alimentari* (Lebensmittelgeschäft) und jeder *rosticceria* (Rost-braterei) hungrige Männer und Frauen, jung und alt, Bauarbeiter und Banker, die sich skrupellos an die Theke drängen: Mittagszeit bedeutet Krieg. Die Ange-stellten im *alimentari* bereiten saftige Panini frisch zu, als schnelles Mittagessen zwischen zwölf und drei Uhr (ja, das ist die Länge einer typischen Mittagspause in Italien, oft gefolgt von einer hochverdienten Siesta, selbstredend). Gewöhn-lich bildet sich eine lange Schlange hinter der alten Dame, der es unverhofft gelungen ist, wenige Minuten vor allen anderen im *alimentari* anzukommen. Sie hat es nicht eilig und nimmt sich Zeit für ihre Wahl der Käsefüllung. Dem Mann hinter der Theke erklärt sie, warum Taleggio besser für ihr Cholesterin ist als Robiola. Dabei lässt sie sich über die Unfähigkeit ihres Hausarztes aus, der ihr immer etwas anderes erzählen will. Aber was weiß der schon? An diesem Punkt wird wohl der ungeduldig wartende Bauarbeiter hinter ihr typisch römisch-überspitzt rufen: »*A nonna, qua stamo a fa' notte!*« – »He, Oma, es wird schon dunkel draußen!« Das ist das Zeichen für alle anderen im Laden, einen Seufzer der Erleichterung auszustoßen und sich dabei lebhaft zuzunicken.

Und dann ist da noch der Verkäufer, der den geräucherten Schinken immer zu dick schneidet. Er legt ihn auf die Waage und fragt dann mit gespielter Unschuld: »Oh, das sind jetzt 120 Gramm – nehmen Sie ihn trotzdem?« Es nützt nichts, ihn daran zu erinnern, dass man nur 80 Gramm bestellt hatte. Zu diesem Zeit-punkt hat der Kunde schon über 15 Minuten in der Schlange gestanden und hat es eilig, weil sein Auto im Parkverbot steht. Aller Wahrscheinlichkeit nach sieht man ihn etwas später wild gestikulierend im Gespräch mit einem Polizisten. Er verdiene keinen Strafzettel, er habe ja gar keine andere Wahl gehabt, als auf dem Zebrastreifen zu parken. Lautes Reden gilt in Rom als Zeichen der Zunei-gung. Genießen Sie diese Diskussionen, die den Verkehr einer gesamten Stadt zum Stillstand bringen können, wo jeder ein Recht auf seine Meinung hat und auch darauf, sie kundzutun. Trotz Aufruhr sieht man fünf Minuten später Freund und Feind einträchtig in ihre köstlichen Rosetta-Brötchen mit Mortadella (siehe Seite 69) beißen, ganz versunken in #foodhappiness. Mittagspausen in Rom sind einfach nichts für Weicheier.

DIAVOLETTI
PICCANTI
CON OLIVE
DI CASTELVETRAMO

e la barca va...

Pomodori ripieni con patate

REISGEFÜLLTE TOMATEN MIT KARTOFFELN

Das ist der Inbegriff römischen Streetfoods: ideal zum Mitnehmen aus einer *rosticceria* nach Hause oder ins Büro. Ich poliere gern Klassiker aus vergangenen Tagen ein bisschen auf. Dieses Retrogericht ist auf jeden Fall bereit für ein Comeback. Ich bin immer wieder begeistert, wie aus so einfachen Zutaten etwas so Köstliches werden kann. Die hübschen roten Pakete eignen sich auch ideal für ein gemütliches Essen im exklusivsten Restaurant von allen: der eigenen Küche.

Zubereitungszeit: 30 Minuten plus Zeit zum Abkühlen

Garzeit: 2 Stunden 30 Minuten

Für 6 Personen

Salz

2,5 kg mehlig kochende Kartoffeln, geschält

2 EL natives Olivenöl extra, plus mehr zum Einfetten

1 Handvoll Rosmarinblätter

3 Knoblauchzehen, geschält

300 ml Gemüsebrühe (siehe Seite 12)

6 (à etwa 200 g) große Rispentomaten

2 EL glatte Petersilie, gehackt

2 EL Basilikum, gehackt

2 EL Thymian, gehackt

180 g Risottoreis (Arborio oder Carnaroli)

40 g frisch geriebener Parmesan

20 g frisch geriebener Pecorino Romano

60 g Scamorza, Halloumi oder Mozzarella, in 6 Stücke geschnitten

frisch gemahlener schwarzer Pfeffer

Den Ofen auf 180 °C vorheizen. Zwei Backbleche mit Backpapier auslegen.

In einem Topf mit kochendem Salzwasser die Kartoffeln etwa 10 Minuten vorgaren. Dann abgießen und in Spalten schneiden.

Eine feuerfeste Ofenform leicht einfetten und die Kartoffelspalten, den gehackten Rosmarin und 2 Knoblauchzehen hineingeben. Mit der Brühe bedecken und im Ofen 1 Stunde backen. Die Kartoffeln sollten weich und an den Rändern leicht gebräunt sind. Abgießen und zum Abkühlen beiseitestellen.

Unterdessen von jeder Tomate das obere Drittel kappen (es dient später als Deckel); den Stiel nicht entfernen. Mit einem Löffel das Tomateninnere entfernen, dieses in einem Mixer glatt pürieren. Die Tomaten von innen mit Salz bestreuen und zum Abtropfen kopfüber auf ein Kuchengitter legen.

In einer Pfanne mit Olivenöl die dritte Knoblauchzehe sanft anbräunen, dann das pürierte Tomateninnere hinzufügen und 10 Minuten sanft köchelnd eindicken lassen. Die Knoblauchzehe herausnehmen, salzen und pfeffern, dann die gehackten Kräuter unterrühren, beiseitestellen.

In einem Topf den Reis in reichlich Salzwasser nach Packungsanleitung al dente kochen, dann abgießen und mit der Tomatsauce, dem geriebenem Parmesan und Pecorino in einer Schüssel verrühren.

Die Tomaten auf einem der Backbleche verteilen. In jede 1 EL Reis-Käse-Masse geben, je 1 Stück Scamorza hineinlegen und mit der Reismasse auffüllen. Die Tomatendeckel auf das zweite Backblech legen. Die gefüllten Tomaten und deren Deckel mit Öl beträufeln und pfeffern. Beide Bleche, die Deckel auf unterster Schiene, für 55 Minuten in den Ofen geben. Dabei in den letzten 5 Minuten den Ofengrill auf höchster Stufe einschalten, bis die Füllung goldbraun ist.

Die Bleche herausnehmen, die *pomodori ripieni* 5 Minuten abkühlen lassen. Die Tomatendeckel aufsetzen, mit Olivenöl beträufeln und mit den Kartoffelspalten servieren.

Rosetta con mortazza, stracchino e mostarda casalinga

ROSETTABRÖTCHEN MIT MORTADELLA, STRACCHINO & HAUSGEMACHTER MOSTARDA

Einmal schlich ich mich in den ältesten *forno* (Backstube) der Stadt, um dort mehr über das Brotbacken im alten Rom zu lernen. Der Bäcker zeigte sich überrascht, dass mich diese Brotsorte interessierte. »*Rosette* sind etwas für sentimentale Rentner, die damit jedoch immer noch die besten Panini machen. Aber sie sind überhaupt nicht mehr in Mode. Kommen Sie aus der Zeit der Gladiatoren?« Gladiator, ich? Ich lasse mich von meinem gesunden Menschenverstand leiten: Wer dieses weiche, luftige Stück Ekstase einmal probiert hat, wird kurzerhand seinem zeitlosen Charme verfallen.
Für gutes Brot gibt es eine goldene Regel: Salz und Hefe immer getrennt zum Teig geben, sonst ist alles direkt zum Scheitern verurteilt. Wenn man ein paar Details beachtet, wird das Ergebnis so lecker, heilend und bereichernd, dass Sie die *rosette* sicherlich regelmäßig backen werden.

Zubereitungszeit: 35 Minuten plus Zeit zum Gehen und Kühlen

Backzeit: 1 Stunde 15 Minuten

Ergibt 6 Brötchen

Für die Mostarda
(ergibt 2 Gläser à 250 ml)

400 g feiner Zucker

700 g säuerliche, wasserhaltige Kochäpfel (etwa Bramley), geschält, das Kerngehäuse entfernt, in Spalten geschnitten

130 ml Weißweinessig

3 TL englischer oder körniger Senf

Für die Brötchen

2 TL Trockenhefe

500 g Mehl, Type 550, plus mehr zum Bestäuben

50 ml natives Olivenöl extra

1 TL feiner Zucker

20 g Meersalzflocken

Für die Mostarda in einem Topf 500 ml Wasser zum Kochen bringen. Den Zucker darin unter Rühren vollständig auflösen. Dann die Apfelschnitze hinzufügen und bei geringer Temperatur 35–40 Minuten ohne Rühren kochen lassen, bis die Mischung klebrig ist und die Konsistenz von Konfitüre annimmt. Dann 30 Minuten abkühlen lassen.

Unterdessen in einem zweiten Topf den Essig bei geringer Temperatur erhitzen. Kurz vor dem Siedepunkt den Senf einrühren, alles in eine kleine Schüssel füllen und 30 Minuten abkühlen lassen.

Sobald die Apfel- und die Essigmischungen abgekühlt sind, die Apfelspalten aus dem Sirup nehmen und beiseitelegen. Den Sirup zum Essigsenf geben und alles gut verrühren. Die Apfelspalten in zwei warme, sterilisierte Schraubgläser à 250 ml füllen (siehe Seite 254), mit der Sirupmischung bedecken, luftdicht verschließen und bis zum Gebrauch beiseitestellen.

Ein Backblech mit Backpapier auslegen und eine Sprühflasche mit Wasser füllen.

In einer kleinen Schüssel die Hefe in 300 ml lauwarmem Wasser unter Rühren auflösen. In eine große Rührschüssel oder die Schüssel eines Rührgeräts das Mehl sieben, die angerührte Hefe sowie das Öl hinzufügen. Mit den Knethaken in 10 Minuten zu einem Teig verarbeiten, dann den Zucker dazugeben und weitere 5 Minuten kneten. Während weiterer 5 Minuten Kneten nach und nach das Salz hinzufügen und kneten, bis der Teig weich und glatt ist. In eine Schüssel legen, mit einem sauberen Geschirrtuch abdecken und an einem warmen Ort 1½ Stunden gehen lassen.

300 g italienische Mortadella
oder feiner Kochschinken (nach
Belieben)

250 Stracchino oder anderer
streichfähiger Weichkäse,
in 6 dicke Scheiben geschnitten

Den Teig in 6 gleich große Stücke teilen und jeden Teigling zu einer
Kugel formen. Die Teiglinge mit 2 cm Abstand rundherum auf das Backblech legen. Mit etwas Mehl bestäuben und mit einem Apfelschneider
vorsichtig jede Teigkugel etwas eindrücken, damit sie die typische Rosetta-
form bekommt. Alternativ (für ein leicht anderes Muster) mit dem Rand
eines Kaffeebechers arbeiten. Das Blech mit einem Geschirrtuch abdecken
und die Brötchen erneut 45 Minuten gehen lassen.

Den Ofen auf 220 °C vorheizen.

Vor dem Backen die aufgegangenen Brötchen mit etwas Mehl bestäuben.
Das heiße Backofeninnere 7- bis 8-mal mit der Wasserflasche einsprühen,
dann schnell das Blech mit den Brötchen hineinschieben und die Klappe
schließen. Die *rosette* 25–30 Minuten backen, dabei alle 5 Minuten das
Ofeninnere einsprühen. Die Kruste sollte eine tiefe goldbraune Färbung
annehmen und die Brötchen sollten noch mehr aufgehen. Dann aus dem
Ofen nehmen und auf einem Kuchengitter abkühlen lassen.

Die *rosette* waagerecht aufschneiden. Den Stracchino und die Mortadella
gleichmäßig auf die unteren Brötchenhälften verteilen, jede Seite mit
etwas Mostarda bestreichen und die Deckel daraufsetzen. Guten Appetit!

Genießen Sie die *rosette* am besten frisch, innerhalb von 24 Stunden.
Sie lassen sich auch einfrieren und später in ein himmlisches Lunchpaket
verwandeln. Die Mostarda hält sich an einem trockenen, dunklen Ort
bis zu 6 Monate.

»Panino« di mozzarella

MOZZARELLA-»SANDWICH«

Wo immer ich auch bin, wenn die Mittagszeit anbricht, spüre ich eine fast greifbare
Erregung in der Luft. Was ich dann tue: Ich gieße mir ein Glas von dem ein, was gerade im Haus
ist – meistens ein Rest Wein vom Vorabend –, und mache mir etwas zu essen, das nicht
nur den Magen, sondern auch die Seele sättigt. An den meisten Tagen sind das Kleinigkeiten
aus Resten – endlich wird den Dingen, die im Kühlschrank nur sinnlos und dumpf
vor sich hin brüten, neues Leben eingehaucht und sie machen sich nützlich! Diese Version der
Mozzarellapanini macht schlicht und ergreifend glücklich: Man muss sie einfach genießen.

Zubereitungszeit: 10 Minuten

Garzeit: 10 Minuten

Für 4 Personen

1 Knoblauchzehe, geschält

1 EL natives Olivenöl extra,
plus mehr zum Beträufeln

½ Zucchini, in dünne Scheiben
geschnitten

Salz

4 (à 125 g) Kugeln Büffelmozza-
rella, abgetropft

1 große Tomate, in 4 Scheiben
geschnitten

1 kleine Handvoll Basilikum

frisch gemahlener schwarzer
Pfeffer

In einer Pfanne die ganze Knoblauchzehe im Öl bei mittlerer Temperatur
in 2–3 Minuten goldbraun braten. Den Knoblauch herausnehmen und
entsorgen. In derselben Pfanne die Zucchinischeiben 10 Minuten braten,
dabei immer wieder wenden. Sie sollten weich und leicht gebräunt sein.
Salzen und in einer kleinen Schüssel beiseitestellen.

Jede Mozzarellakugel halbieren. Die Zucchini- und Tomatenscheiben
auf die Mozzarellahälften verteilen, mit Öl beträufeln und die andere
Hälfte darauflegen, dann sanft andrücken. In jedes *»panino« di mozzarella*
1 Basilikumblatt stecken. Nach Geschmack salzen und pfeffern.

Conchiglioni ripieni su foglie di basilico

GEFÜLLTE CONCHIGLIONI AUF BASILIKUMBLÄTTERN

Am Wochenende strömen die jungen Leute zum gegenseitigen Beobachten in die Via del Corso. Sie nennen es *lo struscio*, einen gemütlichen Spaziergang durch die Straßen der Stadt, freundschaftlich eingehängt. Bei diesem Gericht umfassen die Conchiglioni auf ähnliche Weise die Sauce, eine Reminiszenz an den typisch italienischen Spaziergang mit eingehakten Freunden. Genießen Sie die verführerische Sinnlichkeit der Saucenherstellung – lassen Sie sich ruhig Zeit dabei. Eventuelle Saucenreste lassen sich übrigens wunderbar für Sandwiches verwerten.

Zubereitungszeit: 15 Minuten

Garzeit: 15 Minuten

Für 4 Personen als Hauptgericht

5 Baby-Flaschentomaten

1 Avocado

1 EL in Salz eingelegte Kapern, abgespült

6 EL natives Olivenöl extra

3 in Olivenöl eingelegte Sardellenfilets

350 g in Wasser eingelegter Thunfisch aus dem Glas, abgetropft

100 g schwarze Oliven, entsteint und sehr fein gehackt

1 Stange Staudensellerie, geputzt und sehr fein gehackt

1 rote Zwiebel, sehr fein gehackt

1 große Handvoll Basilikum, gehackt, plus ganze Blätter zum Garnieren

2 kleine Handvoll Salbei, gehackt frisch gemahlener weißer Pfeffer

Salz

400 g Conchiglioni (große, muschelförmige Nudeln)

1 Knoblauchzehe, geschält

1 große Handvoll glatte Petersilie

2 EL Semmelbrösel (siehe Seite 262)

1 EL getrockneter Oregano

Die Tomaten häuten. Dafür diese in einer Schüssel mit kochendem Wasser übergießen. Nach 1–2 Minuten abgießen, jede Tomate am Stielende kreuzweise einschneiden und die Haut abziehen. Die gehäuteten Tomaten würfeln (Kantenlänge 5 mm).

Die Avocado halbieren, den Stein entfernen und das Fleisch auslösen. Das Avocadofleisch würfeln (Kantenlänge 5 mm). Die Hälfte der Kapern fein hacken.

In einer großen Pfanne 1 EL Olivenöl gemeinsam mit den Sardellenfilets bei mittlerer Temperatur erhitzen. Den Thunfisch hinzufügen, dabei große Stücke etwas zerkleinern. Unter Rühren alles 5 Minuten braten. Die Tomaten- und Avocadowürfel, die gehackten Kapern, Oliven, den Sellerie, die Zwiebel, die gehackten Basilikum- und Salbeiblätter sowie 3 EL Olivenöl hinzufügen. Mit 1 Prise weißem Pfeffer würzen, dann vom Herd nehmen.

In einem großen Topf mit kochendem Salzwasser die Conchiglioni nach Packungsanleitung al dente garen. Dann die Nudeln abgießen und rasch den Garprozess unter fließendem kaltem Wasser stoppen.

In einer großen Pfanne die Knoblauchzehe in den restlichen 2 EL Öl sanft anbräunen, dann entsorgen. In dieselbe Pfanne die Conchiglioni geben und in dem aromatisierten Öl durchschwenken.

Abschließend mithilfe eines Teelöffels in die einzelnen Conchiglioni die Füllung geben. Auf einer großen Platte auf einem Bett von Basilikumblättern anrichten und vor dem Servieren mit der gehackten Petersilie, den Semmelbröseln, Oregano und den restlichen ganzen Kapern bestreuen.

Fagottini di verza ripieni

WIRSING-KALBFLEISCH-PÄCKCHEN

Dieses farbenfrohe Gericht ist eine einladende Kombination von Aromen, die alle gleichzeitig um Aufmerksamkeit buhlen. Die verführerischen Kohlpäckchen können warm oder kalt serviert werden – Reste halten sich bis zu 5 Tage im Kühlschrank. Dazu schmeckt ein einfacher grüner Salat, mit etwas Balsamessig beträufelt. Nehmen Sie nicht zu wenige Päckchen in einem luftdichten Behälter mit ins Büro und freuen Sie sich auf ein Mittagessen voller Aromen.

Zubereitungszeit: 20 Minuten

Garzeit: 40 Minuten

Für 4 Personen

Salz

150 g Wirsingblätter (alternativ Weißkohl-, Rotkohl- oder Mangoldblätter)

300 g Kalbshackfleisch (aus der Lende oder Oberschale)

100 g italienische Mortadella

50 g Erdnusskerne, geröstet oder ungesalzen

1 TL Dill, gehackt

1 großes Ei

30 g frisch geriebener Parmesan

1 TL glatte gehackte Petersilie

1 TL gehackte Basilikumblätter

frisch gemahlener schwarzer Pfeffer

30 g Butter

1 kleine weiße Zwiebel, gehäutet, gehackt

50 g Pancetta oder anderer geräucherter Bauchspeck, gewürfelt

1 Knoblauchzehe, geschält

2 Salbeiblätter

50 ml trockener Weißwein

120 ml Gemüsebrühe (siehe Seite 12)

In einem großen Topf mit kochendem Salzwasser die Kohlblätter 5 Minuten blanchieren. Abtropfen und auf einem sauberen Geschirrtuch abkühlen lassen.

Nach dem Abkühlen etwa 1 Handvoll der Blätter grob hacken. In einem Mixer die gehackten Blätter mit dem Hackfleisch, der Mortadella, den Erdnüssen, dem Dill, dem Ei, dem Parmesan sowie der Petersilie und dem Basilikum zu einer groben Paste verarbeiten. Salzen und pfeffern.

Jeweils 1 EL der Füllung in die Mitte eines blanchierten Kohlblatts setzen. Die Blätter vorsichtig aufrollen, seitlich leicht einschlagen und alles mit einem Zahnstocher fixieren.

In einer großen Pfanne bei mittlerer Temperatur die Butter zerlassen. Die Zwiebelstücke, die Pancettawürfel, die Knoblauchzehe und den Salbei hinzufügen. Alles 10 Minuten braten, bis die Zwiebel weich ist. Die Kohlpäckchen in die Pfanne legen, mit dem Weißwein und der Brühe übergießen. Dann salzen und etwa 25 Minuten braten, bis die Flüssigkeit zu einer dicken, glänzenden Sauce eingekocht ist. Die *fagottini* mit Salat oder als Bürolunch genießen.

Carpaccio di spigola con pesche, kiwi e rughetta

WOLFSBARSCHCARPACCIO MIT PFIRSICHEN, KIWI & RUCOLA

Als Carpaccio geschnitten können sich gutes Fleisch und fangfrischer Fisch von ihrer edelsten Seite zeigen. Aber Vorsicht, damit das Geschmackswunder tatsächlich eines wird, müssen die Produkte so frisch wie nur irgend möglich sein. Die wichtigsten Schritte in diesem Rezept sollten sehr sorgfältig vom Fischhändler Ihres Vertrauens durchgeführt werden. Er sollte den Wolfsbarsch filetieren, enthäuten und das Filet waagerecht in sehr dünne Scheiben schneiden. Der Rest ist ein Kinderspiel für Sie. Dieser fröhliche Carpaccio-Regenbogen hellt selbst den düstersten Tag auf.

Zubereitungszeit: 10 Minuten plus Zeit zum Marinieren

Für 4 Personen

1 Fenchelknolle, geputzt, inklusive Grün zum Garnieren

125 ml frisch gepresster Zitronensaft

50 ml natives Olivenöl extra

1 Prise Meersalzflocken

1 (à 600 g) Wolfsbarsch, pariert, filetiert und diagonal in Scheiben à 50 g geschnitten (siehe Einleitung)

Zum Garnieren

50 g Wilde Rauke (Rucola-Art)

1 reifer weißer Pfirsich, geschält und in dünne Spalten geschnitten

1 reife Kiwi, geschält und in dünne Scheiben geschnitten

2 TL Rosa Pfefferbeeren

Die Fenchelknolle in 6 Scheiben schneiden. In einem Mixer gemeinsam mit dem Zitronensaft, dem Olivenöl und dem Salz zu einer glatten Paste verarbeiten.

Jede Fischscheibe in 5 × 2,5 cm große Streifen schneiden und in der Mitte einer flachen Servierschüssel anrichten. Die Fenchel-Zitronensaft-Mischung durch ein Sieb und auf das Carpaccio drücken. Dann mit Frischhaltefolie bedeckt für 30 Minuten zum Marinieren in den Kühlschrank stellen.

Abschließend das *carpaccio di spigola* aus dem Kühlschrank nehmen und auf einem Bett aus der Wilden Rauke und den Obststücken anrichten, mit dem Fenchelgrün und den Rosa Pfefferbeeren garniert sofort servieren.

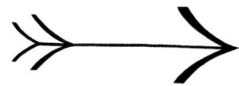

Frittata di spaghetti

SPAGHETTI-OMELETT

»Qui n'se butta gniente.« Das ist römisch für: »Hier wird nichts weggeworfen.«
Früher wurde zur Mittagszeit erst einmal eine große Schüssel *spaghetti al sugo* (Spaghetti
in Tomatensauce) in die Mitte des Tisches gestellt, aus der sich alle gierig bedienten.
Etwaige Reste kamen in anderer Form erneut auf den Tisch: als Frittata. Mir ist zugegebenermaßen Essen (und Kochen) so heilig, dass ich jede Gelegenheit ergreife, um Zutaten
aufzubrauchen, die sonst im Müll landen würden. Dieses Seelenfood schlechthin kann für ein
Picknick auch zwischen Brotscheiben (etwa Rosetta-Brötchen, siehe Seite 69) geklemmt
werden: Das ist seit Jahrzehnten ein Lieblingssnack der Römer.

Zubereitungszeit: 10 Minuten

Garzeit: 30 Minuten

Für 6 Personen

6 Eier (Größe L)

50 g frisch geriebener Pecorino Romano

100 ml Vollmilch oder fettarme Milch

1 Prise Salz

1 Prise frisch gemahlener schwarzer Pfeffer

100 g Provolone, Muenster oder Mozzarella, gewürfelt (Kantenlänge 5 mm)

400 g Spaghetti

80 g Pancetta oder anderer geräucherter Bauchspeck, gewürfelt

1 große Handvoll Salbei, fein gehackt, plus 10 ganze Salbeiblätter

6 EL natives Olivenöl extra

In einer Schüssel die Eier leicht verquirlen. Den Pecorino, die Milch sowie Salz und Pfeffer einrühren. Die Hälfte des Provolone (die gewählte Käsesorte entscheidet, wie intensiv das Omelett schmecken wird) hinzufügen und alles gut vermengen, dann beiseitestellen.

In einem großen Topf mit kochendem Salzwasser die Spaghetti nach Packungsanleitung al dente garen. Handelt es sich um Reste, die Spaghetti in etwas Wasser leicht erwärmen. Die Nudeln abgießen und 1 Minute abkühlen lassen, dann wieder in den Topf geben, die Ei-Käse-Masse darübergießen und alles vermischen, bis die Nudeln gleichmäßig damit überzogen sind.

Eine kleine antihaftbeschichtete Pfanne langsam erhitzen, die Pancettawürfel hineingeben und in 3 Minuten kross backen. (Zusätzliches Öl wird nicht benötigt, es tritt genug aus dem Pancetta aus.) Den Pancetta aus der Pfanne nehmen und beiseitelegen. Die ganzen Salbeiblätter im verbliebenen Pancettafett bei hoher Temperatur etwa 30 Sekunden kross braten, beiseitestellen.

In einer großen antihaftbeschichteten Pfanne 4 EL natives Olivenöl extra bei mittlerer Temperatur erhitzen. Die Hälfte der Spaghetti auf dem Pfannenboden verteilen. Den gehackten Salbei, die gebratenen Pancettawürfel und den restlichen Provolone darüberstreuen, dann mit den restlichen Spaghetti bedecken. Die Temperatur reduzieren und 10 Minuten sanft weiter braten, bis das Omelett gerade gestockt ist. Dann das Ganze wenden (am besten mithilfe eines großen Tellers), die restlichen 2 EL Olivenöl hinzufügen und 5 Minuten weiter braten, bis das Omelett fest und teilweise goldbraun ist.

Die *frittata di spaghetti* 10 Minuten in der Pfanne ruhen lassen, dann stürzen und mit den gebratenen Salbeiblättern bestreut servieren.

Soppressata di polpo con insalata di patate e sedano

TINTENFISCH-»WURST«
MIT KARTOFFELN & SELLERIE

Früher schlugen Fischer ihre fangfrischen Tintenfische gegen die Felsen, um sie zart zu machen. Wenn Sie Kalmar (eine Tintenfischart; früher auch oft »Oktopus« genannt) nach der hier beschriebenen Methode einfrieren, setzen Sie damit ebenfalls den Prozess in Gang, der das Fleisch zart macht. Überlassen Sie ansonsten dem Fischhändler das Vorbereiten des Tintenfischs. Den gefrorenen Kalmar können Sie in dünne Scheiben schneiden und als Carpaccio servieren oder ein Mittagessen daraus zaubern, indem Sie ihn in dickere Scheiben schneiden und diese als Füllung für Panini verwenden.

Zubereitungszeit: 30 Minuten plus Zeit zum Ab- und Tiefkühlen (am Vortag zubereiten)

Garzeit: 1 Stunde 20 Minuten

Für 6 Personen

Für den Sud

1 kleine Karotte, geputzt

1 Stange Staudensellerie, geputzt

1 Zwiebel, geschält

1 Tomate, halbiert

2 Lorbeerblätter

1 TL heller Essig (etwa Apfelessig)

10 schwarze Pfefferkörner

3 Wacholderbeeren

4 Gewürznelken

100 g grobes Steinsalz

1,5 kg frischer Kalmar, küchenfertig

2 große Kartoffeln, geschält

je 1 Handvoll glatte Petersilie und Dill, fein gehackt

1 TL frisch geriebene Muskatnuss

2 EL natives Olivenöl extra

Für das Dressing

2 EL natives Olivenöl extra

1 TL Salz und 1 EL frisch gemahlener schwarzer Pfeffer

4 EL Zitronensaft

In einem großen Topf mit Wasser die Zutaten für den Sud zum Kochen bringen.

Den Kalmar kurz ins kochende Wasser tauchen, bis er vollständig bedeckt ist. Dann wieder herausnehmen. Diesen Vorgang noch 9 Mal wiederholen, bis sich die Tentakel aufgerollt haben und weich sind, dann den Kalmar im Sud bei geschlossenem Deckel 50 Minuten sanft köcheln lassen. Die Kartoffeln hinzufügen und weitere 30 Minuten kochen.

Nach der Kochzeit die Selleriestange in dünne Scheiben schneiden und die Kartoffeln würfeln (Kantenlänge 1 cm), gemeinsam im Kühlschrank beiseitestellen. Den Kalmar in der Kochflüssigkeit 30 Minuten abkühlen lassen (so wird er nicht zäh). Anschließend abgießen und mit Küchenpapier trocken tupfen. Den Tintenfischkopf in 6 große Stücke schneiden, die Tentakeln aber intakt lassen.

Mit einem scharfen Messer das obere Ende einer leeren 1,5-Liter-Plastikflasche kappen und mit der Messerspitze Löcher in den Boden stechen. Den Oktopus in die Flasche drücken, das überschüssige Wasser durch die Löcher ablaufen lassen. Mithilfe eines Fleischklopfers oder eines Stößels den Oktopus so weit nach unten und so kompakt wie möglich in die Flasche pressen, dann mit Frischhaltefolie bedecken und mit einer Dose (etwa Tomatendose) beschweren. Für mindestens 10 Stunden ins Gefrierfach stellen.

Vor dem Servieren die Flasche mit dem *soppressata di polpo* aus dem Gefrierfach nehmen, auf den Kopf stellen und den Tintenfisch herausgleiten lassen. Mit einem scharfen Messer die Kalmar-»Wurst« in Scheiben schneiden.

Für das Dressing in einer kleinen Schüssel die Zutaten gut verrühren. Über die Tintenfischscheiben träufeln.

In einer flachen Schüssel das gekühlte Gemüse anrichten, mit den angemachten Oktopusscheiben belegen. Mit den Kräutern und etwas Muskatnuss bestreuen, mit Olivenöl beträufelt servieren.

AUBERGINEN- & ZUCCHINIBOOTE

Dieses Rezept in seiner durchdachten Einfachheit ist wie eine geistreiche Konversation, die mit Menschenverstand und trockenem Humor das Herz berührt. Dabei kommt es direkt zum Punkt. Ein verführerisches Gemüsegericht, das zu jeder Jahreszeit schmeckt.

Zubereitungszeit: 20 Minuten plus Zeit zum Ruhen

Backzeit: 1 Stunde 20 Minuten

Für 4 Personen als Hauptgericht

Für die Auberginenboote

2 (à etwa 350 g) große Auberginen

Salz

1 EL natives Olivenöl extra, plus mehr zum Einfetten

4 in Öl eingelegte Sardellenfilets, abgespült und gehackt

60 g entsteinte schwarze Oliven, gehackt

1 TL gehackte glatte Petersilie

80 g Semmelbrösel (siehe Seite 262)

1 Knoblauchzehe, geschält, in Scheiben geschnitten

1 TL getrockneter Oregano

50 g in Salz eingelegte Kapern, abgespült

100 g Kirschtomaten, halbiert

frisch gemahlener schwarzer Pfeffer

Für die Zucchiniboote

4 große Zucchini

200 g geräucherter Schinken oder würziger Kochschinken, fein gehackt

150 g Provolone oder Scamorza, fein gehackt

1 TL frisch geriebene Muskatnuss

1 Prise Chiliflocken

1 EL natives Olivenöl extra

150 g kräftiger Cheddar

Für die Auberginenboote die Auberginen an beiden Enden kappen, dann halbieren. Auf der Schnittseite gitterförmig einschneiden, mit 2 EL Salz bestreuen und mit der Hautseite nach unten 1 Stunde auf ein Kuchengitter legen, so dass sich die Bitterstoffe lösen. Dann die Auberginenhälften abspülen und mit Küchenpapier trocken tupfen.

Den Ofen auf 170 °C vorheizen. Zwei Auflaufformen leicht einfetten.

In einer Schüssel die gehackten Sardellenfilets, Oliven und die Petersilie vermischen. Sowohl die Semmelbrösel als auch den Knoblauch, Oregano und die Kapern gut unterrühren. Mit Salz und Pfeffer abschmecken.

Die Auberginenhälften in eine der Auflaufformen legen, die Tomatenhälften gleichmäßig darauf verteilen und die Sardellenmasse darüberlöffeln. Mit dem Öl beträufeln und 1 Stunde im Ofen backen, bis die Auberginen weich und obenauf goldbraun sind. Aus dem Ofen nehmen und beiseitestellen.

Für die Zucchiniboote in einem großen Topf mit kochendem Salzwasser die Zucchini im Ganzen 5 Minuten kochen, dann abgießen und abkühlen lassen.

Die Ofentemperatur auf 200 °C erhöhen.

Von den leicht abgekühlten Zucchini die Enden abschneiden, dann die Zucchini längs halbieren. Mithilfe eines kleinen Löffels vorsichtig das Fleisch in der Mitte herausheben. Dieses in einem Sieb abtropfen lassen und dann mit dem gehackten Schinken, dem Käse, etwas Muskatnuss, Chiliflocken und Olivenöl in einer Schüssel gut vermengen, salzen.

Die Füllung in die ausgehöhlten Zucchinihälften füllen und diese in die zweite Auflaufform legen. Jedes Boot mit etwas geriebenem Cheddar bestreuen und 10 Minuten im Ofen backen, bis der Käse geschmolzen und die Füllung goldbraun ist. Kalt oder warm mit den *melanzane a barchetta* servieren, dazu einen gesunden grünen Salat reichen.

Gnocchi alla ricotta del giovedì con gamberetti e pistacchi

DONNERSTAGS-RICOTTA-GNOCCHI MIT GARNELEN & PISTAZIEN

Vor einigen Jahren wurde mir klar, dass ich mich in meinem Beruf als Journalistin nicht ausreichend all den faszinierenden Details des Lebens widmen konnte. Damals erkannte ich die erlösende Kraft des Essens. Wie meine Karriere ist die Zubereitung von Gnocchi ein langsamer Prozess, in dem eins auf dem anderen aufbaut. Da Katholiken freitags kein Fleisch essen dürfen, nehmen sie üblicherweise donnerstags etwas Sättigendes zu sich. *»Ridi, ridi, che la mamma ha fatto i gnocchi.«* – »Lächle, alles ist gut, Mama hat dir Gnocchi gemacht.«

Zubereitungszeit: 30 Minuten plus Zeit zum Abkühlen

Garzeit: 25 Minuten

Für 6 Personen

Salz

1,5 kg mehlig kochende Kartoffeln, geschält, in 1 cm große Stücke geschnitten

450 g Mehl, Type 550, plus mehr zum Bestäuben

100 g Ricotta

1 Ei (Größe L)

Für die Sauce

4 EL natives Olivenöl extra

1 Knoblauchzehe, geschält

500 g vorgegarte Riesengarnelen, ausgelöst

150 g Pistazienkerne, grob gehackt

40 g Butter, gewürfelt (Kantenlänge 1 cm)

In einem großen Topf mit kochendem Salzwasser die Kartoffelstücke bei mittlerer Temperatur 10–15 Minuten garen. Sie sollten nicht auseinanderfallen. Abtropfen lassen und zum Abkühlen beiseitestellen, dann mit einem Kartoffelstampfer oder einer Gabel zu einem glatten Püree zerdrücken. Nach Geschmack salzen und zum Abkühlen beiseitestellen.

Für die Sauce in einer großen Pfanne das Öl sanft erhitzen, dann die Knoblauchzehe darin goldbraun braten, dann herausnehmen und entsorgen. In derselben Pfanne die Garnelen mit der Hälfte der gehackten Pistazien 5 Minuten braten, bis die Garnelen leicht goldbraun, aber nicht trocken sind. Die Pfanne vom Herd nehmen, die Butter unter die heißen Garnelen rühren, bis sie geschmolzen ist. Beiseitestellen.

In einer großen Schüssel mit den Händen das Mehl, den Ricotta und das Ei gemeinsam mit dem Kartoffelpüree vermengen, bis ein weicher, gelber Teig entsteht. Den Teig auf einer leicht bemehlten Arbeitsfläche 2–3 Minuten kneten, bis er fest ist, dann in 4 gleich große Stücke teilen. Jedes Viertel zu einem etwa 3 cm dicken Strang rollen, diesen in 2 cm lange Stücke teilen. Jedes Gnocco leicht mit den Zinken einer Gabel eindrücken, um ihm seine typische Form zu verleihen, und mit etwas Mehl bestäuben.

In einem großen Topf Salzwasser zum Kochen bringen. Eine Servierschüssel neben den Herd stellen und mit der Hälfte der Sauce und 1 Kelle kochendem Salzwasser füllen.

In dem kochenden Salzwasser die Gnocchi für 2–3 Minuten pochieren, bis sie an die Oberfläche steigen. Dann die Gnocchi sofort mit einem Schaumlöffel herausheben und in die Schüssel mit der Sauce geben. Die restliche Sauce darübergeben, vorsichtig vermischen und abschließend mit den restlichen Pistazien bestreuen. Sofort heiß servieren.

Ceci e baccalà

FREITAGSFISCH MIT KICHERERBSEN

Manche mögen's heiß – ich nicht. Dieses kalte Gericht schmeckt köstlich und wird an dem Wochentag serviert, an dem die Römer traditionell auf Fleisch verzichten. Dieses Gericht koche ich, wenn ich es mir leicht machen will. Die italienische Küche ist wirklich nicht so kompliziert – sie braucht nur Zeit. Für dieses Rezept verwendet man üblicherweise Klippfisch (eingesalzener, getrockneter Fisch), der etwa 24 Stunden vor der Zubereitung gewässert werden muss, aber ich nehme lieber frischen Fisch. Gegart wird er *al guazzetto*, in einer dünnflüssigen Weinsauce.

Zubereitungszeit: 10 Minuten

Garzeit: 15–20 Minuten

Für 4 Personen

150 ml Gemüsebrühe (siehe Seite 12)

6 EL natives Olivenöl extra

1 Knoblauchzehe, geschält

2 Rosmarinzweige, die Blättchen abgezupft

1 TL gemahlener Kreuzkümmel

1 Handvoll Salbei

2 (à 250 g) Dosen vorgegarte Kichererbsen, abgetropft

Salz

600 g Kabeljau-, Schellfisch- oder Seeteufelfilets

50 g Mehl, Type 405

1 große Handvoll Kaffirlimettenblätter

100 ml trockener Weißwein

In einem Topf die Brühe langsam erwärmen.

In einer Bratpfanne die Hälfte des Öls bei mittlerer Temperatur erhitzen. Darin die Knoblauchzehe, die Rosmarinblätter, den Kreuzkümmel und die Salbeiblätter etwa 2–3 Minuten sanft braten, bis der Knoblauch gebräunt ist. Den Knoblauch herausnehmen und entsorgen, die Kichererbsen hinzufügen, alles salzen und 5–10 Minuten weiter braten. Die Kichererbsen sollten weich sein und aufbrechen. In einem Mixer den Pfanneninhalt pürieren, dabei nach und nach die warme Brühe eingießen, bis die Masse eine püreeartige Konsistenz hat. Wieder in die Pfanne geben und warm halten.

Das Fischfilet abspülen, abtropfen lassen, dann würfeln (Kantenlänge etwa 1,5 cm). In einer flachen Schüssel das Mehl mit 1 TL Salz vermischen. Die Fischwürfel darin wenden, bis sie gleichmäßig bedeckt sind.

In einer großen Pfanne das restliche Öl (3 EL) erhitzen. Jeden Fischwürfel in 1 Kaffirlimettenblatt wickeln und mit einem Zahnstocher feststecken. Im erhitzten Öl die kleinen Fischpäckchen von jeder Seite 1 Minute braten, dann den Wein angießen. Alles sprudelnd aufkochen lassen und den Wein 5 Minuten einkochen lassen. Das Freitagsgericht vom Herd nehmen, mit dem Kichererbsenpüree servieren.

Kapitel 4 MITTAGESSEN MIT DER FAMILIE

Sonntags steht in Rom die Welt still, die Straßen sind zur Mittagszeit wie ausgestorben. Am trubeligsten ist es dann entweder in den Kirchen oder in den *pasticcerie* (Konditoreien), wo die Römer *pastarelle* (siehe Seite 30) für ihre Familien kaufen – ihnen wurde eingeschärft, bloß nicht mit leeren Händen nach Hause zu kommen. Zu Hause sind alle mit Kochen beschäftigt. Das jüngste Kind hat häufig die essenzielle Aufgabe, die Nudeln al dente zu kochen. Die älteren Kinder decken den Tisch. Beim Mittagessen dann erinnert die *mamma* die Kleinen mit einem sanften (oder auch nicht so sanften) Klaps auf den Arm an die Tischmanieren – »Sitz gerade!«, »Ellbogen vom Tisch!« – und der *nonno* (Großvater) bringt einen Trinkspruch auf den Ruhetag aus, das Glas halb mit Rotwein und halb mit Wasser gefüllt.

Beim *pranzo della domenica* (Sonntagsessen) kann man noch abergläubische Rituale beobachten, die seit jeher weitergegeben werden. So lädt man das Pech ein, wenn 13 Menschen an einem Tisch sitzen. Falls Sie nun zufällig mal 13 Gäste haben, setzen Sie ganz einfach die Kinder an einen anderen Tisch. Keine Kinder in der Familie? Dann legen Sie ein Extragedeck auf und stellen Sie einen leeren Stuhl davor. Salz zu verschütten bringt ebenfalls Pech. In diesem Fall müssen Sie mit der rechten Hand eine Prise Salz über die linke Schulter werfen. Wein zu verschütten bringt dagegen Glück und jeder Tischgast muss sofort einen Finger in die Lache tauchen und sich damit hinter die Ohren tupfen, um das so angekündigte Glück zu teilen. All diese Gesten sind Teil eines Mosaiks, eine Art magischer Interpretation der Realität. Das folgende Kapitel ist gleichzeitig eine Reise in die Welt der Erinnerungen und ein lebendiger Blick auf die moderne Gesellschaft.

Auf jedem italienischen Tisch liegt mindestens ein Laib Brot, als respektables Maß der Geselligkeit. Nachdem wir in den sonntäglichen *pasticcio di cappelletti* (siehe Seite 114) oder den ansehnlichen *vitel tonné* (siehe Seite 118) geschwelgt haben, schließen wir die Mahlzeit meistens mit *fare la scarpetta* ab: Wir nehmen ein Stück Brot und wischen damit die köstlichen Saucenreste vom Teller. Anderenfalls würde es von schlechten Manieren zeugen und dazu noch Pech bringen.

Gnocchi alla Romana con sugo di spuntature di maiale

RÖMISCHE GNOCCHI MIT SCHWEINERIPPCHEN IN TOMATENSAUCE

Im alten Rom schrieb man die Kreativität einem göttlichen Wesen zu, das aus dem Jenseits kam. *Il Genio* gab sich dem Künstler oder der Künstlerin gegenüber auf subtile Weise zu erkennen und leitete ihn oder sie. Geneigter Leser, auch ich brauche göttliche Unterstützung, damit ich dieses Gericht nicht im Übermaß verkoste. Keine einfache Aufgabe, denn die Schweinerippchen sind ein saftiges Vergnügen, das ohne Weiteres aus einer anderen Welt stammen könnte.

Zubereitungszeit: 30 Minuten plus Zeit zum Kühlen

Garzeit: 2 Stunden 30 Minuten

Für 6 Personen

Für die Sauce

80 ml natives Olivenöl extra

1 große Zwiebel, grob gehackt

1 Stange Staudensellerie, geputzt und grob gehackt

1 Karotte, grob gehackt

600 g Schweinerippchen

600 g Schweinewürstchen

1 l passierte Tomaten

Salz

2 Gewürznelken

1 Handvoll Thymianblätter, gehackt

1 Prise Chiliflocken (nach Belieben)

1 l Vollmilch

100 g Butter, plus mehr zum Einfetten

2 TL frisch geriebene Muskatnuss

2 Wacholderbeeren, im Mörser zerstoßen

Salz

250 g *semolina* Tipo 00 (siehe Tipp Seite 32)

2 Eigelb, verquirlt

150 g frisch geriebener Parmesan

Für die Sauce in einem Topf das Öl sanft heiß werden lassen. Darin die gehackte Zwiebel, den Sellerie sowie die Karottenstücke unter gelegentlichem Rühren 15 Minuten weich und goldbraun braten.

Das Gemüse herausnehmen und beiseitestellen. In demselben Topf die Rippchen und Würstchen von allen Seiten kräftig bräunen, dann mit den passierten Tomaten und 100 ml Wasser übergießen. Das Gemüse wieder in den Topf geben, alles langsam aufkochen lassen. Dann bei geschlossenem Deckel 1 Stunde sanft köcheln lassen. Anschließend die Sauce salzen und die Gewürznelken, den Thymian sowie die Chiliflocken (falls verwendet) unterrühren. Nochmals 1 Stunde köcheln lassen, bis die Sauce dick eingekocht ist. Vom Herd nehmen und beiseitestellen.

Für die römischen Gnocchi in einem Topf die Milch gemeinsam mit 1 Butterflocke, der geriebenen Muskatnuss, den Wacholderbeeren und 1 kräftigen Prise Salz erhitzen. Alles zum Kochen bringen, dann den Grieß unter ständigem Rühren nach und nach mit dem Schneebesen einarbeiten. Bei geringer Temperatur 3 Minuten einkochen lassen. Der Grieß sollte so andicken, dass ein Löffel darin stehen bleibt. Den Topf vom Herd nehmen und 10 Minuten abkühlen lassen.

Den Ofen auf 180 °C vorheizen. Zwei Auflaufformen (33 × 23 cm und 23 × 23 cm) mit etwas Butter einfetten.

Sobald der Grieß etwas abgekühlt ist, das Eigelb und die Hälfte des Parmesans unterrühren. Die Masse etwa 1 cm hoch in die größere Auflaufform füllen und mit befeuchteten Handflächen glatt drücken. Weitere 15 Minuten abkühlen lassen.

Mit einem Glas (Durchmesser etwa 5 cm) so viele Kreise wie möglich ausstechen. Die Kreise leicht überlappend in die zweite Auflaufform legen und mit dem restlichen Parmesan bestreuen. Die restliche Butter zerlassen und über die *gnocchi alla romana* träufeln.

Die Gnocchi im Ofen in 25–30 Minuten goldbraun backen. Die Rippchen-Tomaten-Sauce erwärmen und zu den Gnocchi servieren.

Coda di rospo agli agrumi e finocchio accompagnata da fagiolini corallo

ZITRONEN-SEETEUFEL MIT FENCHEL & FRUCHTIGEM STANGENBOHNENSALAT

Ein authentisches, einfaches, stimmungsaufhellendes Gericht mit frischem Zitrusaroma. In Rom heißen Stangenbohnen *fagioli corallo* (»Korallenbohnen«), wahrscheinlich weil sie aussehen, als ob sie unter Wasser wachsen könnten. In Trattorien werden sie in Tomatensauce schwimmend serviert. Diese Beilage beweist: In der Küche gibt es, genau wie im Leben, Wichtigeres als die Logik – nämlich die Fantasie.

Zubereitungszeit: 15 Minuten

Garzeit: 25 Minuten

Für 6 Personen

Für den Stangenbohnensalat

1 Knoblauchzehe, geschält

600 g Stangenbohnen (oder junge Feuerbohnen), die Enden gekappt

Salz

1 Bund Schnittlauch, in Röllchen geschnitten

1 EL frisch geriebener Parmesan

2 EL Weißweinessig

4 EL natives Olivenöl extra

¼–½ Mango, geschält und gewürfelt

100 g Granatapfelsamen

frisch gemahlener schwarzer Pfeffer

6 Seeteufelfilets, gewürfelt (Kantenlänge 1 cm)

100 g Mehl, Type 405 oder 550

4 EL natives Olivenöl extra

50 g Butter

2 Fenchelknollen, in 1 cm große Stücke geschnitten, Grün beiseitegelegt

1 unbehandelte Zitrone, halbiert

2 TL Fenchelsamen

Salz

frisch gemahlener weißer Pfeffer

Für den Bohnensalat in einen zur Hälfte mit Wasser gefüllten großen Topf die Knoblauchzehe legen, zum Kochen bringen. Die Bohnen mit etwas Salz ins Wasser geben und in 5 Minuten weich kochen. Dann unter fließendem kaltem Wasser gut abspülen und abtropfen lassen, dabei 3 EL Kochwasser aufheben. Beiseitestellen.

In einer kleinen Schüssel den Schnittlauch, den Parmesan, den Essig, das Olivenöl, die Mangowürfel sowie die Granatapfelsamen mit der aufgehobenen Kochflüssigkeit vermischen. Mit Salz und Pfeffer abschmecken, beiseitestellen.

In einen großen Gefrierbeutel die Seeteufelwürfel gemeinsam mit dem Mehl geben. Kräftig schütteln, bis die Fischstücke gleichmäßig bemehlt sind.

In einem großen Schmortopf das Öl mit der Butter sanft erhitzen. Die Fenchelstücke und etwa 120 ml Wasser hinzufügen, auf mittlere Temperatur erhöhen und 10 Minuten köcheln lassen. Aus einer Zitronenhälfte 4 EL Saft pressen. Dann die bemehlten Fischwürfel, den Zitronensaft und die Fenchelsamen in den Schmortopf geben und vorsichtig verrühren. Den Sud mit Salz und weißem Pfeffer abschmecken.

Alles weitere 10 Minuten garen, dabei die Fischstücke gelegentlich wenden. Die zweite Zitronenhälfte in dünne Scheiben schneiden. Abschließend den Fisch in einer flachen Servierschüssel anrichten und mit dem Fenchelgrün bestreuen und den Zitronenscheiben garnieren. Die *fagiolini corallo* mit dem Dressing beträufeln und alles sofort servieren.

Spiedini di manzo ripieni con tortino di agretti

GEFÜLLTE RINDFLEISCHPÄCKCHEN MIT HERZHAFTEN AGRETTIKÜCHLEIN

In Rom finden sich, bei genauem Hinsehen, Erinnerungen an vergangene Zeiten allerorten. In dieser Stadt, in sich schon Inbegriff des Klassischen, gibt es überall Läden, in denen Erinnerungen aller Art verkauft werden. Poster für italienische neorealistische Filme etwa zeigen ein Rom der Nachkriegszeit, als wäre es aus der Zeit gefallen. Die Bilder strahlen monumentale Herrlichkeit und unerreichbare Tugendhaftigkeit aus. Für mich birgt dieses farbenfrohe Gericht – ideal, um einige Reste aufzubrauchen – die Nostalgie Roms. Der Radicchio für dieses Rezept sollte ganz knackige Blätter haben. Sie brauchen außerdem Agretti (auch bekannt als Mönchsbart oder Salzkraut), ein grasartiges italienisches Gemüse mit einem zart-mineralischen Aroma. Verwenden Sie alternativ Queller, wenn dieser leichter erhältlich ist.

Zubereitungszeit: 15 Minuten

Garzeit: 1 Stunde 25 Minuten

Für 6 Personen

5 EL natives Olivenöl extra, plus mehr zum Bestreichen

2 große rote Zwiebeln, 1 in feine Ringe geschnitten, 1 geviertelt und die Schichten voneinander getrennt

150 g Chicorée, Strunk entfernt, in dünne Scheiben geschnitten

150 g Semmelbrösel (siehe Seite 262)

500 g Rinderfilet, in 5 mm dicke Scheiben geschnitten

150 g Prosciutto, grob gehackt

150 g Fontina, Provolone oder Bel Paese, grob gehackt

24 Lorbeerblätter

Für die Agrettiküchlein

20 ml natives Olivenöl extra

1 kleine rote Zwiebel, in feine Ringe geschnitten

Salz

200 g Agretti (siehe oben)

In einer flachen Schüssel 6 Bambusspieße mit Wasser bedeckt einweichen lassen (so brennen sie später beim Braten nicht an).

In einer antihaftbeschichteten Pfanne 3 EL Olivenöl bei mittlerer Temperatur erhitzen. Die Zwiebelringe darin in 5 Minuten goldbraun braten. Die Hälfte der Zwiebel herausnehmen und beiseitelegen. In der Pfanne bei reduzierter Temperatur den Chicorée 15 Minuten braten, bis er weich und zart ist.

In einem Mixer den Pfanneninhalt mit 50 g Semmelbrösel zu einer glatten Paste verarbeiten.

Auf einer sauberen, glatten Arbeitsfläche die Filets mithilfe einer Teigrolle flachklopfen, bis sie einen Durchmesser von etwa 10 cm haben. Jede Scheibe halbieren. Auf die Mitte jedes Fleischstücks 1 EL der Chicoréepaste und je 1 TL gehackten Prosciutto sowie gehackten Käse setzen. Zu einem Paket einrollen. Mit den restlichen Fleischstücken ebenso verfahren, bis alle Zutaten aufgebraucht sind.

Nun auf die eingeweichten Bambusspieße abwechselnd die Fleischpäckchen, je 4 Lorbeerblätter und einige Zwiebelstücke stecken. Die Spieße mit etwas Öl bestreichen und die aufgespießten Fleischpäckchen in den restlichen Semmelbröseln wälzen. Beiseitelegen.

Für die Küchlein in einer großen antihaftbeschichteten Pfanne das Öl sanft erhitzen, die Zwiebel und 1 Prise Salz hineingeben. Alles 5 Minuten braten, bis die Zwiebel weich wird. Auf mittlere Temperatur erhöhen, das Agretti und drei Viertel des Radicchio hinzufügen. Bei geschlossenem Deckel 1–2 Minuten dünsten, dann mit Salz und Pfeffer bestreuen, beiseitestellen.

300 g Radicchio (am besten Trevisano), Strunk entfernt, in Streifen geschnitten

Butter zum Einfetten

Mehl zum Ausstreuen (je nach Backform)

300 g Ricotta

50 g frisch geriebener Parmesan

1 Ei

2 Eiweiß

frisch gemahlener schwarzer Pfeffer

Zum Garnieren

Balsamessig zum Beträufeln

50 g Crostini (siehe Seite 263)

Den Ofen auf 180 °C vorheizen. Eine runde Kuchenform (Durchmesser 16 cm) ausbuttern. Für kleinere Portionen alternativ 6 Souffléeförmchen oder 6 Vertiefungen in einem Muffinblech gut einfetten und mit etwas Mehl ausstreuen.

In einer Schüssel den Ricotta mit einem Kochlöffel luftig aufschlagen. Dann das gedünstete Gemüse, den Parmesan, das Ei und das Eiweiß einrühren. Kräftig salzen und pfeffern, alles gut vermengen.

Die Kuchenform oder die Souffléeförmchen auf ein Backblech mit hohem Rand stellen. Dieses sollte am besten schon auf dem Auszug im Herd stehen. Die Füllung in die Form geben, dann kochendes Wasser ins Blech gießen, bis es zwei Drittel der Formhöhe erreicht. So im Ofen 45–50 Minuten backen (oder bei kleineren Portionen 20–25 Minuten). Die Agrettiküchlein sollten gestockt und leicht goldbraun sein. Aus dem Ofen nehmen und in der Form abkühlen lassen.

Unterdessen für die *spiedini* in einer antihaftbeschichteten Pfanne die restlichen 2 EL Olivenöl erhitzen. Die Spieße darin von jeder Seite 3 Minuten sanft braten, bis die Fleischpakete goldbraun glänzen.

Abschließend auf einer Platte die *spiedini* anrichten. Den *tortino* (gegebenenfalls) in Tortenstücke schneiden und mit den Crostini, etwas Balsamessig und den restlichen frischen Radicchioblättern sowie den gedünsteten Zwiebeln garniert servieren.

Pasta al forno con asparagi, pancetta e provola

ÜBERBACKENE NUDELN MIT SPARGEL & PANCETTA

Gemeinsame Mahlzeiten mit Freunden und Familie verlangen nach Seelennahrung.
Hier macht der Spargel die überbackenen Nudeln zu einem Festmahl. Dieses Gericht schmeckt
kalt genauso köstlich – ideal für Kühlschrankplünderer wie mich! Mit Pancetta
garniert spricht dieses Rezept alle Sinne gleichzeitig an. Ob groß oder klein, jung oder alt,
glauben Sie mir, niemand kann ihm widerstehen!

Zubereitungszeit: 20 Minuten

Koch- und Backzeit: 1 Stunde

Für 6 Personen

500 g grüner oder wilder Spargel
Salz

30 ml natives Olivenöl extra

1 Stange Lauch, geputzt, in feine
Ringe geschnitten

100 g Butter, plus mehr zum
Einfetten

500 ml Vollmilch

1 TL frisch geriebene Muskatnuss

100 g Mehl, Type 405 oder 550

400 g Fusilli oder Penne

150 g Provolone, Fontina oder
mittelalter Cheddar

150 g Pancetta oder anderer
geräucherter Bauchspeck,
gewürfelt

50 g Semmelbrösel (siehe
Seite 262)

Die holzigen Spargelenden abbrechen und entsorgen. Die Spargelspitzen abschneiden, beiseitelegen und die Stangen in etwa 4 cm lange Stücke schneiden und je nach Dicke auch noch spalten.

In einem kleinen Topf mit kochendem Salzwasser die Spargelspitzen 3 Minuten blanchieren. Abtropfen lassen und beiseitestellen.

Einen zweiten Topf mit Salzwasser zum Kochen bringen, dann die Temperatur so herunterregeln, dass das Wasser nur noch leicht siedet.

In einer antihaftbeschichteten Pfanne das Olivenöl erhitzen. Die Lauchringe darin unter Rühren 5 Minuten bräunen. Die Spargelstücke hinzufügen, salzen und 20 Minuten unter gelegentlichen Rühren mitbraten, dabei alle 5 Minuten 1 Kelle heißes Salzwasser aus dem zweiten Topf hinzufügen, damit nichts ansetzt. Die Spargelstücke weich garen. Anschließend in einem Mixer die Spargel-Lauch-Mischung gründlich pürieren, dann beiseitestellen.

Den Ofen auf 180 °C vorheizen. Eine Auflaufform (35 × 20 cm) mit etwas Butter einfetten.

In einem kleinen Topf die Milch sanft erhitzen, aber nicht aufkochen lassen. In einem zweiten Topf die Butter zerlassen, mit der Muskatnuss und dem Mehl zu einer glatten Mehlschwitze verrühren. Salzen und unter ständigem Rühren langsam die warme Milch angießen, bis eine glatte, cremige Sauce entsteht. Sanft aufkochen lassen, dann vom Herd nehmen und beiseitestellen.

In einem großen Topf mit kochendem Salzwasser die Nudeln etwa 3–7 Minuten kochen (Hälfte der auf der Packung angegebenen Zeit). Die halb garen Nudeln abgießen, abtropfen lassen. Dann in einer Schüssel gemeinsam mit der Sauce, zwei Dritteln des Provolone und der Hälfte des Spargel-Lauch-Pürees gut vermengen. In die Auflaufform füllen.

Mit den Spargelspitzen und Pancettawürfeln bestreuen, das restliche Spargel-Lauch-Püree darübergießen und mit dem restlichen Provolone bestreuen. Im Ofen 20–25 Minuten backen, bis sich an der Oberfläche eine goldbraune Kruste gebildet hat.

Mit Semmelbröseln bestreut heiß oder kalt servieren.

Filetto di salmone con mousse di fave e pecorino

LACHSFILET MIT MINZE-BOHNEN-MOUSSE

Es ist der 1. Mai, der Tag der Arbeit. Ab heute läutet eine Reihe von Feiertagen und langen Wochenenden den Sommer mit seiner scheinbar endlosen süßen Muße ein. Ideal für ein Picknick, und so treffen Familien auf den Wiesen der Castelli Romani ein, die Körbe voller Rotweinflaschen, frischen Dicken Bohnen und krustigem Pecorino. Wie das beliebte italienische Sprichwort schon sagt: *»Al cuor non si comanda.«* (»Dem Herzen kann man nichts befehlen.«) Es will, was es will. Aber wie wäre es mal mit rosafarbenem Lachs mit Minze-Bohnen-Mousse? Setzen Sie sich, stecken Sie sich die Serviette in den Kragen. Machen Sie sich bereit für eine Geschmacksexplosion.

Zubereitungszeit: 10 Minuten

Garzeit: 10 Minuten

Für 2 Personen

Salz

250 g Dicke Bohnen oder Edamame, gepalt, TK-Ware aufgetaut

2 EL Zitronensaft

30 g Minze, plus Minzeblätter zum Garnieren

50 g Pecorino Romano

4 EL natives Olivenöl extra

etwas gesalzene Butter zum Braten

2 (à 260 g) Lachsfilets

In einem Topf mit kochendem Salzwasser die Dicken Bohnen 5 Minuten garen. Die Bohnen abgießen, abtropfen lassen und aus ihrer Haut drücken. In einem Mixer die Dicken Bohnen gemeinsam mit dem Zitronensaft, 30 g Minzeblättern, dem Pecorino und dem Olivenöl sowie Salz in etwa 5 Sekunden zu einer groben Mousse verarbeiten.

In einer Pfanne bei geringer Temperatur etwas gesalzene Butter zerlassen. Die Lachsfilets darin von jeder Seite in 3–5 Minuten leicht goldbraun braten.

Die *filetti di salmone* auf die Teller verteilen und die Bohnenmousse darauf verteilen. Mit einigen Minzeblättern bestreuen und mit einem kräftigen Weißwein genießen, zum Beispiel Greco di Tufo.

Spaghetti alla carbonara

SPAGHETTI MIT CARBONARA-SAUCE

Jahrhundertelang büßte der römische Adel für seine Sünden, indem er für den Bau und die Ausschmückung der Kirchen zahlte. Damals stieg Caravaggio in das Geschäft ein und freundete sich mit den reichen Familien an. In der Basilica di Sant'Agostino hängt seine *Madonna di Loreto*. Seine Freunde saßen für ihn Modell; seine Maria wirkt sehr sinnlich und wirklichkeitsnah. Wie er mit Licht umgeht, gilt als revolutionär.

Dasselbe Leuchten finden wir in den *spaghetti alla carbonara*, der Krönung der römischen Küche, die ihren Namen den *carbonari* (Köhlern) verdankt. Sie nahmen stets ein paar frische Zutaten mit zur Arbeit, aus denen sie ihr Mittagessen zubereiteten. Vielleicht geriet dabei auch etwas Kohlenstaub in den Topf; das Ganze wird mit schwarzem Pfeffer abgerundet.

Zubereitungszeit: 5 Minuten plus Zeit zum Kühlen

Garzeit: 20 Minuten

Für 4 Personen

20 schwarze Pfefferkörner

200 g frisch geriebener Pecorino Romano

5 Eigelb

1 Eiweiß

1 Prise frisch geriebene Muskatnuss

200 g Pancetta oder anderer geräucherter Bauchspeck, fein gewürfelt

Salz

400 g Spaghetti

In einer kleinen antihaftbeschichteten Pfanne die Pfefferkörner bei geringer Temperatur 1–2 Minuten rösten, bis sie duften. Im Mörser die Pfefferkörner zu grobem Pulver zerstoßen.

In einer Küchenmaschine oder einem Mixer den geriebenen Pecorino Romano kurz sehr fein zerkleinern – er sollte so fein wie möglich sein.

In einer Schüssel mit einem Schneebesen das Eigelb und das Eiweiß in 2–3 Minuten zu einer hellen, cremigen Masse verschlagen. Dann zwei Drittel des Pecorino gut einrühren. Die Masse sollte glänzend und dick sein. Mit Muskatnuss sowie etwas zerstoßenem Pfeffer bestreuen, dann 20 Minuten in den Kühlschrank stellen.

In einer kleinen Pfanne ohne Fett die Pancettawürfel bei mittlerer Temperatur unter Rühren 10 Minuten braten, bis sie leicht goldbraun sind. Die Hälfte des Fetts aus der Pfanne löffeln und entsorgen, die Pancettawürfel sowie das restliche Fett beiseitestellen.

In einem großen Topf mit kochendem Salzwasser die Spaghetti nach Packungsanleitung al dente garen. Abgießen, dabei 1 Tasse Kochwasser beiseitestellen. Anschließend die Spaghetti wieder in den Topf geben.

Die gekühlte Ei-Käse-Mischung über die Nudeln im Topf gießen, dann den krossen Pancetta mit dem Fett hinzufügen. Alles rasch vermengen und 1–2 Schuss heißes Kochwasser dazugeben, bis die Sauce glatt und cremig ist. Die *pasta alla carbonara* mit dem restlichen Käse und Pfeffer bestreut sofort servieren.

RINDERRAGOUT MIT ARTISCHOCKENAUFLAUF

Dieses Rinderragout ist wie eine gute Ehe – das Ganze ist größer als die Summe seiner Teile. Das Fleisch wird in ausgezeichnetem Olivenöl geschmort und darf im eigenen Saft liegen, bis es gar ist. Sie können das *spezzatino* (Rinderragout) entweder *in bianco* genießen, also mit weißer Sauce, wie hier vorgeschlagen, oder in rosso, indem Sie 50 g Tomatenmark für eine rote Sauce hinzufügen. Eine *parmigiana di carciofi* (Artischockenauflauf) einfach als Beilage zu bezeichnen wird dieser Köstlichkeit im Übrigen nicht gerecht. Gemeinsam ergibt sich das perfekte kulinarische Ehepaar.

Zubereitungszeit: 10 Minuten

Garzeit: 2 Stunden

Für 8 Personen

1,5 kg Rindfleisch aus der Oberschale, in 5 cm große Stücke geschnitten

80 g Mehl, Type 405 oder 550

1 Butterflocke

70 g Pancetta oder anderer geräucherter Bauchspeck, fein gewürfelt

1 kleine Karotte, sehr fein gehackt

1 Stange Staudensellerie, geputzt, sehr fein gehackt

1 Schalotte, sehr fein gehackt

1 Knoblauchzehe, geschält

4 EL natives Olivenöl extra

150 ml Rotwein

500 ml Rinderbrühe

2 TL getrockneter Rosmarin

1 Handvoll Salbeiblätter

1 Lorbeerblatt, plus Lorbeerblätter zum Garnieren

Salz

frisch gemahlener schwarzer Pfeffer

Für den Auflauf

1 Butterflocke

1 Knoblauchzehe, geschält

1 große Zwiebel, sehr fein gehackt

In einen großen Gefrierbeutel das Fleisch gemeinsam mit dem Mehl geben. Kräftig schütteln, bis die Fleischstücke gleichmäßig bemehlt sind.

In einem großen Topf die Butterflocke bei mittlerer Temperatur zerlassen. Darin die Pancetta-, Karotten-, Sellerie- und Schalottenwürfel sowie die ganze Knoblauchzehe unter Rühren 5 Minuten leicht anbräunen. Das Öl und den Wein einrühren, 2–3 Minuten weiter köcheln, dann die bemehlten Fleischstücke hineingeben. Unter Rühren weitere 2–3 Minuten braten, bis die Fleischstücke von allen Seiten gebräunt sind, dann mit der Brühe übergießen. Alles zum Kochen bringen. Den Rosmarin, Salbei und das Lorbeerblatt hinzufügen, die Temperatur reduzieren. Bei geschlossenem Deckel 1 Stunde 20 Minuten köcheln lassen. Anschließend den Deckel abnehmen und 30 Minuten weiter köcheln lassen, bis das Fleisch zart und die Sauce eingedickt ist. Wenn die Sauce zu diesem Zeitpunkt noch zu flüssig ist, die Temperatur erhöhen und auf die gewünschte Konsistenz einkochen lassen. Mit Salz und Pfeffer abschmecken.

Während das Fleisch gart, für die *parmigiana* in einem Topf die Butter sanft zerlassen, die Knoblauchzehe und die Zwiebelwürfel dazugeben und unter gelegentlichem Rühren in 5 Minuten sanft goldbraun braten. Auf mittlere Temperatur erhöhen, dann die passierten Tomaten, den Wein, die Muskatnuss sowie die gehackten Basilikum- und Minzeblätter hinzufügen. Alles 20–25 Minuten sanft köcheln lassen, bis die Sauce eingedickt ist, salzen und beiseitestellen.

In einer kleinen Schüssel das Bier mit dem Mehl und dem Ei zu einem Teig verrühren.

Die Artischockenviertel abtropfen lassen und längs in 1 cm dicke Streifen schneiden. Die Streifen zwischen Geschirrtüchern trocknen lassen.

In einem Topf mit Sandwichboden das Pflanzenöl stark erhitzen. Die Artischockenstreifen in den Teig tauchen, dann vorsichtig ins heiße Öl gleiten lassen und in 3 Minuten leicht goldbraun frittieren (am besten portionsweise, damit der Topf nicht zu voll wird). Die Artischockenstreifen mit einem Schaumlöffel herausheben und auf Küchenpapier entfetten.

Den Ofen auf 180 °C vorheizen.

250 g passierte Tomaten

4 EL trockener Weißwein

1 TL gemahlene Muskatnuss

1 Handvoll Basilikum, gehackt,
plus Basilikumblätter zum
Servieren

1 Handvoll Minze, gehackt,
plus Minzeblätter zum Servieren

150 ml Bier

70 g Mehl, Type 550

1 Ei

8 Artischocken, geputzt (siehe
Seite 13), längs geviertelt und in
Zitronenwasser gelegt

200 ml Pflanzenöl zum Braten

200 g Provolone, Scarmorza,
Mozzarella oder mittelalter
Cheddar, in 1 cm dicke Scheiben
geschnitten

150 g frisch geriebener Parmesan

Salz

Auf dem Boden einer Auflaufform 4 EL der Tomatensauce von der *parmigiana* verteilen. Die Artischocken auf die Sauce legen, dann eine Schicht Käsescheiben darübergeben. Etwas geriebenen Parmesan und ein wenig Basilikum und Minze darüberstreuen. Auf diese Weise die Zutaten schichten, bis alles aufgebraucht ist; mit einer Schicht Tomatensauce abschließen. Im Ofen 30 Minuten backen, bis die Tomatensauce Blasen wirft und die Oberfläche leicht gebräunt ist. Zum Garnieren mit einigen Lorbeerblättern bestreuen.

Die *parmigiana* 10 Minuten ruhen lassen, dann mit einigen Minze- und Basilikumblättern bestreut zum Ragout servieren.

Pesce spada al cartoccio con polpo e scarola in padella

IN PAPIER GEGARTER SCHWERTFISCH MIT BABYKALMAREN & GESCHMORTEN ENDIVIEN

Ich bewundere Menschen, die einen Fisch sauber entgräten können. Mir liegt das jedenfalls nicht. Wenn der Fisch aufgetragen wird, setzt mein innerer Monolog ein: »Wirst du lieb sein zu mir? Oh, sei nicht so ein Schuft, die Leute gucken schon!« Deshalb gare ich Fisch gern *en papillote*, also in Backpapier – er wird so zart, dass selbst der ungeschickteste Esser damit gut klarkommt.
Dazu serviere ich gern Babykalmare (Frischware mindestens 1 Tag vor dem Gebrauch tiefgefrieren), köstlich kross aus dem Ofen. So riecht es auch nicht nach Frittierfett.
Die Salatbeilage besticht durch die salzigen Kapern und süßen Rosinen – alle diese Aromen entführen Sie zum Mond und wieder zurück. Eine lohnende Reise!

Zubereitungszeit: 15 Minuten

Garzeit: 30 Minuten

Für 6 Personen

300 g Babykalmare, geputzt, je nach Größe grob gehackt

Salz

60 g Mehl, Type 405 oder 550

6 Schwertfischsteaks, in Stücke geschnitten

5 EL natives Olivenöl extra

4 EL trockener Weißwein

3 EL gehackter Thymian

frisch gemahlener weißer Pfeffer

Für die geschmorten Endivien

1½ EL natives Olivenöl extra

3 Knoblauchzehen, geschält

50 g Rosinen

50 g Pinienkerne

8 in Olivenöl eingelegte Sardellen

50 g entsteinte Kalamata-Oliven

50 g in Salz eingelegte Kapern, abgespült

1 kg Endivien (alternativ Chicorée), Strunk entfernt, die Blätter getrennt

Den Ofen auf 200 °C vorheizen.

In einen großen Gefrierbeutel die Babykalmare gemeinsam mit reichlich Salz und dem Mehl geben. Kräftig schütteln, bis die Tintenfische gleichmäßig bemehlt sind.

Die Schwertfischstücke großzügig mit Salz und weißem Pfeffer bestreuen und mit 2 EL des Öls bestreichen. Eine große Auflaufform mit einem großen Stück Backpapier auslegen, den Wein hineingießen. Die Schwertfischstücke nebeneinander in die Mitte des Papiers legen und mit dem Thymian bestreuen, dann das Papier zu einem lockeren Paket einschlagen.

Ein zweites großes Stück Backpapier mit 1 EL Öl bestreichen. Auf dem Backpapier neben dem Schwertfischpaket in der Form die Kalmarstücke verteilen. Mit den restlichen 2 EL Öl beträufeln.

Die Auflaufform für 15 Minuten in den Ofen geben. Das Schwertfischpäckchen aus dem Ofen nehmen und ruhen lassen, die Babykalmare im Ofen weitere 15 Minuten backen, bis sie leicht goldbraun und an den Rändern kross sind.

Unterdessen für den *scarola in padella* in einer großen antihaftbeschichteten Pfanne das Öl bei mittlerer Temperatur erhitzen. Die Knoblauchzehen darin 3 Minuten bräunen, dann herausnehmen und entsorgen. In dem aromatisierten Öl die Rosinen, Pinienkerne, Sardellen, Oliven und Kapern unter ständigem Rühren 2–3 Minuten braten. Die Sardellen sollten fast zerfallen. Dann die Endivienblätter hinzufügen und bei geschlossenem Deckel 15 Minuten sanft schmoren lassen. Die Blätter sollten zusammenfallen und glänzend grün sein.

Abschließend das Schwertfischpäckchen vorsichtig öffnen und die Fischstücke in eine Servierschüssel geben. Die krossen Babykalmare darauflegen und mit dem geschmorten Endiviensalat servieren.

Pasticcio di cappelletti panna, prosciutto, fegatini e piselli

NUDELPASTETE MIT SCHINKEN, LEBER & ERBSEN

In Roms feinem Herrenclub Circolo della Caccia besprechen üblicherweise Prinzen und Marquis die Rentabilität ihrer Ländereien beim Abendessen, ohne dabei das Wort mit G (Geld) in den Mund zu nehmen. Dass Kellner den Gästen individuell angerichtete Teller auftragen, ist hier undenkbar. Eine Servierschüssel voll duftender Köstlichkeiten auf dem Tisch zeugt eher von Reichtum und Geselligkeit. Apropos, der Adel konnte einst voller Stolz den Bildhauer Bernini mit der Gestaltung seines Hauptgangs beauftragen. *Pasticcio* ist ein barockes Gericht und mir macht es großen Spaß, die Teigblüten für diese luxuriöse Pastete zu gestalten.

Zubereitungszeit: 30 Minuten plus Zeit zum Einweichen

Backzeit: 50 Minuten

Für 8 Personen als Hauptgericht

30 g getrocknete *porcini* (Steinpilze)

4 EL natives Olivenöl extra

200 g Lauch, geputzt, in Ringe geschnitten

150 g Hühnerleber, pariert, gehackt

250 g Erbsen, TK-Ware aufgetaut

150 g würziger Kochschinken, in Scheiben und 5 mm breite Streifen geschnitten

1 TL frisch geriebene Muskatnuss

Salz

600 g Cappelletti gefüllt mit Prosciutto (alternativ Tortellini gefüllt mit Bolognese oder Käse und geräuchertem Schinken)

400 ml Crème double

200 g frisch geriebener Parmesan

frisch gemahlener schwarzer Pfeffer

Butter zum Einfetten

2 (à 320 g) Platten Mürbeteig, TK-Ware aufgetaut

1 Eigelb (Größe L), verquirlt

In einer flachen Schüssel mit 100 ml warmem Wasser die getrockneten *porcini* 10 Minuten einweichen.

In einer großen Pfanne das Öl sanft heiß werden lassen, die Lauchringe und die Hühnerleber darin unter Rühren 5 Minuten braten. Dann die aufgetauten Erbsen, die Schinkenstreifen, die frisch geriebene Muskatnuss sowie die Pilze gemeinsam mit dem Einweichwasser hineingeben. Alles 15 Minuten köcheln lassen.

In einem großen Topf mit kochendem Salzwasser die Cappelletti 1 Minute garen, bis sie an die Oberfläche steigen. Die Nudeln sofort abgießen und in den Topf mit der Lauch-Steinpilz-Mischung geben. Die Crème double und den geriebenen Parmesan hinzufügen, mit Salz und Pfeffer abschmecken.

Den Ofen auf 190 °C vorheizen. Eine runde Pastetenform (25 cm Durchmesser) mit etwas Butter einfetten.

Auf einer glatten Arbeitsfläche die Teigplatten ausrollen und die gebutterte Form damit auslegen. Der Teig sollte am Rand 3 cm überhängen, den Rest abschneiden. Den Teig an die Seiten der Pastetenform drücken, dann die Form mit Cappelletti und Sauce füllen. Mit der zweiten Teigplatte abdecken. Den überstehenden Teig abschneiden, den überhängenden unteren Rand einschlagen und die beiden Teigplatten mit den Fingerspitzen fest zusammendrücken. Aus den Teigabschnitten dekorative Formen ausschneiden (siehe Foto).

Die Oberfläche der Pastete mit dem verquirlten Eigelb bestreichen, die Verzierungen aus Teig auflegen und ebenfalls bestreichen. Die Pastete 30 Minuten im Ofen backen, bis sie goldbraun ist. Herausnehmen, 10–15 Minuten abkühlen lassen, dann mit einem einfach angemachten grünen Salat servieren.

Polpette della nonna accompagnate da scalogni glassati
con prugne secche

GROSSMUTTERS FLEISCHBÄLLCHEN
MIT GLASIERTEN SCHALOTTEN & BACKPFLAUMEN

Dies ist eins der ersten Gerichte, die ich kochen lernte – die Fleischbällchen meiner Großmutter. Diese köstlichen Häppchen, mit flinker Anmut handgeformt, machen einfach süchtig. Sie müssen mir glauben, bis auch Sie #foodhappiness verspüren. Wenn Sie das Fleisch beim Metzger kaufen, bitten Sie ihn, es ein zweites Mal durch den Wolf zu drehen. Hacken Sie das Hackfleisch alternativ mit einem scharfen Messer selbst noch einmal, als würden Sie Kräuter hacken.

Zubereitungszeit: 25 Minuten

Garzeit: 45 Minuten

Für 6 Personen, ergibt etwa 40 kleine Fleischbällchen

Für die glasierten Schalotten

50 g Butter

3 EL natives Olivenöl extra

30 Bananenschalotten, geschält

2 EL flüssiger Honig

100 ml Gemüsebrühe (siehe Seite 12), plus mehr nach Belieben

30 entsteinte Backpflaumen, 5 Minuten in warmem Wasser eingeweicht, abgetropft und fein gehackt

1 kleine Handvoll Salbei, gehackt, plus ganze Salbeiblätter

250 g Schweinehackfleisch

250 g Rinderlende, durch den Fleischwolf gedreht

2 Eier

100 g frisch geriebener Parmesan

1 Handvoll glatte Petersilie, fein gehackt

50 ml Vollmilch

120 ml natives Olivenöl extra

150 g Semmelbrösel (siehe Seite 262)

Salz

frisch gemahlener Pfeffer

1 Knoblauchzehe, geschält

230 ml trockener Weißwein

Für die glasierten Schalotten in einer großen antihaftbeschichteten Pfanne die Butter und das Öl sanft erhitzen, die Schalotten hineingeben und 1 Minute braten. Dann den Honig einrühren und bei sehr geringer Temperatur 30 Minuten weiter braten. Dabei gelegentlich 1 Kelle der Brühe angießen, damit der Honig nicht anbrennt.

Unterdessen für die Fleischbällchen in einer Schüssel die beiden Hackfleischsorten mit den Eiern, dem Parmesan, der Petersilie, der Milch, 2 EL nativem Olivenöl extra, mit der Hälfte der Semmelbrösel und je 1 Prise Salz und Pfeffer vermengen.

Die restlichen Semmelbrösel auf einem großen Teller verteilen. Aus der Fleischmasse jeweils eine walnussgroße Kugel rollen, diese in den Bröseln wälzen und in eine saubere Schüssel legen. Mit der restlichen Fleischmasse ebenso verfahren.

In einer großen Pfanne mit Sandwichboden das restliche Öl bei mittlerer Temperatur erhitzen. Den Knoblauch darin bräunen, dann herausnehmen und entsorgen. Nun vorsichtig die Fleischbällchen in die Pfanne legen und von jeder Seite in 2–3 Minuten rundherum goldbraun braten. Die Pfanne vom Herd nehmen. Die *polpette* auf einem mit Küchenpapier ausgelegten Teller entfetten.

In derselben Pfanne den Wein bei hoher Temperatur sprudelnd aufkochen lassen. Die Fleischbällchen wieder in die Pfanne geben und weitere 5 Minuten braten, bis der Alkohol verdampft ist und die Sauce goldbrauncremig eingekocht ist.

Abschließend die Temperatur der Schalotten hochregeln, die Backpflaumen und die Salbeiblätter hinzufügen. Alles unter Rühren 5 Minuten kochen, bis die Masse eingekocht und karamellisiert ist.

Die *polpette della nonna* mit etwas Salbei bestreuen und warm oder kalt mit den glasierten Schalotten servieren.

Vitel tonné

KALB MIT THUNFISCHSAUCE

Der Ursprung dieses Gerichts liegt vergessen im Nebel der Zeit. Ich genieße es gern
kalt mit einer großzügigen Portion der gehaltvollen Sauce und mit glänzenden Kapern garniert.
Dazu reiche ich gern einen Puntarellesalat (siehe Seite 120).

Zubereitungszeit: 20 Minuten
plus Zeit zum Kühlen

Garzeit: 1 Stunde 30 Minuten

Für 6 Personen

3 EL natives Olivenöl extra

1 (à 600 g) Stück Kalb aus der
Oberschale, pariert

1 Stange Staudensellerie, geputzt

1 Karotte, geschält

1 große Zwiebel, geschält

2 Knoblauchzehen, geschält

5 Lorbeerblätter

1 kleine Handvoll Thymianzweige

1 Rosmarinzweig

4 Gewürznelken

15 schwarze Pfefferkörner

500 ml trockener Weißwein

500 ml Gemüsebrühe (siehe
Seite 12)

2 TL in Salz eingelegte Kapern,
abgespült, plus mehr zum Garnieren

Für die Thunfischsauce

3 hart gekochte Eier, geschält

100 g in Olivenöl eingelegter Thunfisch, aus der Dose, abgetropft

1 TL in Salz eingelegte Kapern,
abgespült

6 Sardellenfilets

1 EL Zitronensaft

3 EL natives Olivenöl extra

1 EL Balsamessig

Salz

frisch gemahlener schwarzer
Pfeffer

In einem großen Topf das Olivenöl langsam erhitzen. Das Kalb gemeinsam mit dem Gemüse, dem Knoblauch, den Kräutern und den Gewürzen
vorsichtig hineinlegen, mit dem Weißwein und der Brühe übergießen.
Sanft zum Sieden bringen. Dann bei geschlossenem Deckel bei geringer
Temperatur 45 Minuten köcheln lassen. Anschließend ohne Deckel weitere 45 Minuten köcheln lassen, bis das Fleisch gar und die Flüssigkeit
um 2 Drittel eingekocht ist.

Das fertig gegarte Fleisch sogleich aus dem Topf nehmen und abkühlen
lassen, die Kochflüssigkeit dabei aufheben. Das abgekühlte Fleisch noch
mindestens 20 Minuten in den Kühlschrank legen (so wird das Fleisch
fest und lässt sich einfacher schneiden).

Unterdessen für die Thunfischsauce in einem Mixer alle Zutaten bis auf
den Balsamessig pürieren, mit Salz und Pfeffer abschmecken. Dann bei
laufendem Gerät nach und nach den Balsamessig und etwas von der Kochflüssigkeit dazugeben, bis eine glatte, dicke Sauce entsteht.

Das gekühlte Fleisch in sehr dünne Scheiben schneiden, diese auf einem
Servierteller anrichten und die Thunfischsauce darüberlöffeln. Das *vitel
tonné* mit den Kapern garnieren und nach Belieben mit einem frischen,
knackigen Salat kalt servieren.

PUNTARELLESALAT

Puntarelle sind eine besonders knackige und bittere Variante des Chicorée. Deutsche Supermärkte hat diese italienische Version noch nicht erobert. Von Oktober bis Ende März sind sie, manchmal unter der Bezeichnung »römischer Chicorée«, bei guten Gemüsehändlern oder im Biomarkt zu finden. Alternativ ein Drittel frische Wilde Rauke gemischt mit zwei Dritteln fein geschnittenen Chicoréeblättern verwenden. Dieser Salat ist mit Mozzarellakugeln in mundgerechter Größe verfeinert und wird mit einer fantastischen Sardellensauce angemacht (siehe Foto auf Seite 119). Bitter ist bestens und köstlich.

Zubereitungszeit: 15 Minuten plus Zeit zum Kühlen

Für 6 Personen

1 Kopf Puntarelle (römischer Chicorée)

4 in Olivenöl eingelegte Sardellen oder 4 TL Sardellenpaste

1 Knoblauchzehe, geschält

1 EL Weißweinessig

3 EL natives Olivenöl extra

4 EL Zitronensaft

Salz

frisch gemahlener schwarzer Pfeffer

300 g Mozzarellakugeln

Den Strunk der Puntarelle abschneiden und entsorgen. Die inneren Blätter voneinander lösen, längs halbieren und in dünne Streifen schneiden. In einer großen Schüssel mit Eiswasser die Blätter 1 Stunde kühlen (so werden die Blätter schön knackig und geben einen Teil ihrer Bitterstoffe ab). Anschließend herausnehmen, trocken tupfen und in einer großen Salatschüssel beiseitestellen.

Für das Dressing in einem Mixer die Sardellen, den Knoblauch, den Essig und das Öl gemeinsam mit dem Zitronensaft glatt pürieren. Mit Salz und Pfeffer abschmecken.

Zum Servieren die Puntarelle mit dem Dressing mischen und die Mozzarellakugeln darauf verteilen.

Cannelloni al forno con ricotta e zafferano

CANNELLONI MIT RICOTTA & SAFRAN

Gabriele d'Annunzio beschrieb die berauschenden Vergnügungen Roms: Sein berühmtester Roman *Il Piacere*, 1889 veröffentlicht und später auch auf Deutsch unter dem Titel *Lust* erschienen, beschreibt die römische Jugend mit ihrer ganzen pulsierenden Überspanntheit. Dieselbe Launenhaftigkeit findet sich im brillanten architektonischen Schnickschnack der Stadt. Rom ist eine vielschichtige Stadt, deren Elemente auf- und ineinander zusammengesetzt sind. Auch diese Cannelloni haben ein geheimes Innenleben: Der durchscheinende Ricotta versteckt sich unter einer Nudeldecke und seine cremige Weichheit ziert die knusprigen Ränder.

Zubereitungszeit: 30 Minuten plus Zeit zum Abkühlen und Ruhen

Garzeit: 50 Minuten

Für 6 Personen

Für die Béchamelsauce

50 g Butter
100 g Mehl, Type 405
1 l Vollmilch
1 TL frisch geriebene Muskatnuss
¼ TL Safranfäden
Salz
frisch gemahlener schwarzer Pfeffer
50 g Semmelbrösel (siehe Seite 262)
50 g frisch geriebener Parmesan

Für die Pasta

300 g *semolina* Tipo 00 (siehe Tipp Seite 32)
1 Prise Salz
3 Eier (Größe M)

Für die Béchamelsauce in einem mittelgroßen Topf die Butter zerlassen, dann vom Herd nehmen und mit dem Rührbesen das Mehl einrühren, bis eine Mehlschwitze entsteht. Unter ständigem Rühren nach und nach die Milch dazugießen, dann den Topf wieder auf den Herd stellen und weiterrühren. Die Sauce sollte eine ähnliche Konsistenz wie Vanillesauce erhalten und leicht Blasen werfen. Die Muskatnuss und die Safranfäden unterrühren, kräftig salzen und pfeffern und mindestens 30 Minuten abkühlen lassen.

Unterdessen für die Pasta in eine große Schüssel das Mehl und das Salz geben. Eine Mulde in die Mitte drücken und die Eier hineinschlagen. Die Eier mit einer Gabel leicht verrühren, dann mit den Händen alles zu einem groben Teig vermengen. Den Teig kneten, bis sich alles zu einem samtig-weichen Klumpen verbunden hat. (Wenn der Teig etwas trocken ist, einige Tropfen Wasser hinzufügen. Ist er zu feucht, noch etwas Mehl einarbeiten.) Den Teig mindestens 30 Minuten im Kühlschrank ruhen lassen.

Anschließend den Teig in 12 gleich große Stücke teilen. Auf einer leicht bemehlten Arbeitsfläche jeden Teigling mit der Teigrolle zu einem Rechteck (7,5 × 15 cm) ausrollen. Mit einem feuchten sauberen Geschirrtuch abdecken, damit der Teig nicht austrocknet, und beiseitestellen.

Den Ofen auf 180 °C vorheizen. Eine große Auflaufform einfetten.

In zwei Töpfen bei mittlerer Temperatur jeweils 2 EL Olivenöl erhitzen, darin je die Hälfte der gehackten roten Zwiebel unter Rühren 2–3 Minuten lang weich werden lassen. Anschließend in einen der Töpfe die passierten Tomaten sowie den Salbei geben, in den anderen den gehackten Radicchio. Den Inhalt beider Töpfe salzen und pfeffern. Unter Rühren 15 Minuten kochen lassen, bis die Tomatensauce eingedickt und leicht reduziert ist, der Radicchio sollte weich gegart sein. Den Radicchio mit dem Ricotta vermischen.

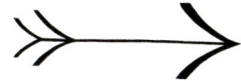

Butter zum Einfetten

4 EL natives Olivenöl extra

1 rote Zwiebel, gehackt

300 g passierte Tomaten

4 Salbeiblätter

2 kleine Köpfe roter Radicchio, Strunk entfernt, Blätter fein gehackt

Salz

frisch gemahlener schwarzer Pfeffer

300 g Ricotta

In einem großen Topf mit kochendem Salzwasser die Pastaplatten portionsweise vorsichtig ins kochende Wasser gleiten lassen und 60 Sekunden garen. Die Pastaplatten dann in einer Schüssel mit Eiswasser abkühlen (die Cannelloni sehr vorsichtig handhaben, da sie leicht reißen).

Die Rechtecke aus dem Eiswasser nehmen, mit Küchenpapier trocken tupfen und auf eine saubere Arbeitsfläche legen. Jeweils entlang der langen Kante des Rechtecks 1 EL Radicchio-Füllung verteilen und die Cannelloni vorsichtig aufrollen. Die gerollten Cannelloni mit der Nahtstelle nach unten behutsam in die Auflaufform schichten und mit der Tomatensauce übergießen.

Die Béchamelsauce gleichmäßig auf den Cannelloni verteilen und abschließend mit den Semmelbröseln und dem Parmesan bestreuen. Die Cannelloni 25 Minuten im Ofen backen, bis die Béchamelsauce goldbraun ist und Blasen wirft, dann 10 Minuten abkühlen lassen und servieren.

Coda alla vaccinara in verde

GRÜNES OCHSENSCHWANZRAGOUT

Festessen feiern die Geselligkeit und verwöhnen die Zunge gleichermaßen. Und sie demonstrierten seit jeher Reichtum und Macht. Im 1. Jahrhundert etwa verblüffte Kaiser Vitellius seine Gäste, indem er Zutaten aus allen Ecken des Römischen Reiches auftischte, von Siebenschläferlebern bis hin zu Pfauenhirnen. Kühn, aber schmackhaft prahlte er so mit dem elaborierten Reichshandel. Auch die Schlachtnebenerzeugnisse sind in der Ewigen Stadt nie aus der Mode gekommen. Dieser Ochsenschwanz wird so zart, dass er einem Kaisermahl alle Ehre macht.

Zubereitungszeit: 10 Minuten

Garzeit: 2 Stunden 30 Minuten

Für 6 Personen

Salz und Pfeffer

1 kg Ochsenschwanz, in 6 Scheiben geschnitten

1 Karotte

2 Schalotten, 1 geschält, 1 fein gehackt

1 Handvoll Basilikum, gehackt

1 Handvoll Salbei, gehackt

1 Handvoll Minze, gehackt

4 EL natives Olivenöl extra

50 g *lardo* (siehe Seite 158), gewürfelt (Kantenlänge 1 cm)

1 Knoblauchzehe, geschält, mit einer flachen Messerklinge leicht angedrückt

120 ml trockener Weißwein

1 Stange Staudensellerie, geputzt

50 g dunkle Schokolade (mind. 70 % Kakaogehalt), fein gerieben

Für das Selleriepesto

100 g Stangensellerieblätter

50 g Pinienkerne

1 Knoblauchzehe, geschält, mit einer flachen Messerklinge leicht angedrückt

50 g frisch geriebener Parmesan

50 g frisch geriebener Pecorino Romano

100 ml natives Olivenöl extra

In einem großen Topf mit kochendem Salzwasser die Ochsenschwanzscheiben, die Karotte, die ganze Schalotte und die Hälfte der gehackten Kräuter 1 Stunde köcheln lassen. Das Fleisch mit einem Schaumlöffel herausheben und beiseitelegen. Die Brühe beiseitestellen.

In einem großen Topf das Olivenöl gemeinsam mit dem *lardo* sanft erhitzen. Die gehackte Schalotte und die Knoblauchzehe hinzufügen. Unter Rühren alles 5 Minuten braten, bis der Knoblauch braun wird.

Die Knoblauchzehe entsorgen. Die Fleischscheiben hineingeben, alles gut vermischen und braten. Salzen und pfeffern, mit Wein ablöschen und aufkochen lassen. Dann mit geschlossenem Deckel bei mittlerer Temperatur 45 Minuten garen. Dabei gelegentlich umrühren und bei Bedarf 1 Kelle Brühe angießen, damit das Fleisch nicht austrocknet. Die Selleriestange hinzufügen und unter gelegentlichem Rühren weitere 45 Minuten kochen, bis das Fleisch sich vom Knochen löst.

Unterdessen für das Pesto in einem Mixer die Sellerieblätter, die Pinienkerne, den Knoblauch und den frisch geriebenen Käse kurz mischen. Das Olivenöl und 1 Kelle der Brühe angießen, im Mixer zu einer glatten Paste verarbeiten. In einer kleinen Schüssel beiseitestellen.

Sobald der *coda alla vaccinara* gar ist, das Fleisch von den Knochen lösen und in eine Servierschüssel geben. Das Selleriepesto mit einem Löffel über den Ochsenschwanz geben, das Fleisch mit den restlichen gehackten Kräutern und der geriebenen dunklen Schokolade bestreuen. Dazu passt frisches Ciabatta.

Tipp: Der Sellerie-Schalotten-Sud lässt sich wunderbar am nächsten Tag als Risottobrühe verwenden.

Biancomangiare
WEISSE SUPPE

Dieses Gericht entstand im Mittelalter und verdankt seinen Namen der Tatsache, dass es nur aus hellen Zutaten besteht. In der katholischen Welt steht die Farbe Weiß für Reinheit. Die meisten Kirchen in Rom bestehen aus weißem Marmor, während die Farben der Wohnhäuser vom hellen Beige der Adelspalazzi bis zum erdigen Orange der Handwerkerhäuser reichen. Diese nährstoffreiche und leicht süßliche Suppe wird traditionell frischgebackenen Müttern und Rekonvaleszenten empfohlen – römisches Essen in seiner ältesten und reinsten Form.

Zubereitungszeit: 10 Minuten

Garzeit: 35 Minuten

Für 4 Personen

1 Karotte, geputzt

1 große Tomate

1 große weiße Zwiebel, geschält

1 Kartoffel

1 Stange Staudensellerie

200 g Hühnerbrustfilet

Meersalzflocken

200 g altbackenes Sauerteigbrot

150 ml Vollmilch

10 g gesalzene Butter

125 g weiße Champignons, geputzt, halbiert

100 g gemahlene Mandelkerne

50 g frischer Ingwer, geschält, gerieben

200 g Crostini (siehe Seite 263)

frisch gemahlener schwarzer Pfeffer

100 g frisch geriebener Parmesan

In einem großen Topf 1,5 l Wasser gemeinsam mit der Karotte, der Tomate, der Zwiebel, der Kartoffel und dem Sellerie zum Kochen bringen. Das Hühnerfleisch und 1 kleine Handvoll Meersalzflocken hinzufügen. Das Fleisch in dem Sud 20 Minuten sanft pochieren, dann mit einem Schaumlöffel herausnehmen und zwischen zwei sauberen Geschirrtüchern trocknen lassen. Das Gemüse entsorgen, die Brühe beiseitestellen.

In einer großen Schüssel das Brot in der Milch einweichen lassen.

In einer Pfanne etwas Butter zerlassen und die Pilze darin 10 Minuten garen, bis sie weich und leicht goldbraun sind.

Die Pilze aus der Pfanne nehmen und abkühlen lassen. Das abgetupfte Fleisch gemeinsam mit den Pilzen grob hacken. In einem Mixer mit dem eingeweichten Brot, den Mandeln und dem Ingwer zu einem cremigen Mus glatt pürieren. Das Püree in eine Schüssel füllen.

Die Brühe wieder zum Kochen bringen.

Zum Servieren 1 Kelle kochende Brühe in die Schüssel mit dem Püree geben, damit es eine suppenartige Konsistenz bekommt, und die Crostini darüberstreuen. Die restliche Brühe hineingießen, alles gut verrühren und mit Salz und Pfeffer abschmecken. Die *biancomangiare* mit dem Parmesan bestreut sofort servieren.

Kapitel 5 APERITIVO

Der Arbeitstag ist endlich vorbei. Alle sind auf der Straße und genießen die letzten Strahlen der unglaublich orangeroten römischen Sonne, die alle Gebäude, Kuppeln und Herzen erstrahlen lässt. Der Duft von Weihrauch und Blumen erfüllt die Luft, während Kunsthandwerker wie *gelatai* (Eisverkäufer) das Ende des Tages weggähnen. Was am frühen Nachmittag als unschuldiger Tagtraum und vager Wunsch begonnen hat (sich nach der Arbeit noch mit Freunden zu treffen), wird nun im Handumdrehen zum brennenden Verlangen nach einem Drink. In Rom ist es jetzt Zeit für den Aperitivo.

Der Aperitivo ist ein relativ neues soziales Phänomen und besteht aus alkoholischen Getränken, kleinen Häppchen und vielen guten Gesprächen. Er beginnt normalerweise nach der Arbeit und kann bis neun Uhr abends dauern oder auch die ganze Nacht. Je nach Außentemperatur und Anzahl der Leute, die zusammengekommen sind, um zu plaudern, zu diskutieren und zu streiten. Man könnte ihn auch als Ersatz für ein leichtes Abendessen betrachten. Die meisten anständigen Bars zeigen in der Kühltheke alles, was zu einem verlockenden Drink passt; oft gehören dazu *tramezzini* (feine Sandwiches, siehe Seite 146), Reissalate, *supplì* (Reiskugeln, siehe Seite 134) und was dem Genießer sonst noch ein Lächeln aufs Gesicht zaubern kann.

Hinter der römischen Piazza Navona gibt es eine Bar namens Bar del Fico. Alte Männer mit ausdrucksvollen borstigen Schnurrbärten und unerschütterlichem Optimismus, die seit jeher in diesem historischen Viertel leben, kommen hier zusammen, um unter den Bäumen, die einen winzigen Platz säumen, Schach zu spielen. Während sie sich voll auf das Spiel konzentrieren, versammelt sich hinter ihnen eine Menschenmenge aller Altersstufen. Mit einem Negroni (siehe Seite 268) in der einen und einem Feuerzeug in der anderen Hand unterhält man sich mit Reibeisenstimmen, die die Worte fast wegzuraspeln scheinen. Es wird wohl eine Menge genussvoll gerauchter Zigaretten im Spiel gewesen sein, gepaart mit der römischen Kunst des aktiven Nichtstuns, um dieses spezielle Timbre hervorzubringen. Sie sagen eifrig mit liebenswerter Ernsthaftigkeit den jeweils nächsten Spielzug vorher, während sie sich gleichzeitig über neue Filme unterhalten oder das nächste Fußballspiel besprechen. Es geht gar nicht immer nur um Frauen und Autos.

Mozzarella in carrozza

MOZZARELLA IM BROTTEIG

Rom ist der Titel eines kurzen und bezaubernden, unvollendeten Werks des russischen Romanautors Nikolai Gogol aus dem 19. Jahrhundert. Darin erzählt er, wie in der Karnevalszeit die Kutschen voller Menschen aller Klassen steckten, die Gesichter mit Mehl bedeckt und vor Freude strahlend, die sich bei dieser einen Gelegenheit unterschiedslos mischten – während für den Rest des Jahres die Klassen streng getrennt blieben. In diesem Rezept ist die »Kutsche« mit Käse gefüllt, der sich beim Öffnen in lange Zügel ziehen lässt.

Zubereitungszeit: 5 Minuten

Garzeit: 5 Minuten

Für 6 Personen

12 Scheiben Weiß- oder Misch-brot, jeweils die Rinde entfernt, geviertelt

150 g Mozzarella, in 5 mm dicke Scheiben geschnitten

1 (à 100 g) Glas in Olivenöl einge-legte Sardellenfilets, abgetropft

1 kleine Handvoll Rosmarin

100 ml Vollmilch

100 g Mehl, Type 550

2 Eier

100 ml Pflanzenöl

Die Brotviertel auf einem großen Teller oder einer sauberen Arbeitsfläche ausbreiten. Auf die Hälfte der Brotviertel 1 Scheibe Mozzarella, 1 Sardel-lenfilet und einige Rosmarinblätter verteilen. Die restlichen Brotstücke darauflegen und andrücken.

In eine flache Schüssel die Milch gießen, in eine zweite das Mehl geben. In einer dritten Schüssel die Eier verquirlen.

In einer großen Pfanne das Öl bei mittlerer Temperatur erhitzen.

Die Sandwiches nacheinander zuerst in die Milch tunken, dann im Mehl wenden und abschließend ins verquirlte Ei tauchen.

Die Sandwiches vorsichtig in das heiße Öl geben und von jeder Seite etwa 1 Minute braten, bis sie kross und goldbraun sind (je nach Größe der Pfanne gegebenenfalls portionsweise arbeiten). Die *mozzarelle in carrozze* kurz auf Küchenpapier entfetten und sofort servieren.

Panzanella

BROTSALAT

An milden Sommerabenden wandere ich durch die engen Gassen dieser wunderbaren Stadt und lausche den allgegenwärtigen Klängen der Mandoline. Ich fühle mich zu Hause, wenn ich am Pantheon vorbei über die Piazza della Rotonda schlendere, die für mich wie ein großes Wohnzimmer ist. Wer braucht schon Kunstgalerien, wenn das Open-Air-Museum direkt vor der Tür liegt? Ich nehme mir diesen Salat gern spontan zum Picknick auf einer Marmorbank mit und beobachte, nie gelangweilt, ständig staunend. Improvisation – so verbringe ich meinen Sommer.

Zubereitungszeit: 10 Minuten plus Zeit zum Ruhen

Garzeit: 5 Minuten

Für 4 Personen

4 EL natives Olivenöl extra

200 g Landbrot, in mundgerechte Stücke gerissen

2 große rote Zwiebeln, geschält

4 festfleischige Tomaten

1 Salatgurke, gewürfelt (Kantenlänge 2 cm)

1 Stange Sellerie, geputzt, gewürfelt (Kantenlänge 2 cm)

15 schwarze Oliven, entsteint, fein gehackt

40 g Rucola, fein gehackt

1 kleine Handvoll Basilikum, fein gehackt

20 ml Weiß- oder Rotweinessig

Salz

frisch gemahlener schwarzer Pfeffer

100 g Pecorino Romano, gewürfelt (Kantenlänge 2 cm)

In einer großen antihaftbeschichteten Pfanne 2 EL des Olivenöls stark erhitzen (das Öl sollte jedoch nicht zu rauchen beginnen). Die Brotstücke darin in 5 Minuten kross und goldbraun braten, dabei gelegentlich wenden. Die Pfanne vom Herd nehmen und die Brotstücke in einer Schüssel beiseitestellen.

Die Zwiebeln in Ringe schneiden und 10 Minuten in eine Schüssel mit kaltem Wasser legen. Abgießen und auf einem sauberen Geschirrtuch trocknen lassen.

In einer Schüssel die Tomaten mit kochendem Wasser bedecken, 1–2 Minuten ziehen, dann abtropfen lassen. Die überbrühten Tomaten am Stielende kreuzweise einschneiden und die Haut abziehen. Das reine Fruchtfleisch (die Samen entsorgen) würfeln (Kantenlänge 5 mm).

In einer Salatschüssel die Zwiebelringe, die Gurken-, Sellerie- und Tomatenwürfel sowie die gehackten Oliven vermischen. Die gehackten Rucola- und Basilikumblätter hinzufügen, mit dem Essig und den restlichen 2 EL Öl übergießen und mit Salz und Pfeffer abschmecken. Abschließend die gerösteten Brotscheiben zur Panzanella geben und alles noch einmal gut vermengen, damit das Brot gut benetzt ist. Vor dem Servieren mit den Pecorinowürfeln bestreuen.

Dieser Salat schmeckt köstlich, wenn man ihn sofort serviert, er hält sich aber auch bis zu 3 Tage im Kühlschrank, wo er die verschiedenen Aromen gründlich aufsaugt.

FRITTIERTES TRIO: RÖMISCHE REISKUGELN, KARTOFFELKROKETTEN & FLEISCHBÄLLCHEN

Bernini und Borromini teilten die begehrtesten Bildhauer- und Architektenaufträge, die im Rom des 17. Jahrhunderts vergeben wurden, unter sich auf. Gerüchten zufolge waren sie jedoch erbitterte Feinde. An der Piazza Navona erhebt sich Borrominis Kirche Sant'Agnese in Agone. Davor steht Berninis Vierströmebrunnen. Angeblich wollte Bernini mit der Gestaltung von zwei der vier allegorischen Brunnenfiguren seinen Rivalen verspotten: Eine hebt die Hand, um sich vor dem Einstürzen der Kirche zu retten, der andere verbirgt seinen Kopf voller Abscheu unter einem Schleier. Heilig und weltlich, Geschichte und Legende – mit anderen Worten, *fritto misto all'italiana*.

Zubereitungszeit: 50 Minuten plus Zeit zum Kühlen

Garzeit: 1 Stunde 15 Minuten

Für 4 Personen

Für die Kartoffelkroketten

800 g mehlig kochende Kartoffeln

1 kleine Handvoll Thymian

120 g frisch geriebener Parmesan

1 Ei (Größe L), verquirlt

60 g Mozzarella, in 3 cm breite Streifen geschnitten

60 g würziger Kochschinken, in Scheiben und 3 cm breite Streifen geschnitten

Salz

frisch gemahlener schwarzer Pfeffer

Für die Fleischbällchen

1 (à 200 g) mehlig kochende Kartoffel

1 kleine Zwiebel, geschält

1 Stange Staudensellerie, geputzt

1 kleine Karotte, geschält

150 g Rindfleisch

150 g Hähnchenbrust, in Stücke geschnitten

100 g altbackenes Brot, in

130 ml Vollmilch eingeweicht

Für die Kartoffelkroketten und die Fleischbällchen die mehlig kochenden Kartoffeln auf einem mit Backpapier ausgelegten Backblech im Ofen weich backen (je nach Größe, bei 200 °C bis zu 1 Stunde). Kurz abkühlen lassen, dann pellen. Die Kartoffel für die Fleischbällchen beiseitelegen.

In einer großen Schüssel die gebackenen Kartoffeln zerdrücken. Gemeinsam mit dem Thymian, dem Parmesan sowie dem verquirlten Ei gut vermengen, salzen und pfeffern. Im Kühlschrank beiseitestellen.

Für die Reiskugeln in einem mittelgroßen Bräter das Öl sanft erhitzen. Das Kalbshirn darin unter Rühren 10 Minuten braten, bis die Stücke fast zerfallen sind, dann die passierten Tomaten und den Wein hinzufügen. Auf mittlere Temperatur erhöhen und 30 Minuten weiter braten, bis die Sauce eingedickt und eingekocht ist. Nach der Hälfte der Garzeit die Petersilie hinzufügen.

In einem Topf die Rinderbrühe erhitzen. In einem mittelgroßen Topf die Hälfte der Butter zerlassen und die gehackte Zwiebel darin 5 Minuten weich dünsten. Den Reis hinzufügen, die Temperatur hochregeln und alles unter Rühren 2–3 Minuten braten. Wenn der Reis durchscheinend ist, die Temperatur reduzieren und unter Rühren die warme Brühe Kelle für Kelle hinzufügen. Dabei jeweils warten, bis die Brühe vollständig vom Reis aufgesogen ist. Der Vorgang dauert etwa 12–15 Minuten, bis der Reis aufgequollen und weich ist.

Dann den Reis vom Herd nehmen und den Parmesan, das verquirlte Ei und die restliche Butter vorsichtig einrühren. Die Tomaten-Kalbshirn-Sauce dazugeben, alles salzen und pfeffern. In einer großen Schüssel im Kühlschrank abkühlen und fest werden lassen.

1 Knoblauchzehe, geschält

50 g italienische Mortadella

50 g frisch geriebener Parmesan

1 Handvoll glatte Petersilie, gehackt

Abrieb von 1 unbehandelten Zitrone

1 TL getrockneter Rosmarin

1 TL frisch geriebene Muskatnuss

1 Ei, verquirlt

Salz

Für die Reiskugeln

2 EL natives Olivenöl extra

1 Kalbshirn (300 g), gesäubert, gehackt

250 g passierte Tomaten

120 ml Rotwein

1 kleine Handvoll glatte Petersilie, gehackt

500 ml Rinderbrühe

40 g Butter

1 kleine weiße Zwiebel, gehackt

400 g Risottoreis (Carnaroli oder Arborio)

100 g frisch geriebener Parmesan

1 Ei, verquirlt

200 g Fontina, in 3 cm breite Streifen geschnitten

5 Eier, verquirlt

400 g Semmelbrösel (siehe Seite 262)

50 g Mehl, Type 550

400 ml Pflanzenöl

Für die Fleischbällchen in einem großen Topf mit kochendem Salzwasser die Zwiebel, die Selleriestange, die Karotte, das Rindfleisch und das Hähnchenbrustfilet 1 Stunde sanft köcheln lassen. Das Fleisch anschließend mit einem Schaumlöffel aus dem Topf nehmen und abkühlen lassen. In einem Mixer das abgekühlte Fleisch gemeinsam mit dem eingeweichten Brot, dem Knoblauch, der Mortadella, dem Parmesan, der Petersilie, dem Zitronenabrieb, dem Rosmarin, der Muskatnuss und dem Ei fein pürieren. Die zerdrückte Backkartoffel unterrühren, alles salzen und pfeffern. Die Masse mit den Händen zu Kugeln (Durchmesser 4 cm) formen, anschließend mit der Handfläche flach andrücken. Die Fleischbällchen beiseitelegen.

Nun für die Reiskugeln um jeweils 1 Stück Fontina genügend Reismasse geben und das Ganze mit den Händen zu kleinen Kroketten formen. Für die Kartoffelkroketten um jeweils 1 Stück Mozzarella und 1 Stück Schinken genügend Kartoffelpüree geben und das Ganze mit den Händen zu kleinen Kroketten formen.

In drei flache, separate Schüsseln die verquirlten Eier, die Semmelbrösel und das Mehl geben. Die Kartoffelkroketten und Fleischbällchen zuerst im Mehl wenden, dann in das verquirlte Ei tauchen und abschließend in den Bröseln wälzen. Die Reiskugeln erst ins Ei tauchen, dann in den Semmelbröseln wenden.

In einem weiten Topf mit Sandwichboden oder in einer Fritteuse das Pflanzenöl auf 180–190 °C erhitzen (Probe: ein Brotwürfel sollte in 30 Sekunden darin bräunen). Die *suppli*, die *crocchette di patate* und die *schiacciatine di bollito* vorsichtig hineingleiten lassen und rundherum in 1–2 Minuten goldbraun braten. Mit einem Schaumlöffel aus dem Öl heben und auf Küchenpapier entfetten. Warm und herrlich kross servieren. Zu diesem Aperitivo schmecken eingelegte Kapernäpfel, deren Säure einen schönen Kontrast zu den *fritto misto* bildet.

Olive all'ascolana
GEFÜLLTE OLIVEN NACH ASCOLI-ART

Die *auto blu* dürfen in Rom besondere Routen nutzen und parken, wo die Fahrer wollen. Diese blauen Autos sollten eigentlich von Regierungsangehörigen gefahren werden, aber mir wird schnell klar, dass der Fahrer, der just die rote Ampel überfahren hat, nicht etwa ein Politiker war, sondern der Freund eines Cousins der Sekretärin des Ministers. »Wichtig ist, wen man kennt, *bella signora*«, sagt Barkeeper Nunzio zu mir. Man kommt in Rom sehr weit, wenn das die »Richtigen« sind; man muss jedenfalls nie Bus fahren … Diese goldbraunen Häppchen sind so lecker, dass sie ganz sicher illegal sein müssen, aber bestimmt nicht hier. Zeit für: Vetternwirtschaft, ein Glas Blubberwasser und gefüllte Oliven.

Zubereitungszeit: 20 Minuten plus Zeit zum Kühlen

Garzeit: 30 Minuten

Für 4 Personen

2 EL natives Olivenöl extra

1 kleine Karotte, fein gehackt

1 kleine Zwiebel, fein gehackt

50 g Pancetta oder anderer geräucherter Bauchspeck, fein gehackt

1 Stange Staudensellerie, geputzt, fein gehackt

100 g Rinderhackfleisch

100 g Schweinehackfleisch

100 g Hühnerfleisch, durch den Fleischwolf gedreht

100 ml trockener Weißwein

150 ml Gemüsebrühe (siehe Seite 12)

Abrieb von ½ unbehandelten Zitrone

60 g frisch geriebener Parmesan

1 TL frisch geriebene Muskatnuss

1 Knoblauchzehe, geschält

2 Eier

150 g Semmelbrösel (siehe Seite 262)

Salz

60 große grüne Oliven, entsteint

50 g Mehl, Type 405 oder 550

300 ml Pflanzenöl

In einer großen Pfanne das Öl sanft erhitzen. Die Karotte, die Zwiebel, den Pancetta und die Selleriestange darin unter Rühren 5 Minuten weich dünsten. Das Hackfleisch hinzufügen und unter gelegentlichem Rühren 10 Minuten braten, bis es überall braun ist. Dann den Wein und die Brühe angleßen, sprudelnd aufkochen lassen und 10 Minuten weiter garen, bis die Flüssigkeit verdampft ist.

In einem Mixer den Pfanneninhalt gemeinsam mit dem Zitronenabrieb, dem Parmesan, der Muskatnuss, dem Knoblauch, 1 Ei und 1 Drittel der Semmelbrösel zu einer glatten, weichen Paste verarbeiten. Mit Salz abschmecken.

Die Füllung in einen Spritzbeutel mit kleiner Tülle füllen und in die Oliven spritzen.

In eine flache Schüssel das Mehl, die restlichen Semmelbrösel in eine zweite geben. Das restliche Ei in einer dritten Schüssel verquirlen. Die gefüllten Oliven nun zuerst im Mehl, dann im Ei und abschließend in den Semmelbröseln wenden. Die so panierten Oliven 20 Minuten in den Kühlschrank geben, dann erneut in Mehl, Ei und Semmelbröseln wälzen, damit sie überall bedeckt sind.

In einem großen Topf mit Sandwichboden oder in einer Fritteuse das Pflanzenöl auf 180–190 °C erhitzen (Probe: ein Brotwürfel sollte in 30 Sekunden darin bräunen) Die Oliven vorsichtig hineingleiten lassen und rundherum in 1–2 Minuten goldbraun frittieren. Die *olive all'ascolana* mit einem Schaumlöffel aus dem Öl heben und auf Küchenpapier entfetten. Warm servieren.

Fiori di zucca ripieni

GEFÜLLTE ZUCCHINIBLÜTEN

Seit ich denken kann, spielen Zucchiniblüten eine Hauptrolle in der römischen Essenslandschaft. Ja, man muss den Stempel und die Staubblätter minutiös entfernen, bevor man sie essen kann, aber lassen Sie sich davon nicht abschrecken. Hinter ihrer zunächst umständlich zu händelnden Fassade sind diese köstlichen Blüten weich und doch knackig, ideal sowohl zum Braten als auch als Pizzabelag geeignet. In diesem Rezept werden sie mit einer Mischung herrlicher Käsesorten gefüllt. Mit einem Glas Chianti wird daraus eine wunderbare Vorspeise.

Zubereitungszeit: 15 Minuten

Garzeit: 5 Minuten

Für 4 Personen

natives Olivenöl extra zum Einfetten

12 große Zucchiniblüten

250 g Ricotta

100 g Taleggio, Fontina oder anderer halbweicher Käse

1 TL frisch geriebene Muskatnuss

1 TL frisch gemahlener weißer Pfeffer

3 EL frisch geriebener Parmesan

Salz

50 g Semmelbrösel (siehe Seite 262)

Den Ofen auf 180 °C vorheizen. Ein großes Backblech leicht einölen.

Mit einem scharfen Messer die verdickten Stellen am Blütengrund jeder Zucchiniblüte wegschneiden und den Stiel bis auf 1 cm kappen (so fallen die Blüten nicht auseinander und es sieht auch hübscher aus). Die Blüten vorsichtig längs aufschneiden, ohne dass sie brechen, und die Staubblätter und Stempel entfernen. Alternativ die Blütenblätter vorsichtig auseinanderziehen; dabei darauf achten, dass sie nicht reißen.

In einer Schüssel den Ricotta, den Käse, die Muskatnuss und den weißen Pfeffer mit der Hälfte des Parmesans vermischen, anschließend salzen.

Die Masse entweder in einen Spritzbeutel mit sehr feiner Tülle geben oder mithilfe eines Teelöffels vorsichtig in die Zucchiniblüten füllen. Die Blüten schließen, die Spitzen der Blütenblätter zusammendrehen und auf das Backblech legen. Mit den Semmelbröseln sowie dem restlichen Parmesan bestreuen und 5 Minuten im Ofen leicht goldbraun backen. Die *fiori di zucca ripieni* warm servieren.

Galantina di pollo servita con bocconcini d'uva al formaggio

HÄHNCHENGALANTINE MIT KÄSETRAUBEN

Zubereitungszeit: 30 Minuten plus Zeit zum Marinieren und Kühlen

Garzeit: 2 Stunden 25 Minuten

Für 8 Personen

Für die Füllung

100 g Kalbfleisch (aus der Oberschale), in 2 cm große Stücke geschnitten

200 g Schweinefilet, in 2 cm große Stücke geschnitten

100 g italienische Mortadella

100 g Prosciutto

500 ml Marsala

1 Ei

1 große Handvoll getrocknete *porcini* (Steinpilze), etwa 10 Minuten in Wasser eingeweicht, ausgedrückt

Salz

Für die Brühe

1 Karotte

1 Stange Staudensellerie, geputzt

1 Rispentomate

1 fest kochende Kartoffel, geschält

1 große weiße Zwiebel, gespickt mit

6 Gewürznelken

Meersalzflocken

1 (à 1,5 kg) Bio-Hähnchen, pariert und entbeint (den Metzger darum bitten)

200 g Pistazienkerne, grob gehackt

4 schwarze Sommertrüffeln, grob gehackt

Für die Käsetrauben

150 g Pistazienkerne, grob gehackt

100 g Gorgonzola

100 g Frischkäse

etwa 50 kleine grüne kernlose Weinbeeren

In einem der ersten Kochbücher der Welt, zusammengetragen im 4. Jahrhundert und nach dem römischen Gourmet *Apicius* genannt, findet sich ein Rezept für gefülltes Hähnchen, ein Gericht für prächtige Bankette. Die Hähnchengalantine ist etwas aufwendiger, aber es lohnt sich wirklich! Das Verschnüren und lange Köcheln in Brühe erinnert an vergangene Zeiten, die wir uns bewahren sollten. Doch Tradition trifft Erneuerung. Sie müssen es ausprobieren, um es zu glauben.

Für die Füllung in einer großen Schüssel das Kalb- und Schweinefleisch gemeinsam mit der Mortadella und dem Prosciutto in dem Marsala 30 Minuten marinieren.

Unterdessen in einem großen Topf alle Zutaten für die Brühe in 3 l Wasser aufkochen. Dann 1 kleine Handvoll Meersalzflocken hinzufügen, die Temperatur herunterregeln und das Ganze mit geschlossenem Deckel 25 Minuten sanft köcheln lassen.

Die Fleischstücke aus der Marinade nehmen und im Mixer gemeinsam mit dem Ei, den getrockneten Pilzen und 1 Prise Salz dick-cremig pürieren.

Das Hähnchen mit der Hautseite nach unten auf ein Schneidebrett legen und die Füllung darauf verteilen. Mit den Pistazien und Trüffeln bestreuen und zu einer dicken Rolle aufrollen, dabei die Hautenden einschlagen. Auf ein sauberes Geschirrtuch legen und fest zusammenrollen. Dann das Huhn an drei oder vier Stellen mit Küchengarn festschnüren, damit es die Form behält und gleichmäßig gart. Überstehendes Garn an den Knoten abschneiden.

Das Hähnchen in der Brühe bei geschlossenem Deckel 2 Stunden sanft köcheln lassen.

Für die Käsetrauben in eine flache Schüssel die gehackten Pistazien füllen. In einer zweiten Schüssel beide Käsesorten mit dem Rührbesen zu einer leichten, cremigen Masse verrühren. Die Trauben am Stiel festhalten und erst in die Käsemischung tauchen, dann in den Pistazien wälzen, bis sie überall gleichmäßig bedeckt sind. In den Kühlschrank stellen.

Die *galantina di pollo* nach der Garzeit aus der Brühe heben und mindestens 4 Stunden im Kühlschrank abkühlen und fest werden lassen (oder 1½ Stunden in das Gefrierfach legen, wenn Sie es eilig haben – aber dort nicht vergessen!).

Zum Servieren das Küchengarn entfernen und die Galantine in dünne Scheiben schneiden. Auf einer Servierplatte anrichten und mit den Käsetrauben garnieren.

Sandwich di polenta con salsiccia e formaggio

POLENTASANDWICH MIT GEBACKENEM WÜRSTCHEN & KÄSE

Eine ungewöhnliche Zubereitungsart für Polenta, die zumindest in Norditalien zu den Grundnahrungsmitteln zählt. Ursprünglich wurde der goldene Maisbrei in großen Mengen gekocht, auf Holzplatten verstrichen und mit Würstchen belegt. *La morte sua* – unwiderstehlich. Sie gilt heute noch als *cibo povero* – ein ebenso preiswertes wie beliebtes Essen – und inzwischen werden zum Aperitivo überall in Rom kleine Polentasnacks angeboten.

Zubereitungszeit: 20 Minuten plus Zeit zum Kühlen

Garzeit: 3 Minuten

Ergibt 15 Stück

Butter zum Einfetten

Meersalzflocken

250 g Instant-Polenta

4 Schweinewürstchen

2 EL natives Olivenöl extra

150 g Fontina, Provolone oder Bel Paese, in dünne Scheiben geschnitten

1 kleine Handvoll Thymian

Den Ofen auf 190 °C vorheizen. Ein Bratblech (39 × 26 cm) mit Butter einfetten und ein Backblech mit Backpapier auslegen.

Für die Polenta in einem Topf etwa 1,5 l Wasser (oder je nach Packungsanleitung) gemeinsam mit 1 Handvoll Salz zum Kochen bringen. Mit einem Holzlöffel stetig rühren, dabei nach und nach die Polenta einrieseln lassen. Die Polenta unter ständigem Rühren 5 Minuten kochen lassen, dann den Topf vom Herd nehmen und 4–5 Minuten weiter rühren, bis die Polenta eingedickt ist, sich aber noch gießen lässt.

Die Polenta auf das Bratblech gießen und mit einem Teigschaber zu einer 2 cm hohen Schicht verstreichen. Die Masse 30 Minuten abkühlen und fest werden lassen.

Unterdessen in einer Auflaufform die Würstchen mit dem Öl beträufelt 30 Minuten im Ofen backen. Dann 10 Minuten abkühlen lassen und jedes Würstchen in 10–12 Scheiben schneiden, so dass insgesamt 45 Scheiben entstehen (es werden 3 pro Sandwich benötigt).

Die abgekühlte Polenta in 30 Rechtecke (5 × 2,5 cm) schneiden oder mit einem Sherryglas 30 Kreise ausstechen.

Die Hälfte der Polentastücke auf dem Backblech verteilen. Jedes mit Würstchen- und Käsescheiben belegen und einen Polentadeckel darauflegen. Im Ofen in 10 Minuten kross und goldbraun backen. Die *sandwich di polenta* auf einem großen Teller mit Thymian bestreut servieren.

Diese köstlichen Häppchen halten sich bis zu 3 Tage im Kühlschrank; zum Servieren einfach einige Minuten bei 150 °C im Ofen aufwärmen.

Tramezzini

FEINE SANDWICHES

Schon im Rom der Kaiserzeit hat man Brote belegt, also Sandwiches gemacht.
In den letzten 20 Jahren jedoch ist der *tramezzino* mit seiner endlosen Vielfalt an Füllungen
zu einem Ausdruck kulinarischer Kreativität geworden. Zusammen mit einem Glas des
örtlich angesagten Aperitifs gehören diese weichen Sandwiches inzwischen zum italienischen
Lifestyle – dieses spezielle Beispiel trägt dazu noch die Farben der italienische Flagge.

Zubereitungszeit: 25 Minuten
plus Zeit zum Ruhen

Für 12 Personen

4 Scheiben weißes Sandwichbrot,
Rinde entfernt

4 Scheiben Vollkornbrot, Rinde
entfernt

Für die weiße Creme

1 Handvoll Rosmarin, fein gehackt

1 Handvoll Thymian, fein gehackt

1 Handvoll Basilikum, fein gehackt

250 g Frischkäse

Für die grüne Creme

150 g Rucola

4–5 EL natives Olivenöl extra

70 g Pinienkerne

100 g frisch geriebener Parmesan

100 g frisch geriebener Pecorino
Romano

2 Knoblauchzehen, geschält

1 Prise Salz

Für die rote Creme

100 g Räucherlachs

1 Handvoll Dill

150 g Ricotta

2 EL Tomatenmark

Eine Kastenform (Fassungsvermögen 900 g) mit Frischhaltefolie auslegen.

Für die weiße Creme in einer Schüssel die gehackten Kräuter mit dem Frischkäse verrühren. Beiseitestellen.

Für die grüne Creme in einem Mixer die Rucolablätter, etwas Olivenöl gemeinsam mit den restlichen Zutaten pürieren, dabei nach und nach das restliche Öl dazugießen, bis die Masse eine cremige Konsistenz hat. Beiseitestellen.

Für die rote Creme im Mixer den Räucherlachs, den Dill, den Ricotta und das Tomatenmark zu einer glatten, cremigen Paste verarbeiten.

In die Kastenform 2 Scheiben des Vollkornbrots als Bodenschicht legen, dabei gegebenenfalls passend zuschneiden. Diese erste Schicht mithilfe eines Teigschabers gleichmäßig dick mit der roten Creme bestreichen, dann mit 2 Weißbrotscheiben belegen. Diese gleichmäßig dick mit der weißen Creme bestreichen, dann wieder Vollkornscheiben darauflegen. Mit der grünen Creme bestreichen. Mit den letzten 2 Weißbrotscheiben abschließen.

Die Frischhaltefolie in der Form fest um den Laib wickeln und das Ganze 2 Stunden im Kühlschrank ruhen lassen (wenn Sie es eilig haben, können Sie die Form auch für 30 Minuten in das Gefrierfach stellen – vergessen Sie sie nur nicht dort!).

Nach der Ruhezeit die Kastenform stürzen, die Frischhaltefolie entfernen und mit einem Sägemesser den Laib in 2 cm dicke Scheiben schneiden. Das Messer zwischen den Schnitten abspülen. Die *tramezzini* mit 1 Glas perlendem Prosecco genießen.

Tipp: Gut sortierte Supermärkte führen abgepacktes feines Weißbrot für *tramezzini*.

Alici o sardine marinate

MARINIERTE SARDELLEN ODER SARDINEN

Besorgen Sie bei Ihrem Fischhändler eine Auswahl silbergrauer frischer Sardellen oder Sardinen – sie sind sehr gesund! Bitten Sie ihn, die Köpfe und Wirbelsäulen gleich zu entfernen, denn zugegebenermaßen ist es sehr lästig, diese kleinen Fische selbst küchenfertig zu machen. Wenn nicht gerade die Hölle los ist, wird Ihr Fischhändler das gern für Sie erledigen – an einem geschäftigen Samstagmorgen brauchen Sie ihm damit aber bestimmt nicht zu kommen!

Zubereitungszeit: 10 Minuten plus Zeit zum Einweichen

Garzeit: 30 Minuten

Für 8 Personen

500 g frische Sardellen oder Sardinen, Köpfe und Wirbelsäulen entfernt (erledigt der Fischhändler)

300 ml Weißweinessig

5 EL natives Olivenöl extra, plus mehr zum Einfetten

150 g Semmelbrösel (siehe Seite 262)

Salz

frisch gemahlener schwarzer Pfeffer

150 g frisch geriebener Pecorino Romano

2 Knoblauchzehen, gerieben

1 große Handvoll glatte Petersilie, sehr fein gehackt

30 g getrockneter Oregano

In einer Schüssel die Fische mit dem Essig bedeckt 15 Minuten einweichen.

Den Ofen auf 180 °C vorheizen. Eine Auflaufform mit etwas Olivenöl einfetten.

Auf dem Boden der Auflaufform die Semmelbrösel verteilen. Die Sardellen abgießen und abtropfen lassen. Eine Schicht Fische in die Auflaufform geben, salzen und pfeffern. Darauf eine Schicht Käse, geriebenen Knoblauch, gehackte Petersilie und Oregano geben. So abwechselnd die Zutaten in die Form schichten, mit einer Schicht Sardellen abschließen. Mit dem restlichen Olivenöl übergießen und in 30 Minuten im Ofen goldbraun backen.

Die *alici o sardine marinate* warm oder kalt als Aperitivo servieren oder als Belag für Bruschetta (siehe Seite 46) verwenden.

Tipp: Eingelegte Sardellenfilets bezeichnet man auch als Anchovis. Sardinen werden größer als Sardellen und haben ein nicht ganz so fetthaltiges Fleisch.

ZITRONEN GEFÜLLT MIT THUNFISCHCREME

Ist das Klima günstig, blühen Zitronenbäume vier Mal pro Jahr und tragen Früchte.
Daher kommt dieses schicke Zitrusgericht bei uns das ganze Jahr auf den Tisch. Die cremige
Füllung erinnert mich an das bekanntere Rezept von *pesce finto di Natale* (Weihnachts-»Fisch«,
siehe Seite 222), aber mit Mascarpone. Italiener lieben schließlich Variationen und
halten sich selten an einen festen Plan. Dieses Gericht mit seinen leuchtenden Farben lässt
die ländliche Tradition aufleben und erinnert an die kleinen Details, die das Leben zu so einer
fantastischen Reise machen. *Bella la vita, eh?* – Das Leben ist schön, nicht wahr?

Zubereitungszeit: 20 Minuten
plus Zeit zum Kühlen

Für 4 Personen

4 große unbehandelte Zitronen

180 g in Olivenöl eingelegter
Thunfisch, abgetropft

2 EL in Salz eingelegte Kapern,
abgespült

90 g Mayonnaise

50 g Mascarpone

50 g schwarze entsteinte Oliven

3 hart gekochte Eier, gepellt

1 kleine Handvoll Schnittlauch
röllchen

1 kleine Handvoll Dill

½ TL getrockneter Oregano

1 Prise Salz

1 Prise frisch gemahlener weißer
Pfeffer

1 Prise Chiliflocken

Zum Garnieren

1 EL Schnittlauchröllchen

1 EL gehackter Dill

½ TL getrockneter Oregano

Die Zitronen heiß abwaschen, abtrocknen und längs halbieren.

Aus einer der Zitronen 4 EL Saft pressen und diesen beiseitestellen.
Mithilfe eines Teelöffels das Fruchtfleisch aus allen Zitronen herauskratzen.
Dabei die Kerne entsorgen. In einem Mixer das Fruchtfleisch und den
Saft gemeinsam mit den restlichen Zutaten zu einer dicken, cremigen
Paste pürieren.

Mithilfe eines Teelöffels oder eines Spritzbeutels die ausgekratzten
Zitronenhälften füllen. Vor dem Servieren mit den Schnittlauchröllchen,
dem gehackten Dill und dem getrockneten Oregano garnieren.

Die gefüllten Zitronen halten sich bis zu 3 Tage im Kühlschrank.

Kapitel 6 ROMANTISCHE ABENDESSEN

Wer mal einen authentischen römischen Mann treffen will, sollte sich den Begriff *coatto* merken. Ein *coatto* ist der Kerl, der in kleinen Bars oder auf öffentlichen Plätzen herumlungert. Er ist von Natur aus ruhelos und genervt von dem, was er als die unentrinnbare Monotonie des Lebens wahrnimmt. Er begeistert sich für Sport im Allgemeinen (für Motorräder und aufgemotzte Karren im Besonderen), trägt auffällige Klamotten, redet mit den Händen und untermalt seine ausladenden Gesten mit Gelächter, das lauter dröhnt als die Stereoanlage seines Autos. Er vollführt verrückte Mutproben und präsentiert sich vor seiner Freundin und zum Vergnügen seiner Kumpel wie ein urbaner Pfau. Man darf sein Verhalten jedoch nicht mit Unhöflichkeit oder Böswilligkeit verwechseln; in den meisten Fällen entstammt es einfach einer fehlgeleiteten Lebenslust. Dahinter verbergen sich ein gutes Herz und ein starker Sinn für Loyalität.

Wie die Mehrheit ihrer Landsmänner ziehen Römer erst bei ihren Eltern aus, wenn sie schon weit über dreißig sind. *Mammas* Gnocchi gibt man wohl nicht so einfach auf. In Italien nimmt man beim Auszug aus dem Elternhaus nicht nur ein Auto voller Kisten mit, sondern meist auch ein wertvolles Notizbuch mit alten Rezepten von *nonna*, Großmutter, das man bei besonderen Gelegenheiten wie einem romantischen Abendessen hervorholt. Keine Panik, die Tradition ist in diesem Fall der rettende Engel – schließlich geht Liebe immer noch durch den Magen. Was immer Sie kochen, bereiten Sie es *nicht* so zu, wie seine Mutter es tun würde. Da können Sie einfach nicht gewinnen. Ziehen Sie lieber die Tricks aus dem Hut, die Sie von Ihrer Großmutter gelernt haben. Und »romanisieren« Sie das Traditionelle mit einem glänzenden, modernen Überzug. Gehen Sie mit knusprigem Lamm (siehe Seite 164) zum Angriff auf seine Sinne über oder lullen Sie ihn mit den warmen Aromen von Nudeln mit Kichererbsen ein (siehe Seite 158).

Schon im alten Rom lag man faul zu Tisch bei den luxuriösen Banketten und probierte mal von diesem, mal von jenem Gericht. Das hatte den Vorteil, dass man zwischen den Gängen ein kleines Nickerchen einlegen konnte, während der harmonische Gesang der Musen eine Atmosphäre zwischen Realität und Fantasiewelt schuf. Das ist in diesem Kapitel unser Ziel: romantisches Essen, das Magie entstehen lässt. Verlockend, einfach, unglaublich köstlich.

Bucatini alle vongole e patate alla menta

BUCATINI MIT VENUSMUSCHELN & MINZEKARTOFFELN

Die Qualität der Zutaten ist am wichtigsten – vor allem bei solch einem Gericht. Für diese paradiesische Sauce verlange ich bei meinem Fischhändler stur allerfrischeste Venusmuscheln. Zu Hause überprüfe ich sie auf Sand. Bewaffnen Sie sich mit derselben ergebenen Geduld, die Sie Ihrem Liebsten gegenüber an den Tag legen. Mit jeder Muschel, Öffnung nach unten, auf ein Schneidebrett klopfen. Kommt dunkler Sand heraus, die Muschel entsorgen. Entledigen Sie sich auch der Exemplare mit zerbrochenen Schalen. Schließlich geht es hier um Romantik. Dieses Gericht sollte kochend heiß serviert werden.

Zubereitung: 30 Minuten plus Zeit zum Einweichen

Garzeit: 30 Minuten

Für 2 Personen

1 (à etwa 200 g) festkochende Kartoffel, geschält

500 g frische Venusmuscheln

2 EL natives Olivenöl extra

2 Knoblauchzehen, geschält

Salz

1 Stück Butter

1 kleine Handvoll Minze, sehr fein gehackt

150 g Bucatini (alternativ Spaghetti)

1 Handvoll glatte Petersilie, fein gehackt

1 TL in Salz eingelegte Kapern, abgespült, zum Garnieren

frisch gemahlener schwarzer Pfeffer

In einer Schüssel die Kartoffel 15 Minuten wässern. So wird Stärke entzogen. Dann herausnehmen, abtrocknen und die Kartoffel würfeln (Kantenlänge 5 mm).

Während die Kartoffel einweicht, die Muscheln in ein Sieb geben und unter fließendem Wasser gründlich abspülen. Zerbrochene und weit geöffnete Exemplare entsorgen. Den Rest abtropfen lassen und beiseitestellen.

In einem großen Topf 1 EL des Öls langsam erwärmen, darin 1 Knoblauchzehe 2–3 Minuten bräunen. Die Muscheln darin bei geschlossenem Deckel und hoher Temperatur 5 Minuten dünsten, bis sich alle geöffnet haben. Den Topf vom Herd nehmen, die Muscheln durch ein Sieb abgießen, dabei den Muschelsud in einer Schüssel auffangen. Aus der Hälfte der Muschelschalen das Fleisch lösen. Noch verschlossene Muscheln entsorgen.

In einem kleinen Topf mit kochendem Salzwasser die Kartoffelwürfel aufkochen lassen und bei mittlerer bis hoher Temperatur 10 Minuten weich garen. Abgießen und abtropfen lassen. In demselben Topf etwas Butter zerlassen, die Kartoffelwürfel gemeinsam mit der Minze darin 5 Minuten aromatisch dünsten.

In einem großen Topf mit kochendem Salzwasser die Pasta nach Packungsanleitung al dente garen. Dann abgießen und abtropfen lassen, dabei einige Kellen des Kochwassers aufheben.

Während die Pasta gart, in einem anderen großen Topf die zweite Knoblauchzehe in dem restlichen Olivenöl 2–3 Minuten bräunen, dann herausnehmen. Dann den Muschelsud angießen, aufkochen und in etwa 5 Minuten um die Hälfte einkochen lassen.

In den Topf mit dem Sud die abgetropften Nudeln mit den ausgelösten Muscheln, die Minzekartoffeln und die Petersilie geben. Dann das Nudelkochwasser und die Muscheln in der Schale hinzufügen, jeweils vorsichtig vermengen. Alles in tiefen Tellern und mit den Kapern garniert servieren.

Ossobuco al pepe verde e vignarola

RÖMISCHES OSSOBUCO MIT GESCHMORTEM FRÜHLINGSGEMÜSE

Zubereitungszeit: 20 Minuten

Garzeit: 2 Stunden 30 Minuten

Für 2 Personen

50 g Mehl, Type 405 oder 550

2 Stück Bio-Kalbshachse, etwa 4 cm dick

2 EL getrocknete grüne Pfefferkörner

1 kleine Karotte, geschält

1 Schalotte, geschält

1 Stange Staudensellerie, geputzt

2 in Olivenöl eingelegte Sardellenfilets

Abrieb von 1 unbehandelten Zitrone

10 Salbeiblätter

50 g Butter

3 EL natives Olivenöl extra

120 ml trockener Weißwein

250 ml Gemüsebrühe (siehe Seite 12)

Für die *vignarola*

3 EL natives Olivenöl extra

10 g Butter

2 Frühlingszwiebeln, gehackt

100 g Pancetta, gewürfelt

200 g Dicke Bohnen oder Edamame, TK-Ware aufgetaut

100 g Erbsen, TK-Ware aufgetaut

3 große Artischocken, geputzt (siehe Seite 13), in 1 cm dicke Scheiben geschnitten und in Zitronenwasser gelegt

150 g Romanasalat, gehackt

1 Handvoll Minze

120 ml Gemüsebrühe

Salz

50 g frisch geriebener Pecorino Romano

In einer Seitengasse der eindrucksvollen Via della Scrofa gibt es ein Restaurant namens La Campana. Es gehört zu den ältesten in Rom; schon im Jahr 1518 bot es Pilgern und Fremden Schlafplätze. Ihre *vignarola* ist ein Geschenk des Himmels – zweifellos die beste, die ich je gegessen habe. Dieser Eintopf aus Frühlingsgemüse erinnert an die unglaubliche Großartigkeit jedes kleinen Dings. Es gibt kaum etwas Besseres im Leben, als ein Stück Brot in etwas Ossobuco zu tunken. Dieses Gericht ist ein unangefochtenes Lieblingsessen aller Liebhaber der römischen Küche.

In einen Gefrierbeutel die Hachsenstücke gemeinsam mit dem Mehl geben. Kräftig schütteln, bis das Fleisch gleichmäßig bemehlt ist.

In einem Mörser oder mit einer Messerklinge die Pfefferkörner zerdrücken. Anschließend den Pfeffer in die Fleischstücke drücken.

In einer Küchenmaschine die Karotte gemeinsam mit der Schalotte und dem Sellerie fein hacken, beiseitestellen. In einem Mixer die Sardellenfilets, den Zitronenabrieb und den Salbei pürieren.

In einem großen Topf die Butter mit dem Olivenöl zerlassen. Das gehackte Gemüse hineingeben und kurz andünsten, dann die Fleischstücke hineingeben und von jeder Seite 2–3 Minuten anbraten. Mit dem Wein ablöschen, sprudelnd aufkochen lassen und 15 Minuten einkochen lassen. Die Gemüsebrühe angießen, die Temperatur reduzieren und bei geschlossenem Deckel etwa 2 Stunden sanft köcheln lassen, bis das Fleisch sich von den Knochen löst.

Unterdessen für die *vignarola* in einer großen Pfanne das Öl mit der Butter zerlassen. Die Frühlingszwiebeln und die Pancettawürfel darin unter Rühren in 5 Minuten glasig braten. Die Bohnen, Erbsen, Artischockenscheiben, den Romanasalat und die Hälfte der Minze hinzufügen, dann mit Brühe übergießen. Alles aufkochen und 15–20 Minuten weiter garen, bis die Flüssigkeit auf die Hälfte eingekocht ist. Salzen und den Pecorino darüberstreuen.

Zum Servieren das Fleisch auf Teller geben, mit etwas Bratensaft übergießen. Die Sardellenmasse darübergeben; mit den restlichen Minzeblättern bestreut und mit der *vignarola* servieren.

Pasta e ceci, salvia e fagioli del purgatorio con tartufo nero e lardo

NUDELN, KICHERERBSEN & BOHNEN MIT SCHWARZEN TRÜFFELN

Vielleicht begegnen Sie in Rom auch mal einem *commendatore* – zu erkennen an dem Gebaren eines Ritters, nur ohne die dazugehörigen Pflichten. Er scheint stets dem nächsten großen Ding in der Stadt auf der Spur und erwähnt das »diskret« seinem getreuen Kellner gegenüber, der es seinerseits beim Friseur kaum erwähnt, einem sehr zuverlässigen Mann, der mit der Lebensmittelhändlerin verheiratet ist. »Psst, keiner weiß davon, *capo* (Häuptling)!«, murmelt er, dabei blitzen seine Goldzähne auf. Dann wendet er sich seiner *pasta e ceci* zu. Dieses Alltagsgericht wurde hier durch schwarze Sommertrüffel und *lardo di Colonnata* aufgepeppt.

Zubereitungszeit: 10 Minuten

Garzeit: 45 Minuten

Für 2 Personen

40 g *lardo di Colonnata* oder anderer reiner weißer Speck, in dünne Scheiben geschnitten

4 EL natives Olivenöl extra

1 Knoblauchzehe, geschält und mit einem schweren Messer leicht zerdrückt

1 kleine Karotte, sehr fein gehackt

1 Schalotte, sehr fein gehackt

1 Stange Staudensellerie, geputzt, sehr fein gehackt

1 TL getrockneter Rosmarin

30 g Pancetta oder anderer geräucherter Bauchspeck, gewürfelt

50 ml Weißwein

100 g Cannellini-Bohnen aus der Dose, abgetropft

100 g Kichererbsen aus der Dose, abgetropft

150 g passierte Tomaten

100 ml Gemüsebrühe (siehe Seite 12)

1 Lorbeerblatt

20 g schwarze Sommertrüffeln, geputzt, dünn gehobelt

Salz

frisch gemahlener schwarzer Pfeffer

150 g Chifferi Rigate, Ditalini oder andere kurze Pasta

In einer kleinen antihaftbeschichteten Pfanne den *lardo* bei mittlerer Temperatur 5 Minuten kross braten, beiseitestellen.

In einem mittelgroßen Topf das Öl und die zerdrückte Knoblauchzehe 2–3 Minuten sanft erhitzen, dann die Knoblauchzehe entsorgen. In dem aromatisierten Öl die Karotten-, Schalotten- und Selleriestücke sowie den Rosmarin 5 Minuten unter gelegentlichem Rühren dünsten. Dann die Pancettawürfel hinzufügen und 5 Minuten weiter braten, bis das Gemüse weich wird. Den Wein angießen, die Bohnen und Kichererbsen hinzufügen. Die Temperatur erhöhen und 10 Minuten kräftig einkochen lassen (die Flüssigkeit sollte komplett verdampfen). Dann die passierten Tomaten, die Gemüsebrühe und das Lorbeerblatt hineingeben, sanft aufkochen lassen und das Ganze in etwa 20 Minuten um die Hälfte einreduzieren.

In einem Mixer die Hälfte der Mischung glatt pürieren. Wieder in den Topf geben, die Hälfte der Trüffelscheiben einrühren, salzen und pfeffern. Das Lorbeerblatt herausnehmen. Warm stellen.

In einem großen Topf mit kochendem Salzwasser die Pasta nach Packungsanleitung al dente garen.

Dann abgießen und die Pasta mit der Sauce mischen. In zwei flache Schüsseln füllen, mit dem kross gebratenen *lardo* und den restlichen Trüffelscheiben bestreut kochend heiß servieren.

Tipp: Guten *lardo di Colonnata* (reiner Rückenspeck von Schweinen aus dem toskanischen Colonnata) finden Sie in italienischen Feinkostgeschäften und im Onlineversand.

Orata in crosta di patate

DORADE IM KARTOFFELMANTEL

Einer meiner Lieblingsorte in Rom ist der Hof des Palazzo Spada mit seinen duftenden Orangenbäumen. Es gibt dort einen langen Säulengang, an dessen Ende eine lebensgroße Statue eines römischen Kriegers steht. Doch es ist eine optische Täuschung, der Gang misst nur einige Meter, was der Barockarchitekt Borromini durch die erzwungene Perspektive kaschierte. Eine Art Trompe-l'œil ist denn auch der schuppige Kartoffelmantel bei diesem Gericht. Sehen Sie noch einmal genauer hin und los geht das kulinarische Abenteuer.

Zubereitungszeit: 10 Minuten plus Zeit zum Marinieren und Einweichen

Garzeit: 35 Minuten

Für 2 Personen

125 ml trockener Weißwein

1 Thymianzweig, fein gehackt

1 Lorbeerblatt, fein gehackt

½ TL gehackter Rosmarin

3 EL gehackte Petersilie

3 EL natives Olivenöl extra, plus mehr zum Einfetten und Beträufeln

1 (à 600 g) Dorade (alternativ Wolfsbarsch), ausgenommen, entschuppt (erledigt der Fischhändler)

Salz

frisch gemahlener schwarzer Pfeffer

1 kg mittelgroße mehlig kochende Kartoffeln

35 g Butter, zerlassen

In einer kleinen Schüssel den Wein, die gehackten Kräuter und das Olivenöl verquirlen, salzen und pfeffern. In einer flachen Schüssel die Dorade von innen und außen mit der Kräutermarinade gleichmäßig bestreichen, dann 30 Minuten im Kühlschrank marinieren.

Unterdessen die Kartoffeln schälen, unter fließendem Wasser gründlich spülen und abtrocknen. Die Kartoffeln in 5 mm dicke Scheiben schneiden. In einer Schüssel die Scheiben 10 Minuten wässern. So wird Stärke entzogen.

Die Kartoffelscheiben aus dem Wasser nehmen und in einem Topf mit kochendem Salzwasser 8–10 Minuten blanchieren. Erneut abtropfen und auf Backpapier ausgebreitet abkühlen lassen.

Den Ofen auf 180 °C vorheizen. Ein Backblech mit Backpapier auslegen und mit etwas Olivenöl einfetten.

Auf dem Backblech die Hälfte der Kartoffelscheiben so gefächert schichten, dass sie in Länge und Breite der Dorade entsprechen. Salzen und pfeffern, mit etwas Olivenöl beträufeln.

Den Fisch aus der Marinade heben und auf die Kartoffelschicht legen, dann die restlichen Kartoffel-»Schuppen« überlappend auf dem Fisch anrichten, Kopf und Schwanz dabei aussparen. Alles mit Olivenöl bestreichen, mit Salz und Pfeffer bestreuen.

Mit Alufolie den Kopf und Schwanz des Fisches bedecken, drei Viertel der Marinade über den Fisch löffeln. Das Blech mit dem Fisch 10 Minuten in den Ofen geben, dann die Temperatur auf 160 °C reduzieren und weitere 10 Minuten backen, bis der Fisch fast gar ist. Den Ofengrill auf höchste Stufe schalten, den Fisch mit zerlassener Butter bestreichen und auf oberster Schiene in etwa 5 Minuten goldbraun grillen.

Den Fisch aus dem Ofen nehmen, leicht abkühlen lassen. Die *orata in crosta di patate* auf einer Servierplatte und in einer kleinen Schüssel dazu die restliche Marinade als Sauce reichen.

Costolette d'agnello in crosta con cavolfiore e castagne accompagnate da gattò di patate, cardi e arance

KNUSPRIGE LAMMKOTELETTS MIT BLUMENKOHL, MARONEN & KARTOFFEL-ORANGEN-KUCHEN

Goethe seufzte einst: »Neapel sehen und sterben.« Mein Motto lautet eher: »Rom sehen und besser leben, reichhaltiger und bewusster, historische mit persönlichen Erinnerungen verknüpfen und die Stadt erobern.« Auch römisches Essen spricht mit seinem Sinn für Einfachheit – wenn jeder Augenblick einfach genossen werden kann – direkt die Seele an, was in diesem aromatischen Gericht gut zum Ausdruck kommt. Wenn Sie keine Cardy (Gemüseartischocken) für den herzhaften Kuchen finden, können Sie stattdessen auch Mangold oder Artischocken verwenden.

Zubereitungszeit: 20 Minuten plus Zeit zum Ruhen

Garzeit: 1 Stunde

Für 2 Personen

100 g Mehl, Type 550 oder 405, plus mehr zum Bestäuben

50 g blanchierte, gemahlene Mandelkerne

60 g kalte Butter, gewürfelt (Kantenlänge 1 cm)

1 TL Salz

150 g Blumenkohl, Strunk entfernt, in 1 cm große Stücke geschnitten

3 EL natives Olivenöl extra

1 Knoblauchzehe, geschält

30 g vorgegarte Maronen, in 1 cm große Stücke geschnitten

4 Lendenkoteletts vom Lamm

1 Eigelb, verquirlt mit 1 EL Milch, zum Glasieren

50 g gehobelte Mandelkerne

Für den Kartoffel-Orangen-Kuchen

Salz

100 g Gemüseartischocken (Cardy), geputzt, in 10 cm lange Stangen geschnitten

In einem Mixer das Mehl, die gemahlenen Mandelkerne, die Butterwürfel, das Salz und 1 TL kaltes Wasser einige Sekunden lang mischen. Auf einer glatten Arbeitsfläche mit den Fingerspitzen zügig zu einem blättrigen Teig verkneten. Nicht zu lange kneten, sonst wird der Teig matschig! In Frischhaltefolie gewickelt 30 Minuten in den Kühlschrank geben.

Unterdessen in einem großen Topf mit kochendem Salzwasser die Blumenkohlstücke 8 Minuten garen, bis sie weich sind. Dann herausheben, gut abtropfen und auf einem sauberen Geschirrtuch trocknen lassen.

In einer Pfanne das Öl erhitzen, den Knoblauch darin unter Rühren in 5 Minuten bräunen. Die Knoblauchzehe entsorgen. In dem aromatisierten Öl die Blumenkohlstücke und die Maronen in 5 Minuten kross und leicht goldbraun braten. Aus der Pfanne nehmen und beiseitelegen. Die Lammkoteletts in derselben Pfanne von jeder Seite 1 Minute bräunen. Zum Abkühlen beiseitelegen, dann mit Küchenpapier trocken tupfen.

Für den herzhaften *gattò di patate, cardi e arance* in einem Topf mit kochendem Salzwasser die Cardy- und Kartoffelstücke 15 Minuten garen, dann gemeinsam mit den Kartoffelscheiben weitere 5 Minuten kochen. Anschließend alles gut abtropfen und auf Küchenpapier trocknen lassen, die Kartoffelscheiben und die Cardystangen extra beiseitelegen.

Durch eine Kartoffelpresse die gekochten Kartoffelstücke in eine Schüssel drücken, dann das Ei, die Petersilie, Muskatnuss, Milch, den Orangensaft, die Cardystangen und je die Hälfte der Butter und des Parmesans hinzufügen. Salzen und zu einer glatten Masse verrühren.

Eine runde Auflaufform von 15 cm Durchmesser oder einzelne Soufflée-förmchen mit dem Öl bestreichen und mit der Hälfte der Semmelbrösel bestreuen. Die Hälfte der Kartoffelmasse hineingeben, die Schinken- und Käsestreifen darauf verteilen und mit der restlichen Kartoffelmasse abschließen. Die dünnen Kartoffelscheiben auf der Oberfläche verteilen, mit dem restlichen Parmesankäse und den Semmelbröseln bestreuen. Die restliche Butter in Flocken darauf verteilen. Beiseitestellen.

300 g Kartoffeln, in 2 cm große Stücke geschnitten

2 (à etwa 200 g) Kartoffeln, dünn gehobelt

1 Ei (Größe L)

1 Handvoll glatte Petersilie

1 TL frisch geriebene Muskatnuss

50 ml Milch

Zesten und Saft von 1 unbehandelten Orange

40 g Butter

35 g frisch geriebener Parmesan

2 EL natives Olivenöl extra

50 g Semmelbrösel (siehe Seite 262)

30 g würziger Kochschinken, in Scheiben und 1 cm breite Streifen geschnitten

50 g Provolone, in dünne Scheiben und in 1 cm breite Streifen geschnitten

Den Ofen auf 200 °C vorheizen. Den gekühlten Teig auf einer sauberen bemehlten Arbeitsfläche 5 mm dick ausrollen und in vier Rechtecke schneiden, die groß genug sind, um die Koteletts zu bedecken (etwa 5 × 10 cm). Je 1 Kotelett in die Mitte eines Teigstücks legen, 1 EL der Blumenkohl-Maronen-Mischung daraufgeben, die Teigränder über Fleisch und Füllung schlagen und fest an den Seiten andrücken. Der Knochen soll aus dem Teigpaket herausstehen. Mit den restlichen Koteletts ebenso verfahren, dann jedes Päckchen mit der verquirlten Ei-Milch bestreichen und mit den Mandelblättchen bestreuen. Abschließend die herausstehenden Knochen mit Alufolie umwickeln, damit sie nicht im Ofen verbrennen.

Den Kartoffelkuchen im Ofen 5 Minuten backen, dann die Lammkoteletts auf der Schiene darüber ebenfalls hineinschieben. Beides in weiteren 10 Minuten knusprig und goldbraun rösten. Den Kuchen aus dem Ofen nehmen, mit den Orangenzesten und etwas Petersilie bestreuen, gemeinsam mit den Lammkoteletts servieren.

ROMANTISCHE ABENDESSEN

167

Ravioli alla Romana con broccoli, alici, pomodori secchi e ricotta

RÖMISCHE RAVIOLI MIT BROKKOLI, SARDELLEN & SONNENGETROCKNETEN TOMATEN

Ein Sonnenstrahl streicht über meinen Lieblingsplatz in der Biblioteca Angelica, wo ich mich gerade in einem Buch verliere. Die endlosen Buchregale zu mustern, im Kartei-kartenregister zu blättern, einhergehend mit der gebotenen Ruhe – alles an diesem Ort macht das Leben schöner. Draußen stolpere ich über einen *pastificio* (Nudelhersteller) … Pasta selbst zu machen fühlt sich immer gut an. Hier trifft Basilikum auf Ricotta, sonnengetrocknete Tomaten und Sardellenfilets. Lassen Sie Ihrer Fantasie freien Lauf, verlieren Sie sich in der Ewigkeit.

Zubereitungszeit: 30 Minuten

Garzeit: 25 Minuten

Für 2 Personen

100 g *semolina* Tipo 00 (siehe Tipp Seite 32)

1 Ei, verquirlt

10 Basilikumblätter, gehackt, plus ganze Blätter zum Garnieren

1 Prise Salz

70 g frisch geriebener Parmesan oder Ricotta salata, klein gehackt

Für die Füllung

4 in Öl eingelegte Sardellenfilets, abgetropft

120 g Ricotta

10 sonnengetrocknete Tomaten

Für die Sauce

2 in Öl eingelegte Sardellenfilets, abgetropft

2 EL natives Olivenöl extra

200 g violetter Brokkoli, grob gehackt

1 Prise Chiliflocken

150 ml Gemüsebrühe (siehe Seite 12)

50 g Walnusskerne, grob gehackt

Für die Füllung in einem Mixer alle Zutaten gut vermischen. Bedeckt und gekühlt beiseitestellen.

Für die Sauce in einer Pfanne die Sardellen in dem Olivenöl 5 Minuten unter gelegentlichem Rühren zerfallen lassen. Die restlichen Zutaten (Walnusskerne zur Hälfte) hinzufügen, alles aufkochen lassen. Etwa 15 Minuten garen, bis der Brokkoli weich und die Flüssigkeit um 1 Drittel eingekocht ist.

Unterdessen für den Nudelteig auf ein großes Brett oder eine saubere Arbeitsfläche das Mehl kegelförmig schütten. In eine Mulde in der Mitte das verquirlte Ei, die gehackten Basilikumblätter und das Salz geben. Mit den Fingerspitzen arbeiten, nach und nach das Ei unter das Mehl mischen, bis ein homogener Teig entsteht. Diesen halbieren.

Mit einer Teigrolle eine Teighälfte zu einem 2 mm dicken Rechteck (35 × 23 cm) ausrollen. Die Füllung teelöffelweise in jeweils 2,5 cm Abstand voneinander auf einer Hälfte des ausgerollten Teigs verteilen. Jeweils um die Füllung herum die Teigplatte leicht mit Wasser anfeuchten. Möglichst zügig arbeiten. Die andere Teighälfte darüberschlagen, um die Füllungen herum fest andrücken und die Ravioliquadrate mit einem Teig-rädchen ausschneiden. Für Halbmondravioli aus der Teigplatte mithilfe eines runden Ausstechers oder eines Glases Kreise ausstechen, etwas Füllung auf eine Hälfte löffeln, dann die andere Seite darüberklappen. Mit einer Gabel am Rand festdrücken. Mit dem restlichen Teig und der restlichen Füllung ebenso verfahren.

In einem großen Topf mit kochendem Salzwasser die Ravioli 3 Minuten garen, bis sie an die Oberfläche steigen. Sofort mit einem Schaumlöffel in eine große Schüssel heben. Die Hälfte der Brokkolisauce und 1 Kelle Nudelkochwasser dazugeben. Sobald alle Ravioli in der Schüssel sind, die restliche Sauce darübergießen. Die *ravioli alla romana* mit dem geriebenem Parmesan oder dem Ricotta salata, den restlichen Walnusskernen und einigen Basilikumblättern bestreut servieren.

Spiedini di anguille in foglie di alloro e salsa al cren

AAL-LORBEER-SPIESSE MIT HAUSGEMACHTER MEERRETTICHSAUCE

Zu Zeiten des Römischen Reiches wurden siegreiche Militärkommandanten
mit Lorbeer bekränzt. Ein Offizier rezitierte dazu das *memento mori* – denke daran, dass du
eines Tages sterben wirst –, um daran zu erinnern, dass Ruhm vergänglich ist.
Abbassa la cresta, »Zieh mal den Hahnenkamm ein«, wie wir heute zu denen sagen würden,
die allzu sehr von sich überzeugt sind.
Es lohnt sich, für dieses Gericht frischen Meerrettich aufzutreiben, aber zur Not schmeckt
es auch mit fertig gekaufter Meerrettichsauce.

Zubereitungszeit: 15 Minuten
plus Zeit zum Marinieren

Grillzeit: 10–15 Minuten

Für 2 Personen

400 g frischer Aal, gehäutet,
ausgenommen, entgrätet, in 5 cm
lange Stücke geschnitten (erledigt
der Fischhändler)

6 EL natives Olivenöl extra

1 Knoblauchzehe, geschält

375 ml trockener Weißwein

10 schwarze Pfefferkörner

12 Lorbeerblätter

1 große Handvoll Petersilie, fein
gehackt

Für die Meerrettichsauce

4 EL frisch geriebener Meerrettich

1 EL Weißweinessig

1 TL feiner Zucker

1 EL natives Olivenöl extra

1–2 EL Semmelbrösel (siehe
Seite 262)

In einen großen Gefrierbeutel die Aalstücke gemeinsam mit dem Öl, dem
Knoblauch, dem Wein und den Pfefferkörnern geben. Kräftig schütteln
und 2 Stunden im Kühlschrank marinieren.

Unterdessen 6 Bambusstäbe in Wasser einweichen, damit sie im Ofen
nicht anbrennen.

Den Ofengrill auf höchster Stufe vorheizen.

Die Aalstücke aus der Marinade nehmen, die Flüssigkeit aufheben. Auf
jeden Spieß abwechselnd 2 Fischstücke und 2 Lorbeerblätter stecken und
alles mit der Marinade bestreichen. Die Spieße in eine große Auflaufform
legen und auf mittlerer Schiene im Ofen 10–15 Minuten grillen, bis der
Aal gar und geschwärzt ist. Nach der Hälfte der Grillzeit die Spieße wenden
und den Aal mit der Marinade bestreichen.

Unterdessen die Sauce zubereiten. Dazu in einer Schüssel den geriebenen
Meerrettich, den Essig und den Zucker mit dem Öl und den Semmelbröseln gründlich mischen.

Die fertigen *spiedini di anguille* auf Tellern anrichten, mit der gehackten
Petersilie bestreuen und dazu die Meerrettichsauce sowie nach Belieben
einen Puntarellesalat (siehe Seite 120) servieren.

Penne gratinate alla Campolattaro

PENNEGRATIN NACH ART VON CAMPOLATTARO

Ich bin immer wieder begeistert, wie aus einfachen Zutaten etwas Spektakuläres werden kann. Am 29. Juni feiern Chöre und Straßenbands das Peter-und-Paul-Fest, das in Rom ein Feiertag ist. Drinnen erfüllt das Aroma betörender Cremigkeit die Luft. Köcheln, pochieren, braten. Weich dünsten, sieben, emulgieren. Tröstliche Gesten, mit denen wir das Beste aus dem Alltag machen. Locker bleiben und dabei ein begehrenswertes Nudelgericht zaubern. Zu Hause bleiben ist das neue Ausgehen.

Zubereitungszeit: 10 Minuten

Garzeit: 45 Minuten

Für 2 Personen

2 EL natives Olivenöl extra

1 (à 100 g) Hähnchenbrust, in 1 cm breite Streifen geschnitten

15 g schwarze Trüffeln, dünn gehobelt

50 g Prosciutto, in dünne Scheiben geschnitten

2 EL Cognac

5 EL Crème double

100 g frisch geriebener Parmesan

150 g Penne Rigate

Salz

frisch gemahlener schwarzer Pfeffer

50 g Semmelbrösel (siehe Seite 262)

25 g Butter, gewürfelt (Kantenlänge 5 mm)

In einer kleinen antihaftbeschichteten Pfanne das Öl langsam erhitzen. Die Hähnchenstreifen darin unter Rühren 5–7 Minuten braten, bis das Fleisch leicht gebräunt und gar ist. Die Trüffelhobel, den Prosciutto und Cognac hinzufügen, aufkochen lassen und 5 Minuten garen, bis die Flüssigkeit verdampft ist. Die Crème double und die Hälfte des Parmesans einrühren, dann die Pfanne vom Herd nehmen.

In einem Mixer die Hälfte der Sauce glatt pürieren. Wieder in die Pfanne geben und alles gut verrühren.

Den Ofen auf 180 °C vorheizen.

In einem Topf mit kochendem Salzwasser die Penne für die Hälfte der auf der Packung angegebenen Garzeit kochen. Dann abgießen und in eine kleine Auflaufform füllen. Die Sauce darübergießen, salzen und pfeffern und alles gut vermengen. Mit den Semmelbröseln und dem restlichen Parmesan bestreuen, die Butterwürfel darauf verteilen.

Im Ofen den Auflauf 30 Minuten backen, bis die Kruste goldbraun und knusprig ist. Abschließend die *penne gratinate* 10 Minuten ruhen lassen, dann mit einem grünen Salat servieren.

Seppioline piselli, avocado e pomodoro

TINTENFISCH MIT ERBSEN, AVOCADO & TOMATEN

Dieses pikante Gericht ermöglicht Unterhaltungen, von denen man ohne das Essen als Bindeglied nicht einmal träumen würde. Dieses Wunder geschieht, wenn man gemeinsam isst: Es herrscht eine besonnene und fast feierliche Atmosphäre, man ist gleichzeitig begierig zuzuhören und sich einzubringen. Man teilt einen intimen Augenblick und öffnet sich einander. Das Leben mag ein Spiel sein, aber beim Abendessen ... da wird es ernst.

Zubereitungszeit: 15 Minuten plus Zeit zum Marinieren

Garzeit: 1 Stunde 25 Minuten

Für 4 Personen beim Doppeldate

1 kg Tintenfisch (Sepia oder Kalmar), gesäubert, die Tentakel getrennt (erledigt der Fischhändler)

3 EL natives Olivenöl extra

Saft von 1 Zitrone

1 kleine Handvoll Petersilie, sehr fein gehackt

1 kleine Handvoll Koriander, sehr fein gehackt

1 rote Zwiebel, fein gehackt

1 Knoblauchzehe

1 Stange Staudensellerie, geputzt und fein gehackt

100 ml trockener Weißwein

300 g Kirschtomaten, halbiert

Salz

350 g Erbsen, TK-Ware

500 ml Gemüsebrühe (siehe Seite 12)

1 Avocado, entsteint, gewürfelt (Kantenlänge 1 cm)

½ TL Tabascosauce

Ein großes Kochmesser in eine Tintenfischtube schieben und mit der Tube auf ein Schneidbrett flach hinlegen. Mit einem zweiten Messer die Tube drei Mal einschneiden, als ob man sie in Ringe schneidet (das durchgesteckte Messer verhindert das Durchschneiden). Das Messer mit der Tube wenden und auch von der anderen Seite einschneiden. Mit den restlichen Tuben ebenso verfahren.

In einen großen Gefrierbeutel die vorbereiteten Tintenfischtuben und die Tentakel gemeinsam mit der Hälfte des Olivenöls, mit dem Zitronensaft, der Petersilie und dem Koriander geben. Kräftig schütteln, damit sich alles gut verteilt. Im Kühlschrank 2 Stunden marinieren.

In einer großen antihaftbeschichteten Pfanne das restliche Öl sanft erhitzen. Die Zwiebel, den Knoblauch und den Sellerie darin unter Rühren 10 Minuten glasig dünsten. Den Tintenfisch aus der Marinade und gemeinsam mit dem Wein und den Tomatenhälften in die Pfanne geben. Alles stark aufkochen lassen und unter Rühren 15 Minuten kochen, bis die Flüssigkeit vollständig verdunstet ist. Die Knoblauchzehe entsorgen.

Anschließend die Temperatur herunterregeln, alles salzen und die Erbsen gemeinsam mit der Brühe in die Pfanne geben. Unter gelegentlichem Rühren 45 Minuten sehr sanft köcheln, dann die Avocadostücke und den restlichen Zitronensaft einrühren. Alles weitere 15 Minuten köcheln, bis die Sauce dick und der Tintenfisch weich ist.

Den Tintenfisch vom Herd nehmen und etwas abkühlen lassen, dann die Tabascosauce unterrühren. Mit den restlichen frischen Kräutern bestreuen und die *seppiolline* mit einem trockenen Weißwein wie Soave oder Pinot Grigio servieren.

Etwaige Reste halten sich bis zu 3 Tage im Kühlschrank.

Kapitel 7 ABENDESSEN: #FOODHAPPINESS

Manchmal wird Italien zum Schlaraffenland ernannt, wo Wohlstand, Überfluss und Erfüllung allen zur Verfügung stehen. Es ist einfach, daran zu glauben – man träume einfach weiter mit geschlossenen Augen.

Ein mächtiger Zauber entsteht zwischen Menschen, die eine Mahlzeit miteinander teilen. Persönliche Geschichten vermischen sich und schwirren kühn über den Tisch, während die Gäste ihre Pasta genießen. Vielleicht kommt das daher, dass sie ein Ritual wiederholen, das mit der Geschichte des Gerichts selbst in Verbindung steht. Ich weiß immer gern über die Herkunft meiner Gerichte Bescheid, und deswegen bemühe ich mich an meinem Tisch um Authentizität und zolle der Tradition Tribut. Im gemeinsamem Mahl liegt eine gewisse Ehrlichkeit und sicherlich können wir dabei am direktesten mit unseren Liebsten in Verbindung treten. Jeder ist am Esstisch mehr er selbst. Essen wir gemeinsam, so ist unsere Zeit in Gesellschaft bestimmter Menschen bestens genutzt.

Dabei geht es nicht einfach nur um den fast unvermeidlichen Fleck auf dem Tischtuch nach einem guten *pollo alla Romana* (Römisches Hähnchen, siehe Seite 179). Vor allem öffnen wir uns den anderen gegenüber. Oft geschieht das unbewusst, aber ich glaube, unserer Seele entgeht es nicht. Je mehr die Zutaten dem innersten Wesen des Gerichts entsprechen, desto eher berührt es uns im Inneren. Und darum geht es bei #foodhappiness: dieses Lächeln auf den Gesichtern, die gespannte Erwartung beim Auftischen eines vielversprechenden Gerichts. Es geht um die besinnliche Pause, die überwältigende Versenkung, die erregte Erwartung – #foodhappiness bringt das Beste in uns zum Vorschein.

Es ist auch eine Art Kunst, aber bitte verwechseln Sie das nicht mit der Angewohnheit mancher Chefköche, ihre schicken Gerichte in vielen kleinen Schüsseln zu servieren. Nein, ich meine eine andere Kunst: die bestechende Kunst des *arrangiarsi*, des Sich-Behelfens – ein köstliches Essen aus nur drei Zutaten oder Resten zu zaubern. In den 1970er-Jahren zeichneten Maler um Mario Schifano und Renato Guttuso auf den Papiertischtüchern ihrer Trattoria, die sie als persönliche Kantine nutzten. Im Austausch für diese Skizzen bekamen sie Pasta, Wein und die ewige Dankbarkeit des Wirts dafür, dass sie seinem Restaurant Aufschwung verliehen hatten. In diesem Kapitel begegnen wir der Vergangenheit und hauchen ihr neue Werte ein.

Pollo alla Romana con peperoni

RÖMISCHES HÄHNCHEN MIT PAPRIKA

Sora Lella ging jeden Tag auf den Markt am Campo dei' Fiori. Selbst wenn der Händler ihr versicherte: *»È speciale!«*, »Das ist ein bisschen speziell«, probierte sie jede Zutat und kaufte eine ganze Kiste, wenn das Produkt ihr gefiel. Zurück in ihrem Restaurant auf der Isola Tiberina bereitete sie daraus klassische römische Gerichte: »In Rom sollte man Hähnchen nur auf die römische Art essen!« Das Besondere an diesem Gericht ist das süß-saure Aroma, das aus der Kombination aus Paprika und Hähnchen entsteht. Meine persönliche Note dabei ist die Zugabe kräftiger schwarzer Oliven und gehobelter Mandeln. Eine fesselnde knusprige Köstlichkeit und ein unvergessliches kulinarisches Erlebnis.

Zubereitungszeit: 10 Minuten

Garzeit: 45 Minuten

Für 6 Personen

4 EL natives Olivenöl extra

1 große Zwiebel, fein gehackt

1 (à 2 kg) Hähnchen aus Freilandhaltung, zerlegt, oder die entsprechende Menge Hähnchenfleisch

Salz

frisch gemahlener schwarzer Pfeffer

120 ml Weißwein

500 g kleine Flaschentomaten oder große Rispentomaten, fein gehackt

1 große rote Paprika, Scheidewände und Samen entfernt, in feine Streifen geschnitten

1 große grüne Paprika, Scheidewände und Samen entfernt, in feine Streifen geschnitten

1 große gelbe Paprika, Scheidewände und Samen entfernt, in feine Streifen geschnitten

80 g schwarze entsteinte Oliven

1 Handvoll Basilikumblätter

50 g gehobelte Mandelkerne

In einem Topf in der Hälfte des Öls die Hälfte der gehackten Zwiebel in 3–4 Minuten langsam dünsten, bis die Zwiebelstücke gebräunt sind.

In den Topf das Hähnchenfleisch geben und mit etwas Salz und Pfeffer bestreuen. Unter gelegentlichem Rühren 10 Minuten braten, bis das Fleisch rundherum leicht gebräunt ist. Mit dem Wein ablöschen, alles sprudelnd aufkochen und verdampfen lassen, dann die Hälfte der Tomaten hinzufügen. Die Temperatur herunterregeln und 30 Minuten sanft köcheln lassen, bis das Fleisch zart und gar ist. Für die Garprobe ein großes Stück mit einem Messer mittig einschneiden – es sollte nicht mehr rosa sein.

Unterdessen in einem zweiten, großen Topf in dem restlichen Öl die restlichen Zwiebelstücke bräunen. Die Paprikastreifen hinzufügen und unter Rühren 5 Minuten braten, bis sie weich sind. Dann die Oliven, die Basilikumblätter und die restlichen Tomaten hinzufügen. Alles 30 Minuten leicht köcheln lassen, während das Hähnchen schmort.

Den Hähnchen- und den Paprikatopf vom Herd nehmen. In eine große Servierschüssel beide Inhalte zusammenschütten und vorsichtig vermischen. Leicht abkühlen lassen, dann das *pollo alla Romana* mit den Mandelblättchen bestreut servieren.

Pasta cacio, pepe e cozze

NUDELN MIT KÄSE, PFEFFER & MIESMUSCHELN

Früher ließ ich mich immer davon abschrecken, Miesmuscheln säubern zu müssen – dabei ist es nicht so schwer. Die Miesmuscheln aus Langleinenzucht, die man auch in gut sortierten Supermärkten (meist luftdicht verschweißt) bekommt, sind bereits schon ziemlich sauber. Spülen Sie sie einfach unter fließendem kaltem Wasser ab und entfernen Sie verbliebene Bärte, wie die zähen Fäden genannt werden, die außen an den Muscheln kleben. Störrische Exemplare mit Küchenpapier festhalten und den Bart kräftig nach unten abziehen. Weit geöffnete Muscheln gegen eine andere Muschel klopfen, *klack, klack, klack*. Die Muschel sollte sich langsam schließen. Wenn nicht, ist sie bereits tot. In diesem Fall die Muschel entsorgen.

Zubereitungszeit: 20 Minuten

Garzeit: 15 Minuten

Für 4 Personen

3 EL natives Olivenöl extra

1 Knoblauchzehe, geschält

1 große Handvoll glatte Petersilie, fein gehackt

1 Handvoll Dill, fein gehackt

700 g Miesmuscheln aus Lang-leinenzucht, sortiert, gesäubert und die Bärte entfernt (siehe oben)

400 g Farfalle oder Pappardelle

Salz

150 g sehr fein geriebener Pecorino Romano

frisch gemahlener schwarzer Pfeffer

100 g geröstete Erdnusskerne

In einer antihaftbeschichteten großen Pfanne 2 EL Olivenöl bei mittlerer Temperatur erhitzen. Die Knoblauchzehe darin 2–3 Minuten bräunen, dann herausnehmen und entsorgen.

In dieselbe Pfanne die Hälfte der gehackten Petersilie sowie des Dills gemeinsam mit den Muscheln geben. Auf mittlere Temperatur erhöhen und die Muscheln bei geschlossenem Deckel etwa 5 Minuten garen, bis sie sich vollständig geöffnet haben.

Die Muscheln über einem Sieb abgießen. Eine Schüssel darunterstellen und so den Sud auffangen. Alle Muscheln entsorgen, die sich nicht geöffnet haben. Nach Belieben entweder das Muschelfleisch aus den Schalen lösen und die Schalen entsorgen oder das Fleisch in den Schalen belassen.

In einem großen Topf mit leicht gesalzenem kochenden Wasser die Nudeln etwa 2 Minuten kürzer als auf der Packung angegeben kochen.

Während die Nudeln kochen, den geriebenen Pecorino mit etwa 1 Kelle vom Muschelsud vermischen und mit dem Pürierstab zu einer cremigen Sauce verarbeiten. Mit Pfeffer würzen und beiseitestellen. In einem Topf den restlichen EL Olivenöl langsam erhitzen, dann den Muschelsud angießen und 1 Minute erhitzen lassen, bis alles leicht eingedickt ist.

Die Nudeln nach der verkürzten Garzeit abgießen, dabei 4 Kellen Nudel-kochwasser abnehmen und in den Topf mit dem Muschelsud geben. Die garen Muscheln, die Pecorinosauce und die Erdnüsse in den Topf geben und alles mit den restlichen Kräutern bestreuen. Nach und nach unter Rühren das Nudelwasser dazugießen, bis die Sauce dick und cremig ist. Großzügig pfeffern und servieren.

Braciole di maiale con panuntelle

SCHWEINEKOTELETTS
MIT GERÖSTETEM LANDBROT

Zubereitungszeit: 10 Minuten
plus Zeit zum Marinieren

Garzeit: 40 Minuten

Für 6 Personen

6 Schweinekoteletts mit Schwarte

6 EL natives Olivenöl extra

3 Knoblauchzehen, geschält

1 kleine Handvoll Rosmarinblätter, plus Rosmarinzweige zum
Garnieren

2 EL Zitronensaft

375 ml trockener Weißwein

15 schwarze Pfefferkörner

4 Wacholderbeeren

6 Scheiben Landbrot

2 Salatgurken, Enden gekappt,
in dünne Scheiben geschnitten

Salz

frisch gemahlener schwarzer
Pfeffer

Für den Salat

250 g Pastinaken, geschält

250 g junge Rote Bete, geschält
(Einmalhandschuhe tragen)

2 säuerliche, wasserhaltige Kochäpfel (etwa Bramley), geschält

1 EL natives Olivenöl extra

Für das Dressing

150 ml Naturjoghurt

1 EL Weißweinessig

Saft von ½ Zitrone

1 kleine Handvoll Dill

2 EL natives Olivenöl extra

Ein einfaches, aber hocharomatisches Rezept für Schweine-
koteletts. *Panuntella* bedeutet »fettgetränktes Brot«: Die
Schweinekoteletts sollten eine schöne Schwarte haben (beim
Metzger bestellen). Ihr Fett tropft beim Garen auf frisches
Landbrot. Servieren Sie dazu einen farbenfrohen Wintersalat,
je frischer, desto besser.

In einen großen Gefrierbeutel die Koteletts gemeinsam mit dem Öl, dem
Knoblauch, Rosmarin, Zitronensaft, Wein, den Pfefferkörnern und den
Wacholderbeeren geben. Kräftig schütteln, bis das Fleisch gründlich mit
der Mischung überzogen ist, und 1 Stunde im Kühlschrank marinieren.

Den Ofen auf 200 °C vorheizen.

Unterdessen für den Salat die Pastinaken und die Rote Bete in Spalten
schneiden. Von den Äpfeln das Kerngehäuse entfernen, die Äpfel in Spalten
schneiden. Auf einem großen Blech die Pastinaken-, Rote-Bete- und die
Apfelspalten gleichmäßig verteilen, großzügig mit Olivenöl beträufeln und
etwa 25 Minuten im Ofen backen, bis alles weich ist. Dabei das Gemüse
nach der Hälfte der Backzeit wenden. Aus dem Ofen nehmen, salzen und
pfeffern, abkühlen lassen.

Den Ofengrill auf höchster Stufe vorheizen.

Für das Dressing in einer kleinen Schüssel alle Zutaten verrühren. Mit Salz
und Pfeffer abschmecken.

Die Koteletts aus der Marinade nehmen und auf einem Grillrost unter den
heißen Grill schieben. Die Brotscheiben in eine feuerfeste Auflaufform
legen und unter die Koteletts stellen, damit sie den köstlichen Bratensaft
auffangen. In 15 Minuten goldbraun und gar grillen, dabei Koteletts und
Brot nach der Hälfte der Grillzeit wenden.

Die Koteletts und die *panuntelle* aus dem Ofen nehmen. Die Gurken-
scheiben auf den Broten verteilen, dann die Koteletts darauflegen und mit
je 1 Rosmarinzweig garnieren. Salzen und pfeffern. Den Salat mit dem
Dressing anmachen und zu Koteletts und Brot servieren.

Tesoro di riso e sogliole con salsa al prosecco

REIS-ROTZUNGE-TIMBALE MIT PROSECCOSAUCE

Dieses extravagante Gericht erregt garantiert Aufsehen – Wow-Faktor inklusive.
Mit einem *timballo* (Timbale, auch rundliche Pastete) wird aus jedem Abend ein großer Abend.
Bitten Sie Ihren Fischhändler, die Gräten aufzuheben, wenn er die Rotzungenfilets
küchenfertig macht, da sie der Brühe ein herrliches Aroma verleihen.

Zubereitungszeit: 10 Minuten

Garzeit: 1 Stunde 15 Minuten

Für 10 Personen

Für die Brühe
1 Karotte
1 Stange Staudensellerie, geputzt
1 große Zwiebel
1 Handvoll Petersilie
Salz

Olivenöl zum Einfetten
100 g Butter
1 Schalotte, in feine Ringe
geschnitten
700 g Risottoreis (Carnaroli
oder Arborio)
Salz
200 g frisch geriebener Parmesan
½ TL weißer Pfeffer
100 g Mehl, Type 405 oder 550
1 TL frisch geriebene Muskatnuss
300 ml saure Sahne extra (alternativ Schmand mit etwas Crème fraîche angedickt)
500 ml Prosecco
7 (à 100 g) Rotzungenfilets
frisch gemahlener schwarzer Pfeffer
Zesten von 1 unbehandelten Orange
Zesten von 1 unbehandelten Zitrone

Für die Brühe in einem großen Topf mit 3 l Wasser die Karotte, den Sellerie, die Zwiebel und die Petersilie zusammen mit allen Gräten (siehe oben) großzügig salzen. Bei mittlerer Temperatur etwa 30 Minuten köcheln lassen, bis die Brühe um 1 Drittel eingekocht ist. Warm halten.

Unterdessen Ofen auf 200 °C vorheizen. Eine antihaftbeschichtete Bundform (alternativ eine Gugelhupfform) mit Olivenöl einfetten.

In einem Topf mit Sandwichboden etwa 10 g Butter zerlassen und die Schalottenstücke darin bei mittlerer Temperatur in 10 Minuten weich dünsten. Den Reis hineingeben und unter Rühren 2–3 Minuten durchscheinend dünsten, dann 1 Kelle heißer Brühe angießen. Großzügig salzen und unter Rühren weiterkochen, bis die gesamte Brühe aufgesogen wurde. Unter ständigem Rühren die Brühe Kelle für Kelle zufügen, dabei stets warten, bis die Brühe vollständig aufgesogen wurde. So lange fortfahren, bis die Reiskörner keinen hellen Kern mehr haben und weich, aber noch bissfest sind. Das dauert etwa 15 Minuten.

Den Topf vom Herd nehmen und unter den Reis den Parmesan, reichlich Pfeffer und etwa 20 g Butter rühren. Beiseitestellen.

In einem zweiten kleinen Topf die restlichen 70 g Butter zerlassen und mit dem Schneebesen das Mehl einrühren, so dass eine Mehlschwitze entsteht. Unter ständigem Rühren langsam die Muskatnuss, die saure Sahne, den Prosecco und so viel Brühe angießen, dass eine glatte, helle Sauce entsteht. Diese 5 Minuten leicht einreduzieren lassen, dann vom Herd nehmen und beiseitestellen.

In der Kuchenform die Rotzungenfilets so verteilen und andrücken, dass sie oben etwas überhängen. Kräftig salzen und pfeffern. Den Risotto mit einem Löffelrücken möglichst fest in die Form drücken. Dann die Hälfte der Proseccosauce darübergießen. Die überhängenden Filetstücken einklappen. Die Timbale im Ofen 15–20 Minuten backen, bis sie leicht goldbraun und fest ist.

Aus dem Ofen nehmen und 30 Minuten ruhen lassen, dann vorsichtig auf eine Servierplatte stürzen. Bestreut mit Zitruszesten mit der restlichen *salsa al prosecco* servieren.

Porchetta di Ariccia e cavoli trascinati

SCHWEINEBRATEN NACH ARICCIA-ART MIT »GEZOGENEM« WIRSING

In Rom sieht man alle möglichen Menschen in fast widersprüchlichen Paarungen: den Vagabunden mit dem Prinzen, den Anwalt mit dem Metzger, den Floristen mit der geheimnisvollen Dame, die immer ganz in Schwarz gekleidet ist. Vielleicht liegt es an der milden Luft oder an der Wesensart der Römer, die sich kaum von etwas aus der Ruhe bringen lassen. Man muss sich nur einmal ansehen, wie die meisten von ihnen laufen – *trascinati*, als würden sie von einer unsichtbaren Kraft mitgezogen werden, in einer Art energischen Trägheit. *Porchetta* gehört zu den Gerichten, die einige Tage nach der Zubereitung sogar noch besser schmecken. Es kann in Scheiben als Hauptgericht serviert werden, doch in Rom isst man es meistens in einem Sandwich vom Straßenhändler. Nachdem ich dieses Rezept mehrmals ausprobiert hatte – und sowohl mein Ofen als auch meine Haare stark rochen –, fand ich endlich heraus, wie man das Beste aus diesem Gericht macht und gleichzeitig weder den Ofen einsaut noch das Make-up zerstört. Ein Wort noch zum Wirsing: Die Kombination von Kohl mit dem köstlichsten, zartesten Schweinefleisch macht mich glücklich. *Porchetta* und Wirsing – eine Liebe sündhafter Genüsse.

Zubereitungszeit: 30 Minuten

Garzeit: 2 Stunden 30 Minuten

Für 10 Personen

1,3 kg Schweinebauch, küchenfertig, mit Schwarte

1 kleine Handvoll Rosmarin

1 große Handvoll Salbei, gehackt

2 TL getrockneter Oregano

1 EL Fenchelsamen

2 TL frisch geriebene Muskatnuss

Salz

frisch gemahlener schwarzer Pfeffer

2 kg Schweinelende ohne Knochen

5 EL natives Olivenöl extra

Den Schweinebauch mit der Hautseite nach oben auf ein Schneidbrett legen. Mit einem scharfen Messer den Bauch parallel zum Brett längs aufschneiden, jedoch nicht ganz durchschneiden. Den Schweinebauch wie ein Buch aufklappen, dann mit einem Drittel der Kräuter und Gewürze einreiben, großzügig salzen und pfeffern.

Die Schweinelende in die Mitte des Schweinebauchs legen, salzen und pfeffern und mit einem weiteren Drittel der Kräuter und Gewürze einreiben. Den Schweinebauch um die Lende zu einer Rolle wickeln, mit Küchengarn fest zusammenbinden. Mit einem sehr scharfen Messer die Haut mehrmals diagonal einschneiden, dann alles in mehrere Lagen Frischhaltefolie wickeln und erneut fest mit Küchengarn fixieren.

In einem großen Schmortopf Salzwasser aufkochen, dann die Temperatur reduzieren, bis das Wasser nur noch siedet. Die *porchetta* hineinlegen und bei geschlossenem Deckel 1 Stunde köcheln lassen. Anschließend die *porchetta* vorsichtig aus dem Wasser heben und 10–15 Minuten abkühlen lassen.

Auf dem Boden einer großen Auflaufform das Olivenöl und die restlichen Kräuter und Gewürze verteilen. Den Ofen auf 200 °C vorheizen.

Sobald die *porchetta* abgekühlt ist, die Folie entfernen. Den Braten in der Auflaufform 1 Stunde im Ofen braten, bis die Haut kross und goldbraun ist. Aus dem Ofen nehmen und 30 Minuten abkühlen lassen.

Für den Wirsing

1 Kopf Wirsing, geputzt

Salz

10 kleine neue Kartoffeln

100 ml natives Olivenöl extra

2 Knoblauchzehen, geschält

3 helle Landbrotscheiben,
gewürfelt (Kantenlänge 1 cm)

Unterdessen für den Wirsing 10 große äußere Blätter vom Wirsingkopf beiseitelegen (sie dienen später als Teller). Den restlichen Kohl grob in 2 cm große Stücke schneiden.

In einem großen Topf mit kochendem Salzwasser die Kartoffeln 5 Minuten garen, dann die Wirsingstücke und -blätter hinzufügen, gemeinsam 5 Minuten kochen. Die ganzen Wirsingblätter in Eiswasser abschrecken, trocken tupfen und beiseitelegen. Den restlichen Inhalt des Topfes abgießen und abkühlen lassen.

Wenn die Wirsingstücke lauwarm abgekühlt sind, das überschüssige Wasser mit den Händen ausdrücken. Mit den Händen 10 gleich große Kugeln aus den Stücken formen. Die Kartoffeln pellen und in 5 mm große Stücke schneiden.

In einer großen Pfanne das Öl bei mittlerer Temperatur erwärmen. Die Knoblauchzehen darin unter Rühren in 5 Minuten goldbraun braten. Den Knoblauch herausnehmen und entsorgen. In derselben Pfanne die Brotwürfel 3 Minuten leicht anbräunen, dann die Wirsingkugeln und Kartoffelstücke dazugeben und unter gelegentlichem Rühren bei mittlerer Temperatur 15 Minuten schmoren. Salzen, die Pfanne vom Herd nehmen.

In die Mitte der beiseitegelegten Wirsingblätter jeweils Wirsingkugeln und geröstete Kartoffelstücke setzen. Die *porchetta* in dicke Scheiben schneiden und gemeinsam servieren.

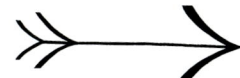

Maccheroni alla Gricia con carciofi, zucchine e ricotta salata

MACCHERONI MIT ARTISCHOCKEN, ZUCCHINI & RICOTTA SALATA

Ich bin vor Überraschung fast umgekippt, als ich herausfand, dass dieses Rezept, Vorläufer der Amatriciana (rechte Seite), fast 1000 Jahre alt ist. In alten Zeiten verkaufte die Landbevölkerung ihren Käse auf dem Markt. Nicht verkaufter Ricotta wurde getrocknet und gesalzen, damit er länger hielt. Diesen Ricotta salata, den man heute in den meisten italienischen Feinkostgeschäften findet, aßen sie dann zu ihren Nudeln. Diese Sauce kann zu zähem Matsch werden, wenn man nicht aufpasst – reiben Sie daher den Ricotta unbedingt so fein wie möglich.

Zubereitungszeit: 25 Minuten

Garzeit: 35–45 Minuten

Für 6 Personen

3 Zucchini, die Enden gekappt

100 ml Pflanzenöl

3 EL natives Olivenöl extra

1 Knoblauchzehe, geschält

1 Handvoll Minze, fein gehackt

5 frische kleine Artischocken, geputzt (siehe Seite 13), in 1 cm dicke Scheiben geschnitten (alternativ 200 g Artischockenherzen aus der Dose)

20 schwarze Pfefferkörner

250 g *guanciale* (siehe Tipp Seite 193), gewürfelt (Kantenlänge 5 mm)

Salz

500 g Calamarata, Garganelli oder Maccheroni

160 g Ricotta salata dura, gerieben (alternativ frisch geriebener Parmesan)

Die Zucchini der Länge nach in feine Scheiben schneiden. Diese in etwa 5 cm lange Stifte schneiden, mit Küchenpapier trocken tupfen.

In einer großen antihaftbeschichteten Pfanne oder in einer Fritteuse das Pflanzenöl auf 180–190 °C erhitzen (Probe: ein Brotwürfel sollte in 30 Sekunden darin bräunen). Die Zucchinistifte vorsichtig in das heiße Öl gleiten lassen und in 5–6 Minuten knusprig frittieren. Aus dem Öl heben, auf Küchenpapier entfetten und salzen, beiseitestellen.

In einem kleinen Topf das Olivenöl langsam erhitzen. Den Knoblauch, die Minze und die Artischocken darin 5 Minuten garen (bei frischen Artischocken anschließend 1 Kelle kochendes Wasser hinzufügen und diese in weiteren 5–10 Minuten weich dünsten).

In einer kleinen antihaftbeschichteten Pfanne die Pfefferkörner bei mittlerer Temperatur 5 Minuten rösten, dann herausnehmen und (mit einer großen Messerklinge oder im Mörser) grob zerstoßen.

Eine Pfanne mit Sandwichboden oder eine gusseiserne Pfanne erhitzen, die Speckwürfel (*guanciale*) hineingeben und unter gelegentlichem Rühren im eigenen Fett in 10 Minuten knusprig braten.

In einem großen Topf mit kochendem Salzwasser die Nudeln nach Packungsanleitung al dente garen. Abgießen, dabei 150 ml Nudelkochwasser aufheben.

Im Mixer den geriebenen Ricotta salata etwa 10 Sekunden so fein wie möglich zerkleinern. In einer kleinen Schüssel den Käse mit 1 Kelle Nudelkochwasser und der Hälfte der zerstoßenen Pfefferkörner verrühren, bis eine cremige Sauce entsteht.

In einer großen Servierschüssel die Nudeln und die Artischocken vermischen, dann mit der cremigen Käsesauce übergießen. Alles vermengen und noch 1 Kelle Nudelwasser für eine samtige Sauce hinzufügen. Abschließend den knusprig gebratenen Speck unterrühren und darauf die frittierten Zucchinistifte sowie die restlichen Pfefferkörnern streuen, servieren.

Pasta all'Amatriciana
NUDELN MIT AMATRICIANA

Dieses Meisterwerk der römischen Küche – garniert mit *guanciale* (luftgetrockneter Speck)
aus der Schweinebacke – erinnert mich an ein beliebtes römisches Lied. Man kann
am Freitagabend in eine beliebige Osteria in den Außenbezirken der Stadt schauen und sieht
stets ein ähnliches Bild: Römer aller Altersstufen, kochend heiße Pasta all'Amatriciana, ein
strohumwickelter *fiasco* (Korbflasche) und das im Chor gesungene *La Società dei Magnaccioni* –
die Gesellschaft der Vielesser:

La società de li magnaccioni,	Das ist die Gesellschaft der Vielesser,
La società de la gioventù,	Das ist die Gesellschaft der Jugend,
A noi ce piace de magnà c beve,	Wir essen und wir trinken gern,
E nun ce piace de lavorà.	Und wir arbeiten nicht gern.

Zubereitungszeit: 5 Minuten

Garzeit: 35 Minuten

Für 6 Personen

250 g *guanciale* (siehe Tipp),
gewürfelt (Kantenlänge 5 mm)

500 g Flaschentomaten

2 EL natives Olivenöl extra

1 Thymianzweig

1 kleine Bananenschalotte, in feine
Ringe geschnitten

½ TL feiner Zucker

1 Prise Chiliflocken

Salz

500 g Bucatini, Rigatoni oder
Mezze Maniche

250 g frisch geriebener Pecorino
Romano

Eine Pfanne mit Sandwichboden oder eine gusseiserne Pfanne erhitzen,
die Speckstücke hineingeben und unter gelegentlichem Rühren im eigenen Fett in 10 Minuten knusprig braten.

Unterdessen die Tomaten mit kochendem Wasser überbrühen und etwa
5 Minuten darin ziehen lassen. Dann die Tomaten am Stielende kreuz-
förmig einritzen und die Haut abziehen.

In einer weiteren großen antihaftbeschichteten Pfanne das Olivenöl
gemeinsam mit dem Thymian sanft erhitzen. Die Schalotte darin unter
Rühren 5 Minuten weich dünsten, dann die gehäuteten ganzen Tomaten
hinzufügen und mit dem Rücken eines Kochlöffels komplett zerdrücken.
Den Zucker und die Chiliflocken unterrühren. Alles bei geringer bis
mittlerer Temperatur etwa 15 Minuten köcheln lassen, bis die Sauce
eingedickt ist und die Aromen sich verbunden haben.

Unterdessen in einem großen Topf mit kochendem Salzwasser die Nudeln
nach Packungsanleitung al dente garen, dann abgießen. Dabei 1 große
Tasse Nudelwasser auffangen.

Die fertig gegarten Nudeln mit der Hälfte des knusprigen Specks und
des ausgetretenen Fetts in dic Tomatensauce geben. Alles gut vermengen,
dabei etwas Nudelkochwasser und weiteres Fett hinzufügen. Die Pasta-
sauce sollte flüssig und samtig sein. Nudeln und Sauce in eine Servierschüssel füllen, mit dem Pecorino und dem restlichen *guanciale* bestreut
sofort servieren.

Tipp: Statt *guanciale* kann Pancetta durchaus besser erhältlich sein und
kann hier alternativ verwendet werden.

Coniglio brodettato della vendemmia con uva e olive

KANINCHENRAGOUT MIT TRAUBEN & OLIVEN

Es ist September. Erntezeit. Die richtige Zeit, um den *novello* zu probieren, einen leichten, fruchtigen jungen Wein, der im Oktober auf den Markt kommt, oder vielleicht den *sincero*, was so viel bedeutet wie »aufrichtig« und von dem man einen Schwips bekommt, bevor man es merkt. Ein *novello* kann zu einer einfachen Mahlzeit getrunken werden oder mir beim Kochen helfen. Römischer Wein kostet kein Vermögen. Ich habe beim Kochen immer eine Flasche in Reichweite beim Öl und Essig. Er stammt aus der Region um Rom, wo einst die Etrusker ihre Zivilisation aufbauten, aus Orten wie Frascati, Tarquinia oder Cerveteri. Dort wurde übrigens bei einer Ausgrabung im 19. Jahrhundert der Sarcofago degli Sposi gefunden, ein antiker Terrakotta-sarkophag in Form eines Paares, das bei einem Bankett zu Tisch liegt.

Zubereitungszeit: 10 Minuten

Garzeit: 1 Stunde

Für 6 Personen

4 EL natives Olivenöl extra

1 (à 1,5 kg) Kaninchen, küchenfertig, in 8 Teile zerlegt

1 große Zwiebel

1 Knoblauchzehe, zerdrückt

2 Lorbeerblätter, plus frische
Lorbeerblätter zum Garnieren

1 Handvoll Salbei, grob gehackt

Salz

frisch gemahlener schwarzer
Pfeffer

120 ml junger Rotwein

150 g entsteinte schwarze Oliven

etwa 250 ml Gemüsebrühe (siehe
Seite 12)

100 g rote kernlose Weinbeeren

60 g Wilde Rauke, plus Blätter
zum Garnieren

In einem großen Topf mit Sandwichboden das Öl langsam erhitzen. Die Kaninchenstücke darin in 10 Minuten leicht goldbraun braten, dabei nach der Hälfte der Garzeit wenden.

In denselben Topf die Zwiebel, den Knoblauch, die Lorbeerblätter und den Salbei geben, alles salzen und pfeffern. Unter Rühren 10 Minuten dünsten, bis die Zwiebel weich ist, dann mit dem Wein ablöschen. Die Oliven hineingeben und alles aufkochen lassen. Bei geöffnetem Deckel das Kaninchenragout 30–35 Minuten köcheln lassen, dabei gelegentlich umrühren und ab und zu 1 Kelle Gemüsebrühe angießen, wenn zu wenig Flüssigkeit vorhanden ist.

Die Weinbeeren sowie die Raukeblätter vorsichtig unterrühren und weitere 10 Minuten kochen lassen, bis das Ragout dick und glänzend aussieht. Das Fleisch sollte vom Knochen fallen.

Zum Servieren 1 Handvoll Raukeblätter in einer ovalen Servierschüssel verteilen. Das Ragout darübergeben und mit einigen weiteren Rauke-blättern garnieren. Ein Ende der Servierschüssel mit frischen Lorbeer-blättern dekorieren, so dass das Kaninchenragout eine »Krone« hat. Dazu einen einfachen grünen Salat und reichlich Brot zum Tunken der Sauce servieren.

Ribollita Laziale
RIBOLLITA AUS DEM LATIUM

Diese Suppe ist ein Paradebeispiel für die *cucina povera*, die regionale Bauernküche. Sie wurde ursprünglich aus Gemüseresten gekocht. Mit den knackigen Wasserkastanien dazu sprengt meine Version die Norm. Die Zubereitung dauert eine Weile, ist aber nicht weiter kompliziert. Damit die Suppe ein kräftigeres Aroma bekommt, bitten Sie Ihren Metzger um ein paar Rinderknochen oder Schweineschwarte, die Sie mit den Bohnen kochen können. Einfach alles waschen, hacken und in einen Topf werfen – Kochen ist Meditation. Mehr als nur eine Suppe!

Zubereitungszeit: 20 Minuten plus Zeit zum Einweichen (über Nacht)

Garzeit: 2 Stunden

Für 8 Personen

250 g weiße Bohnen

1 TL Natron

1 (à etwa 500 g) Knochen aus einer Rinderhachse oder Schweineschwarte (nach Belieben)

1 große Karotte

1 große Zwiebel

1 Stange Staudensellerie, geputzt

1 Stange Lauch, Enden gekappt

250 g Grünkohl, Blätter getrennt

250 g Blumenkohl, Strunk entfernt, in kleine Stücke geschnitten

2 große festkochende Kartoffeln

200 g Mangold, geputzt

250 g Wirsing, Strunk entfernt

250 g *cavolo nero* (Schwarzkohl), geputzt

4 EL natives Olivenöl extra

150 g geschälte Tomaten aus der Dose

1 Bouquet garni (Kräutersträußchen, mit Küchengarn zusammengebunden) mit Thymian-, Rosmarin-, Salbei- und Lorbeerblättern

200 g Wasserkastanien, aus der Dose, grob gehackt

Salz

frisch gemahlener schwarzer Pfeffer

200 g Landbrot, in 8 Scheiben geschnitten

Die Bohnen in einer großen Schüssel mit Wasser bedecken und das Natron hinzufügen. Über Nacht einweichen.

Am Folgetag die eingeweichten Bohnen gründlich abspülen und abtropfen lassen. In einem großen Schmor- oder Suppentopf 2 l Wasser zum Kochen bringen. Die abgetropften Bohnen sowie die Rinderknochen oder die Schweineschwarte hinzufügen, falls verwendet. Das Ganze bei geschlossenem Deckel 1 Stunde kochen lassen. Anschließend die Bohnen mit einem Schaumlöffel aus dem Topf nehmen, den Sud beiseitestellen. Die Knochen oder die Schwarte entsorgen.

Entweder per Hand oder – zeitsparend – in der Küchenmaschine portionsweise das Gemüse fein hacken.

In einem großen Schmortopf das Öl sanft erhitzen. Die Karotte, die Zwiebel, den Sellerie und den Lauch darin unter Rühren 10 Minuten weich dünsten. Die Tomaten und das Bouquet garni mit dem restlichen gehackten Gemüse und der Hälfte des Bohnensuds hinzufügen. Alles aufkochen, dann die Temperatur reduzieren und 50 Minuten sanft köcheln lassen; nach der Hälfte der Garzeit die gehackten Wasserkastanien hinzufügen.

In einem Mixer die Hälfte der gegarten Bohnen glatt pürieren. Das Bohnenpüree gemeinsam mit den ganzen Bohnen zur Suppe geben, mit Salz und Pfeffer abschmecken und den Topf vom Herd nehmen.

Das Kräutersträußchen aus der Suppe nehmen und entsorgen. Im Mixer die Hälfte der Suppe glatt pürieren, das Püree wieder zur restlichen Suppe geben und alles gut vermengen.

In jede Suppenschüssel 1 Scheibe Brot legen und die *ribollita* zum Servieren darüberschöpfen.

Kapitel 8 ZEIT ZUM FEIERN

Nach dem Zweiten Weltkrieg kam Hollywood nach Rom und verlegte seine Film-sets in die Cinecittà-Filmstudios. In der Stadt wimmelte es nur so von glamou-rösen Filmstars, berühmten Regisseuren und Pfeife rauchenden Produzenten, die prächtige Villen auf der Via Appia Antica mieteten. Es war eine glanzvolle Zeit.

Im 1963 erschienenen Film *Gestern, heute und morgen* vom Regisseur Vittorio De Sica spielt Sophia Loren die Prostituierte Mara, die in einem bezaubernden Apartment an der Piazza Navona lebt. Ihr Lieblingskunde ist Augusto, gespielt von Marcello Mastroianni. Ihre Nachbarn betrachten sie mit Argwohn. Deren Enkel Umberto, der zum Priester ausgebildet wird, steht kurz davor, seine Berufung für sie aufzugeben. Seiner Großmutter verspricht Mara: Wenn Umberto ins Priesterseminar zurückkehrt, verzichtet sie eine Woche lang auf alle weltlichen Vergnügungen. Jedes Unglück hat auch sein Gutes.

In Italien bietet praktisch jede Gelegenheit einen Grund zum Feiern. Zum Neujahrstag hofft man auf den Lotteriegewinn, serviert wird dazu ein *cotechino* (Rohwurst) im Teigmantel (siehe Seite 218). Am 6. Januar bringt die Hexe Befana den artigen Kindern mit Süßigkeiten gefüllte Strümpfe und den unartigen »Kohlestücke« in Form von dunklem Zucker, eine süße Strafe. Am 8. März werden die Frauen mit einer Mimosentorte gefeiert (siehe Seite 204). Die Oster-zeit beginnt mit einem Pecorinobrot (siehe Seite 211). Nach den Karnevalsfeiern und dem unmäßigen Verzehr von *castagnole* (Krapfen, siehe Seite 223) sollte man traditionell auf alle tierischen Produkte verzichten. Das lohnende Verspre-chen: ewiges Leben und eine schlankere Taille. Der Salatsommer wird unter-brochen von *ferragosto* am 15. August, wenn beim gemeinsamen Picknick Sirupfrüchte verzehrt werden (siehe Seite 217).

Der Dezember mit seinem unwiderstehlichen »falschen Fisch« (siehe Seite 222) bringt uns dazu, wenigstens ein bisschen braver zu sein … zumindest bis zum nächsten Tag. Dann noch Geburtstage mit ihren endlosen guten Wünschen. Ich selbst feiere viel lieber Nichtgeburtstage, wie in *Alice im Wunderland*. Ich finde gern an jedem einzelnen Tag einen Vorwand zum Feiern und freue mich des Lebens. Schließlich bin ich nicht umsonst Italienerin, mit Leib und Seele und vollkommen undiplomatisch.

Palline ricotta e cocco

RICOTTA-KOKOS-KUGELN

Ich verwende Puderzucker in diesem Rezept, weil er sich viel einfacher mit den restlichen Zutaten vermischen lässt. So schrumpft die Zubereitungszeit auf unter 10 Minuten. Theoretisch sind die süßen Kugeln aus Kokosnuss und Ricotta schneller hergestellt als verzehrt – könnte ich mich zivilisiert zügeln. Dann würde die angegebene Menge auch für etwa sechs Personen reichen. Aber warten Sie nur, bis Sie sie probiert haben – vermutlich werden Sie die Zutatenmenge dann eher verdoppeln, wenn es mehr als zwei Personen zu versorgen gilt.

Zubereitungszeit: 10 Minuten plus Zeit zum Kühlen

Ergibt etwa 35 kleine Kugeln

Für 2–6 Personen (je nach Gierfaktor)

300 g Ricotta

90 g Puderzucker

2 EL Schlagsahne

180 g Kokosraspel, plus mehr zum Wälzen

35 getrocknete, gezuckerte Cranberrys, nach Belieben

In einer großen Schüssel den Ricotta, den Zucker, die Sahne und zwei Drittel der Kokosraspel zu einer weichen Masse vermengen.

In einen großen, tiefen Teller die restlichen Kokosraspel geben. Aus der Ricottamasse walnussgroße Stücke abstechen und zwischen den Handflächen zu Kugeln rollen. Die Kugeln in den Kokosraspeln wälzen, bis sie gleichmäßig bedeckt sind.

Die Ricottakugeln nebeneinander auf eine großen Platte legen und mit Frischhaltefolie bedeckt vor dem Servieren mindestens 3 Stunden in den Kühlschrank stellen. Genau das Richtige zum *caffè*.

Für eine interessante Variante in die Kugeln jeweils 1 Cranberry in die Mitte einarbeiten.

Mimosa al profumo di ananas con fiorellini zuccherati

MIMOSENTORTE MIT ANANAS & KANDIERTEN BLÜTEN

Am 8. März werden die Frauen traditionell mit einem Strauß Mimosen und einer Torte, die mit den Biskuitkrümeln obenauf an Mimosenblüten erinnert, gefeiert. Meine Torte ist mit frischen und kandierten Blüten dekoriert, die am besten am Vortag vorbereitet werden. Planen Sie auch für den Biskuitboden Zeit im Voraus ein, da er erst vollständig auskühlen muss, bevor Sie ihn füllen. Dieses wunderbar frische Dessert ist eine echte Augenweide.

Zubereitungszeit: 45 Minuten plus Zeit zum Kühlen, Einweichen und Trocknen (über Nacht)

Backzeit: 50 Minuten

Ergibt 1 Torte (23 cm Durchmesser)

Für die kandierten Blüten

50 g feiner Zucker

25 essbare Blüten, plus frische Blüten zum Dekorieren

1 Eiweiß, leicht verquirlt

Für den Biskuit

6 Eier

120 g feiner Zucker

1 TL gemahlener Ingwer

1 Vanilleschote, längs gespalten, das Mark herausgekratzt

1 Prise Salz

80 g Stärke, gesiebt

80 g Mehl, Type 405, gesiebt

Für die kandierten Blüten in eine kleine Schüssel den Zucker füllen. Die Blütenblätter von allen Seiten mithilfe eines kleinen Pinsels mit dem Eiweiß bestreichen, dann die Blüten jeweils mit einer Pinzette über die Zuckerschüssel halten und vorsichtig den Zucker darüberrieseln lassen, bis jedes Blütenblatt bedeckt ist. Die Blüten auf Backpapier bei Zimmertemperatur über Nacht trocknen lassen.

Für den Biskuitboden den Ofen auf 180 °C vorheizen. Eine Springform (Durchmesser 23 cm) mit Backpapier auslegen.

In einer Schüssel die Eier, den Zucker, den gemahlenen Ingwer, das Vanillemark und das Salz in 10 Minuten mit dem Rührgerät locker aufschlagen. Die Stärke und das Mehl hinzufügen. Unter Rühren in 1–2 Minuten zu einem glatten Teig verarbeiten.

In die vorbereitete Kuchenform den Teig gleichmäßig gießen und im Ofen auf mittlerer Schiene 40 Minuten backen. Der Biskuitboden sollte hellgoldgelb sein und in der Mitte auf leichten Fingerdruck elastisch zurückfedern. Herausnehmen, noch in der Form auf einem Kuchengitter abkühlen lassen, dann erst stürzen.

Für die Füllung in einem mittelgroßen Topf, der nicht auf dem Herd steht, das Eigelb mit dem Zucker in 5 Minuten zu einer hellen, luftigen Masse aufschlagen. Die Milch und den Zitronenabrieb hinzufügen, den Topf auf den Herd stellen und den Inhalt 2–3 Minuten sanft erhitzen. Dann das Mehl einrühren und die Creme sanft zum Köcheln bringen. Noch weitere 2–3 Minuten kochen lassen, dann den Ananassaft einrühren. Unter Rühren köcheln lassen, bis die Creme so weit eingedickt ist, dass sie an der Rückseite eines Löffels hängen bleibt. In eine Schüssel geben und 30 Minuten abkühlen lassen. Mit Frischhaltefolie direkt auf der Cremeoberfläche abdecken und 2 Stunden in den Kühlschrank stellen.

Für den Sirup in einem kleinen Topf den Zucker mit 120 ml Wasser zum Kochen bringen. Den Topf vom Herd nehmen und den Alkohol in den Sirup einrühren, dann 20 Minuten bei Zimmertemperatur abkühlen lassen.

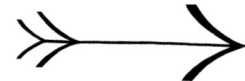

Für die Füllung

3 Eigelb

3 EL feiner Zucker

360 ml Vollmilch

Abrieb von 1 unbehandelten Zitrone

3 EL Mehl, Type 405, gesiebt

100 ml Ananassaft

300 ml Schlagsahne

50 g Puderzucker

300 g Ananas, Fruchtfleisch in 1 cm große Stücke geschnitten

Für den Sirup

50 g feiner Zucker

25 ml Rum, Weinbrand oder Cognac

Für die Füllung in einer Schüssel die Sahne mit dem Schneebesen steif schlagen, dabei esslöffelweise den Puderzucker dazugeben, bis der ganze Zucker eingearbeitet ist. Die Schlagsahne vorsichtig gemeinsam mit den Ananasstücken unter die inzwischen gekühlte Creme heben.

Mit einem großen Sägemesser den Biskuitboden vorsichtig auf einem Drittel der Höhe waagerecht durchschneiden. Die dickere obere Schicht beiseitelegen und die Oberfläche mit etwas Sirup bestreichen, um sie leicht anzufeuchten. Mit einem scharfen Messer und einem Löffel in der unteren Schicht einen großen Kreis bis fast an den Rand des Kuchens ausheben, darunter eine 2 cm dicke Schicht stehen lassen. Den ausgestochenen Biskuitkreis herausheben und den Biskuit in etwa 3 mm große krümelartige Würfel schneiden. Beiseitestellen.

Die ausgehöhlte untere Schicht auf eine Servierplatte legen. Rand und Boden großzügig mit dem Sirup bestreichen, dann die Hälfte der Füllung hineingeben. Mit einem Teigschaber oder einer Palette glatt streichen, dann den dicken Biskuitboden mit der Oberseite nach unten daraufsetzen.

Die Oberseite der *mimosa* großzügig mit Sirup tränken, dann die restliche Ananascreme gleichmäßig auf die Torte streichen, auch die Ränder damit bedecken. Die Biskuitwürfel überall darauf festdrücken. Vorsichtig mit Frischhaltefolie abdecken und mindestens 2 Stunden in den Kühlschrank stellen, bis die Creme fest ist. Mit einer Mischung aus frischen und kandierten essbaren Blüten dekoriert kalt servieren.

Cuzzupa Pasquale
OSTERBROT MIT EI

Dieses süße, bunt gesprenkelte Osterbrot wird mit einem Ei dekoriert, einem alten Symbol für die Wiedergeburt. Für die Vorlage am besten online eine gezeichnete Glocke suchen, kleiner als 10 × 20 cm ausdrucken und als Schablone aus festem Karton ausschneiden. Alternativ einen glockenförmigen Ausstecher kaufen. Diese essbaren Brotglocken geben auch eine hübsche Dekoration für den Ostertisch ab.

Zubereitungszeit: 20 Minuten

Backzeit: 20 Minuten

Ergibt 4 Brote

2 TL Backpulver

35 ml Vollmilch

4 Eier

160 g feiner Zucker

250 g Mehl, Type 405, gesiebt

250 g Mehl, Type 550, gesiebt

Abrieb von 1 unbehandelten Zitrone

100 ml Pflanzenöl

Zum Dekorieren

4 hart gekochte Eier

100 g Puderzucker

50 ml Vollmilch

50 g bunte Zuckerstreusel

Den Ofen auf 180 °C vorheizen. Ein Backblech mit Backpapier auslegen.

In einer Schüssel unter Rühren das Backpulver in der Milch auflösen. In einer zweiten Schüssel die Eier und den Zucker luftig schlagen.

In eine große Rührschüssel oder die Schüssel eines Rührgeräts die luftige Ei-Zucker-Masse füllen. Das aufgelöste Backpulver, beide Mehlsorten, den Zitronenabrieb und das Pflanzenöl hinzufügen und mit den Knethaken zu einem festen Teig verkneten.

Den Teig in 5 gleich große Stücke teilen und jedes auf einer leicht bemehlten Arbeitsfläche zu einem Rechteck (10 × 20 cm) ausrollen. Den restlichen Teig mithilfe der gebastelten Schablone zu 4 etwa 1,5 cm dicken Glocken formen. Diese auf 4 der Teigrechtecke setzen. Diese Rechtecke auf das Backblech legen und das fünfte Rechteck längs in 8 Streifen von 1 cm Breite schneiden.

Zum Dekorieren je 1 Ei in die Mitte jeder Glocke setzen, zwei Teigstreifen kreuzweise darüberlegen und festdrücken. Mit den restlichen Rechtecken ebenso verfahren.

In einer kleinen Schüssel 2 EL kochendes Wasser mit dem Puderzucker glatt rühren.

Alle 4 Brote mit Milch bestreichen und die Teigkreuze mit der angerührten Puderzuckerglasur bepinseln. Die Zuckerstreusel darüberstreuen. Die Glocken 20 Minuten im Ofen goldbraun backen.

Vor dem Servieren die *cuzzupa Pasquale* mindestens 1 Stunde auf einem Kuchengitter abkühlen lassen.

OSTERBROT MIT PECORINO, HONIG & SALAMI

Beim gemeinsamen Brotbacken teilt man die Freuden des Lebens. Dieses luftige Brot passt wunderbar zu kaltem Aufschnitt und den herzhaften Leckereien, die typisch für regionales italienisches Essen sind und an Feiertagen so gierig verspeist werden, als gäbe es kein Morgen. Auch zu Suppe schmeckt es hervorragend. Während der relativ langen Gehzeit gehen Sie einfach Ihren Hobbys nach. Ideal für einen verregneten Sonntag.

Zubereitungszeit: 15 Minuten plus Zeit zum Gehen

Garzeit: 30 Minuten

Ergibt 4 Brote

1 Pckg Trockenhefe

1 TL feiner Zucker

1 kg Mehl, Type 550

50 ml natives Olivenöl extra

200 g Pecorino Romano, 100 g davon frisch gerieben und 100 g gewürfelt (Kantenlänge 1 cm)

40 g Sesamsaat

1 Prise Salz

150 g Mailänder Salami, gewürfelt (Kantenlänge 1 cm)

100 g flüssiger Honig

4 Knoblauchzehen, geschält

In einer kleinen Schüssel die Hefe gemeinsam mit dem Zucker in 120 ml lauwarmem Wasser unter Rühren auflösen.

In eine große Schüssel das Mehl sieben. Eine Mulde in die Mitte drücken, die angerührte Hefe und das Öl hineingießen. Alles zu einem Teig vermengen, etwa 5 Minuten kneten. Dann den geriebenen Pecorino, die Sesamsaat und das Salz hinzufügen. Weiter kneten, bis der Teig glatt und elastisch ist. Dann die Pecorino- und Salamistücke unterkneten, bis sie gleichmäßig im Teig verteilt sind. Die Schüssel mit einem feuchten Geschirrtuch abdecken und den Teig an einem warmen Ort 1½ Stunden gehen lassen.

Das Tuch von der Schüssel nehmen und den aufgegangenen Teig mit einem scharfen Messer kreuzweise etwa 1 cm tief einschneiden (das verzögert das Aufgehen und so können sich die Aromen im Teig weiter entfalten). Weitere 1½ Stunden gehen lassen, dann erneut kreuzweise einschneiden und 1 weitere Stunde gehen lassen, bis der Teig sein Volumen verdoppelt hat.

Nach dem Gehen den Honig unter den Teig kneten, bis er gleichmäßig aufgenommen ist. Den Teig in 4 gleich große Stücke teilen. Jeden Teigling zu einem kreisrunden Laib formen und diesen an der Oberseite kreuzweise einschneiden. Die Laibe 15 Minuten aufgehen lassen.

Den Ofen auf 180 °C vorheizen. Ein Backblech mit Backpapier auslegen.

Die Oberseite der *pane di Pasqua* mit etwas Wasser bestreichen, auf jedes 1 Knoblauchzehe legen. Die Brote auf das Backblech legen und 30 Minuten im Ofen backen, bis sie kräftig goldbraun sind.

Die Brote aus dem Ofen nehmen und vor dem Aufschneiden mindestens 30 Minuten auf einem Kuchengitter abkühlen lassen.

Lumaca di pangiallo Romanesco dell'imperatore con gelatina di mandarini

SÜSSES KAISERBROT MIT CLEMENTINENGELEE

Dieses Dessert isst man traditionell zur Wintersonnenwende am 21. Dezember. Zu Zeiten des Römischen Reiches wurde es gebacken, um die Sonne zur Rückkehr zu bewegen. Bedingt durch mein übliches Hin und Her zwischen Rom, Paris und London, gibt es bei mir eine modernisierte Version dieser altmodischen Leckerei. Horizonterweiterung mit Stil. Mjam!

Zubereitungszeit: 30 Minuten, plus Zeit zum Kühlen, Einweichen und Gehen

Backzeit: 30–40 Minuten

Für 8–10 Personen

Für das Clementinengelee

9 Blätter Blattgelatine

20 Clementinen, halbiert, ausgepresst (es wird etwa 250 ml Saft benötigt)

300 ml Moscato Spumante Rosé oder anderer Schaumwein

2 EL feiner Zucker

30 g Granatapfelsamen

2 Pckgen Trockenhefe

190 ml lauwarme Vollmilch

800 g Mehl, Type 550

4 Eier (Größe L)

150 g feiner Zucker, plus mehr zum Dekorieren

120 g Butter, zerlassen

Abrieb von 1 unbehandelten Zitrone

Für die Füllung

100 g Rosinen

50 g weiche getrocknete Feigen

50 g entsteinte Backpflaumen

50 g blanchierte Mandelkerne, grob gehackt

Für das Clementinengelee in einer Schüssel mit kaltem Wasser die Gelatineblätter 10 Minuten einweichen, dann herausnehmen und ausdrücken.

In einem kleinen Topf den Clementinensaft, den Schaumwein und den Zucker langsam aufkochen lassen. Den Topf vom Herd nehmen und die eingeweichten Gelatineblätter unter Rühren in dem Saft auflösen. Die Flüssigkeit in 8 kleine Gläser füllen und mindestens 4 Stunden zum Gelieren in den Kühlschrank stellen.

Für den *pangiallo* in einer großen Tasse die Hefe in der Milch auflösen, dann in eine große Schüssel gießen und mit 170 g des Mehls zu einem glatten, elastischen Teig verkneten. An einem warmen Ort 1 Stunde aufgehen lassen, bis er sein Volumen verdoppelt hat.

Sobald der Teig aufgegangen ist, in einer weiteren Schüssel die Eier und den Zucker zu einer hellen, luftigen Masse aufschlagen. Die Masse gemeinsam mit der zerlassenen Butter, dem restlichen (630 g) Mehl, dem Zitronenabrieb und dem schon aufgegangenen Teig in die Schüssel einer Küchenmaschine füllen und mit dem Knethaken zu einem glatten, klebrigen Teig verarbeiten. Den Teig in eine saubere Schüssel legen, mit einem Geschirrtuch abdecken und an einem warmen Ort erneut 1 Stunde gehen lassen.

Den Ofen auf 190 °C vorheizen. Ein Backblech mit Backpapier auslegen.

Unterdessen für die Füllung in einer Schüssel mit Wasser die Rosinen, Feigen und Backpflaumen 10 Minuten einweichen, dann gut abtropfen lassen. Die Feigen und die Backpflaumen grob hacken. Dann in einer Schüssel mit den Rosinen, der gehackten Schokolade, den Pinienkernen, dem Orangenabrieb, den gehackten Nüssen und den Pistazien gut verrühren.

In einem kleinen Topf die Butter zerlassen, die Semmelbrösel hinzufügen und unter Rühren einige Minuten anrösten. Diese Masse zur Frucht-Nuss-Mischung geben.

In einer weiteren Schüssel das Eiweiß mit 1 Prise Salz steif schlagen. Den Eischnee und das verquirlte Eigelb unter die Frucht-Nuss-Masse heben.

Für die Eiglasur in einer kleinen Schüssel das Eigelb mit den Safranfäden verrühren.

50 g Haselnusskerne, grob gehackt

80 g Walnusskerne, gehackt

50 g dunkle Schokolade (etwa
75 % Kakaogehalt), sehr fein
gehackt

50 g Pinienkerne

Abrieb von 1 unbehandelten
Orange

80 g Pistazienkerne, grob gehackt

50 g Butter

1 EL Semmelbrösel (siehe
Seite 262)

3 Eier (Größe L), getrennt, das
Eigelb verquirlt

1 Prise Salz

Für die Eiglasur

1 Eigelb

10–15 Safranfäden

Für die Dekoration

1 (à 270 g) Platte Filo- oder
Strudelteig, TK-Ware aufgetaut

50 g Puderzucker

Den inzwischen aufgegangenen Teig auf einer leicht bemehlten Arbeits-fläche zu einem Rechteck (38 × 26 cm) ausrollen. Die Füllung auf dem Teig gleichmäßig verteilen, dabei am Rand 2 cm freilassen. Den Teig über die längere Seite her aufrollen. Die entstandene Rolle zu einem Kranz formen, diesen vorsichtig auf das Backblech legen. Die Oberseite des Kaiserbrots mit der Eiglasur bestreichen und mit etwas feinem Zucker bestreuen. Den *pangiallo* in 30–40 Minuten im Ofen goldbraun backen, dann auf einem Kuchengitter abkühlen lassen.

Unterdessen für die Dekoration auf einer glatten Arbeitsfläche die Filo-teigplatte ausrollen und entweder mithilfe von Plätzchenausstechern oder mit einem kleinen scharfen Messer etwa 50–60 Sterne in verschiedenen Größen ausstechen. Die Sterne auf einem mit Backpapier ausgelegten Backblech verteilen – wer sie kross mag, kann sie mit der zerlassenen Butter bestreichen – und in 3–5 Minuten im Ofen goldbraun backen, dann auf einem Kuchengitter abkühlen lassen.

In einem kleinen Topf 1 EL Wasser gemeinsam mit der Hälfte des Puder-zuckers langsam unter Rühren erwärmen, bis der Zucker sich gelöst hat. Dann mit dem restlichen (25 g) Puderzucker zu einer cremigen Glasur anrühren.

Drei Sterne unterschiedlicher Größe mit 1 Tropfen der Zuckerglasur auf-einanderkleben und mit einem weiteren Tropfen Glasur auf dem *pangiallo* befestigen. Mit den restlichen Sternen ebenso verfahren, bis der gesamte Kranz von Sternen übersät ist.

Zum Servieren das Gelee aus dem Kühlschrank nehmen und die Granat-apfelsamen darüberstreuen. Den *pangiallo* in dicke Scheiben aufschneiden und mit dem Clementinengelee servieren.

Pesche sciroppate con panna

POCHIERTE PFIRSICHE IN SIRUP MIT SAHNE

Ferragosto ist in Italien ein Feiertag am 15. August, auf den auch Mariä Himmelfahrt
fällt. Alle großen Städte sind an diesem Tag verlassen, weil ihre Bewohner eine *gita fuori porta*
unternehmen, einen Ausflug außerhalb der Stadtmauern. Es handelt sich aber nicht
etwa um ein kleines Picknick. Eine italienische Familie packt dazu Geschirr und Besteck, Bleche
voll Kuchen und Lasagne ein. Abschließend wird man mit pochierten Früchten in
Honigsirup gefüttert, im wortwörtlichen Sinn. Danach hat man sich einen Digestif und ein
Nickerchen unter dem Baum verdient.
Die eingelegten Pfirsiche in diesem Rezept müssen vor der Verwendung mindestens
15 Tage ziehen und halten sich kühl, trocken und dunkel gelagert bis zu 6 Monate. Sie schmecken
auch gut zu Prosciutto anstelle der üblichen Melone.

Zubereitungszeit: 15 Minuten;
15 Tage im Voraus zubereiten

Garzeit: 35 Minuten

Ergibt 4 Schraubgläser à 250 ml

1 kg gelbe oder weiße Pfirsiche

4 EL Zitronensaft

350 g feiner Zucker

12 Gewürznelken

4 Zimtstangen

4 Sternanisfrüchte

4 Vanilleschoten

Zum Servieren (für 4 Personen)

300 ml Schlagsahne

etwas Zucker oder 1 Pckg Sahnesteif

1 kleine Handvoll Minze, nach
Belieben

100 g Brombeeren, nach Belieben

Die Pfirsiche schälen, entsteinen und vierteln. Die Pfirsichstücke sofort
in eine große Schüssel Wasser mit dem Zitronensaft legen, damit sie nicht
braun werden.

In einem großen Schmortopf mit kochendem Wasser die Pfirsichviertel
2 Minuten blanchieren, dann abgießen und unter fließendem kaltem
Wasser abkühlen, dann abtropfen lassen.

Die abgekühlten Pfirsichviertel in 4 sterilisierte Schraubgläser (siehe
Seite 254) füllen. Zum oberen Glasrand sollte mindestens 1 cm Platz
bleiben.

In einem Topf mit Sandwichboden 1 l Wasser mit dem Zucker aufkochen.
Die Temperatur herunterregeln und alles in 2–3 Minuten zu einem dicken,
durchsichtigen Sirup einkochen lassen. Vom Herd nehmen.

Den Sirup über die Pfirsiche in den Gläsern gießen, so dass sie vollständig
bedeckt sind. Die Nelken, Zimtstangen, Sternanisfrüchte und Vanilleschoten auf die Gläser verteilen und diese fest verschließen. Die Gläser
umdrehen und auf den Deckel gestellt auf Zimmertemperatur abkühlen
lassen.

Sobald die Gläser abgekühlt sind, in die Mitte eines großen Topfes stellen.
Mit einem sauberen Geschirrtuch zusammenbinden (das verhindert, dass
sie gegeneinanderstoßen und splittern), mit Wasser bedecken und aufkochen lassen. Das Ganze 30 Minuten kochen lassen, vom Herd nehmen,
die Gläser 30 Minuten im Topf abkühlen lassen, dann herausnehmen und
abtrocknen. Die Pfirsiche an einem kühlen, trockenen und dunklen Ort
mindestens 15 Tage vor der Verwendung ziehen lassen.

Zum Servieren in einer sauberen Schüssel die Sahne steif schlagen, even-
tuell etwas Zucker oder Sahnesteif hinzugeben. Die Pfirsiche mit Sirup
und Schlagsahne, nach Belieben mit Minzeblättern und Brombeeren
garniert, servieren.

Cotechino in crosta con insalata di finocchi, olive, arance e melograno

COTECHINO IM TEIGMANTEL MIT SALAT AUS FENCHEL, OLIVEN, ORANGEN & GRANATAPFEL

Mit dieser anglo-italienischen Version eines klassischen Silvesteressens zolle ich dem britischen Beef Wellington Tribut. *Cotechino* und Linsen stehen für gute Neujahrswünsche. Die Rohwurst *cotechino* findet man in italienischen Feinkostgeschäften, alternativ (vorgegarte) online bestellen. Auf diese Weise zubereiteter *cotechino* schmeckt auch köstlich zu eingelegten roten Zwiebeln (siehe Seite 263).

Zubereitungszeit: 25 Minuten plus Zeit zum Abkühlen

Garzeit: 1 Stunde 30 Minuten

Für 6 Personen

1 (à 500 g) vorgegarter *cotechino* (italienische Rohwurst)

4 EL natives Olivenöl extra

1 kleine Karotte, fein gehackt

1 Schalotte, fein gehackt

1 Stange Staudensellerie, geputzt, fein gehackt

1 kleine Handvoll Dill, fein gehackt

1 Rosmarinzweig, Nadeln abgezupft und fein gehackt

150 g getrocknete braune Linsen

20 g getrocknete *porcini* (Steinpilze), mind. 10 Minuten in 300 ml kochendem Wasser eingeweicht

Salz

frisch gemahlener schwarzer Pfeffer

1 (à 320 g) Platte Mürbeteig, TK-Ware aufgetaut

1 TL Schlagsahne, Schmand oder Vollmilch

1 Eigelb (Größe L)

Den *cotechino* nach Packungsanleitung zubereiten oder in einem großen Schmortopf 20–30 Minuten in der Aluverpackung in kochendem Wasser weiter garen. Mit einem Schaumlöffel aus dem Wasser nehmen und mindestens 10 Minuten abkühlen lassen, dann aus der Verpackung nehmen. Die gallertartige Hülle entfernen und den *cotechino* auf einem Teller beiseitelegen.

Den Ofen auf 180 °C vorheizen. Ein Backblech mit Backpapier auslegen.

Unterdessen in einem Topf mit dem Öl die gehackten Gemüse und Kräuter 10 Minuten sanft dünsten. Die Linsen mit den *porcini* und der Einweichflüssigkeit dazugeben, alles aufkochen lassen. Dann 30–40 Minuten köcheln lassen, bis die Linsen weich, aber noch etwas bissfest sind. Salzen und pfeffern, dann alles in einem Mixer grob pürieren. Beiseitestellen.

Den Mürbeteig vorsichtig ausrollen und in die Mitte des Backblechs legen. Den vorgegarten *cotechino* in die Mitte darauf legen, die Linsenpaste gleichmäßig darüber verteilen und den Teig fest um die Wurst schlagen. Die Enden zusammendrücken, überstehenden Teig abschneiden. Aus den Abschnitten Verzierungen formen – ich mache gern Blätter.

In einer kleinen Schüssel die Sahne mit dem Eigelb verquirlen und den Teig damit auf allen Seiten bestreichen. Alles 30 Minuten im Ofen goldbraun backen.

Unterdessen für den Salat in einer kleinen Schüssel die Rosinen 10 Minuten in Wasser einweichen, dann abgießen und beiseitestellen.

Eine der Orangen auspressen und den Saft durch ein Sieb abseihen. Mit einem scharfen Messer die Schale von der anderen Orange abschneiden und entsorgen, das Fruchtfleisch in 1 cm dicke Scheiben schneiden.

Für den Salat

30 g Rosinen

2 Orangen

160 g junger Chicorée

1 Fenchelknolle

100 g schwarze entsteinte Oliven

110 g Granatapfelsamen

30 g Pinienkerne

30 g Walnusskerne, gehackt

3 EL natives Olivenöl extra

1 Prise Salz

Vom Chicorée und von der Fenchelknolle jeweils den Strunk entfernen, das Fenchelgrün abschneiden und beiseitelegen. Den Chicorée und den Fenchel in feine Scheiben schneiden oder hobeln. In einer Salatschüssel gemeinsam mit den Orangenscheiben, den Oliven, den Granatapfelsamen, Pinienkernen, Walnussstücken und Rosinen sanft vermengen.

Das Fenchelgrün fein hacken und in einer kleinen Schüssel gemeinsam mit dem Öl, Orangensaft und etwas Salz zu einem Dressing verrühren. Den Salat im Dressing wenden, bis alles benetzt ist. Den fertig gebackenen und leicht abgekühlten *cotechino* im Teigmantel in 1,5 cm dicke Scheiben schneiden und mit dem Salat servieren.

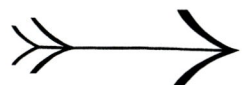

Pesce finto di Natale

WEIHNACHTS-»FISCH«

Nicht weit vom Pantheon steht Sant'Ignazio, eine prächtige Barockkirche. Wenn ich an ihren gewaltigen korinthischen Säulen vorbeigehe, kommt es mir immer so vor, als sähe ich doppelt; ich bin fasziniert vom reich verzierten Altar und schaue in die Kuppel hoch. Nanu, erwartet mich draußen ein strahlend blauer Himmel? Ich traue meinen Augen kaum, und das sollte ich auch nicht. Die Kuppel ist im Trompe-l'œil-Stil bemalt, sie ist eine optische Täuschung. Genau wie dieses Gericht – ein falscher »Fisch«, den man gut mit Kindern zubereiten kann. Wenn Sie eine passende Fischform haben, umso besser – sonst einfach kreativ werden.

Zubereitungszeit: 10 Minuten plus Zeit zum Kühlen

Garzeit: 20 Minuten

Für 8 Personen

Salz

1 kg festkochende Salatkartoffeln, geschält, klein gewürfelt

500 g in Wasser eingelegter Thunfisch aus dem Glas, abgetropft

8 in Olivenöl eingelegte Sardellenfilets, abgetropft

100 g entsteinte grüne Oliven, plus 1 Olive zum Garnieren

2 TL getrockneter Oregano

50 g weiche Butter

1 TL in Essig eingelegte Kapern, abgetropft

Abrieb von 1 unbehandelten Zitrone

1 große Salatgurke, in 5 mm dicke Scheiben geschnitten

1 große Karotte, in 5 mm dicke Scheiben geschnitten

250 g Mayonnaise

In einem Topf mit kochendem Salzwasser die Kartoffelwürfel bei geschlossenem Deckel 20 Minuten weich garen.

Unterdessen in einem Mixer den Thunfisch mit den Sardellenfilets, den Oliven, dem Oregano, der Butter und den Kapern zu einer dicken, cremigen Paste verarbeiten. Den Zitronenabrieb unterrühren, beiseitestellen.

Die Kartoffelwürfel abgießen, abtropfen lassen und in einer großen Schüssel mit einer Gabel grob zerdrücken. Die Thunfischpaste hinzufügen und alles gut vermischen.

Die Thunfisch-Kartoffel-Masse in eine Fischform löffeln, gut andrücken, dann den falschen »Fisch« in die Mitte einer großen Servierplatte stürzen. Alternativ die Masse in die Mitte einer Servierplatte geben und mit den Händen in Fischform bringen.

Zwei Drittel der Gurken- und Karottenscheiben wie Schuppen auf dem Fisch anrichten und 1 Olive als Auge einsetzen, dann mit einem Teigschaber die Oberseite gleichmäßig mit Mayonnaise bestreichen. Die restlichen Gemüsescheiben dekorativ auf und an den Fisch (als Schwanzflossen etwa) legen.

Vor dem Servieren den *pesce finto* mindestens 1 Stunde (aber nicht länger als 3 Stunden) in den Kühlschrank stellen.

Castagnole di carnevale alla Romana
RÖMISCHE KARNEVALSKRAPFEN

Im Musical *Rugantino* bittet der gleichnamige Titelheld die Stadt Rom persönlich, seine Komplizin zu sein bei dem Versuch, eine verheiratete Frau zu verführen. *»Sceji tutte le stelle più brillarelle che pói, e un friccico de luna tutta pè noi.«* – »Erleuchte all deine funkelndsten Sterne, die du findest, und einen Funken Mondlicht, nur für uns.« Andererseits erlaubt sich jeder zu Karneval bestimmte Verstöße; es ist eine Zeit, in der sich traditionell die Pfade von Menschen aus allen Gesellschaftsschichten kreuzten, die oft eine *castagnola* (Krapfen) als Mittel zur Verführung in der Hand hielten. Neun Monate später fanden die Nonnen dann einen Korb mit einem Neugeborenen auf ihrer Schwelle. Hier dokumentiere ich meine Liebe für absoluten Schlemmergenuss.

Zubereitungszeit: 10 Minuten

Backzeit: 15 Minuten

Ergibt 30 Stück

2 Eier

140 g Mehl, Type 405

60 g Stärke

1 Vanilleschote, längs gespalten, das Mark herausgekratzt

Abrieb von 1 unbehandelten Zitrone

1 TL Backpulver

2 EL natives Olivenöl extra

50 g Puderzucker, plus mehr zum Bestäuben

1 EL römischer Sambuca (siehe Seite 271), Marsala oder Sherry

1 Prise Salz

Den Ofen auf 180 °C vorheizen. Ein Backblech mit Backpapier auslegen.

In einer großen Schüssel die Eier luftig aufschlagen. Das Mehl darübersieben. Die Stärke, das Vanillemark, den Zitronenabrieb, das Backpulver, Öl sowie den Puderzucker und Likör hinzufügen. Alles gründlich zu einem glatten, klebrigen Teig vermengen. Das Salz hinzufügen, mit einem sauberen Geschirrtuch abdecken und den Teig 5 Minuten ruhen lassen.

Nach dem Ruhen den Teig auf einer leicht bemehlten Arbeitsfläche zu einer langen Rolle formen. Diese in 2 cm lange Stücke schneiden und jedes mit den Handflächen zu einer haselnussgroßen Kugel rollen.

Die Teigkugeln mit etwa 1 cm Abstand auf dem Backblech verteilen. Im Ofen 15 Minuten backen, bis die *castagnole* um etwa ein Drittel aufgegangen sind und eine leicht goldbraune Färbung angenommen haben. Auf einem Kuchengitter 10 Minuten abkühlen lassen.

Nach dem Abkühlen die *castagnole* auf einer Servierplatte pyramidenförmig aufschichten und abschließend großzügig mit Puderzucker bestäuben.

Tipp: Die *castagnole* können auch in reichlich Pflanzenöl frittiert werden.

Kapitel 9
KUCHEN & CO.

Trastevere wird durch eine Brücke von Roms historischem Zentrum getrennt. Überquert man sie, betritt man fast eine andere Welt: Künstler, Kunsthandwerker und Intellektuelle bevölkern diesen Stadtteil, in dem sich religiöse Prozessionen mit Gay-Pride-Märschen und Foodfestivals abwechseln. Der Brunnen auf der Piazza Trilussa wurde von der anderen Seite des Flusses hierher versetzt – ein Geschenk an einen Teil der Stadt, der vergleichsweise wenige eindrucksvolle Bauten zu bieten hat.

Die Sprösslinge wohlhabender Familien kamen einst auf ihrer Grand Tour mit Roms Kultur in Berührung. Meistens wagten die jungen Männer sich auch in die weniger ersprießlichen Stadtteile vor, zu denen auch Trastevere gehörte. Sie spielten Karten und trieben anderes Glücksspiel. Wenn sie beim Betrug erwischt wurden, rief man die Polizei und der Schuldige verbrachte die Nacht in einer Zelle – oder *al fresco*, wie die Römer sagen.

Mein Lieblingsort in Trastevere war eine *pasticceria* (Konditorei), die es schon seit fast 100 Jahren gab. Virginia war deren typische *matrona*: eine imposante Frau, die das Familienruder fest in der Hand hielt. Sie sorgte immer dafür, dass ich genug aß, und bot mir die neuesten Kreationen ihres geliebten Sohns an. Als sie mir zum ersten Mal von ihm erzählte, stellte ich mir einen kleinen Jungen vor. Als sie mich schließlich dem mutmaßlichen Wunderkind der Backkunst vorstellte, sah ich zu meiner Überraschung jedoch zu einem etwa fast zwei Meter großen Kerl auf.

An den Wänden des Ladens hingen die surrealen Gemälde dieses Mannes, von denen jedes eins der vielen historischen Dilemmas von Rom löste. Über die debattierte man häufig direkt vor der *pasticceria* heftig. Ich lauschte gern den exzentrischen Standpunkten, die Virginia zu verschiedenen Themen, von den 68er-Protesten bis zur Trennung von Kirche und Staat, äußerte, eine Gabel in der fuchtelnden Hand, auf ihrem handbemalten Porzellanteller ein Stück von Großmutters Cremetorte (siehe Seite 238). Leider schloss dieser historische Ort im Mai 2015 wegen des plötzlichen Todes sowohl *signora* Virginias als auch ihres Sohnes. Sie hinterlassen eine sanfte Ruhe und einen Hauch von Schokolade. Mir bleibt die Erinnerung an ein talentiertes Muttersöhnchen, das den besten *castagnaccio* (Rührkuchen, siehe Seite 245) in der Stadt machte. Es lebe die Backkunst.

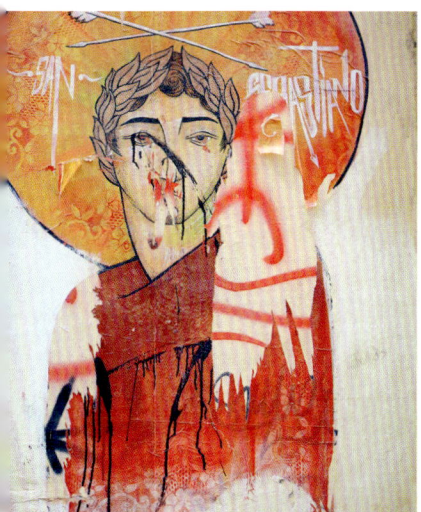

Fruttini gelato

EISCREMEFRÜCHTE

Ein köstliches Dessert, das man genießen kann, ohne den Gürtel lockern zu müssen.
Besonders gern hole ich diese aromatisierten Häppchen – nichts weiter als fruchtige Eiscreme
in der gefrorenen Frucht selbst – zum Abschluss eines spontanen Abendessens aus
dem Gefrierfach. Man braucht nur das Fruchtfleisch herauszukratzen und die Schale
einzufrieren, die dann als Gefäß für die Eiscreme selbst dient. Servieren Sie die Eisfrüchte
in einer Schüssel wie normales Obst – Ihre Gäste werden staunen, wenn sie die eisige
Überraschung darin finden!

Zubereitungszeit: 10 Minuten
plus Zeit zum Einfrieren

Für 8 Personen

4 Feigen

4 kleine reife Birnen

12 große Kirschen (alternativ
12 Brombeeren), plus 1 Handvoll
Brombeeren für die Füllung

500 ml Vanilleeiscreme

3 EL Schlagsahne

1 kleine Handvoll Minzeblätter

Die Feigen und Birnen halbieren, das Fleisch ganz vorsichtig mit einem Teelöffel herausheben und in getrennte Schüsseln geben. Bei den Birnen das Kerngehäuse entfernen. Die Kirschen halbieren, den Stein vorsichtig entfernen. Falls alternativ verwendet, die 12 Brombeeren halbieren und beiseitelegen. Die restliche Handvoll Brombeeren kurz pürieren.

Die Schalen der Früchte in eine Schüssel legen und 2 Stunden im Gefrierfach fest gefrieren lassen.

Jeweils ein Drittel der Eiscreme mit 1 EL Schlagsahne in jede der Schüsseln mit dem Fruchtfleisch geben. Alles separat und gründlich zu drei fruchtigen Eiscremes vermischen.

Die gefrorenen Schalen einer Obstsorte aus dem Gefrierfach nehmen. Die Hälften jeder Frucht mit der entsprechenden Eiscreme füllen und so aufeinanderlegen, dass wieder eine ganze Frucht entsteht. Für mindestens 30 Minuten wieder ins Gefrierfach legen. Mit den restlichen Früchten ebenso verfahren.

Zum Servieren die *fruttini gelato* in einer Obstschale anrichten und mit den Minzeblättern dekorieren.

RÖMISCHE MERINGEN MIT ORANGENSAUCE

Wenn es auf Weihnachten zugeht, wird zum einen auf der Piazza Navona Zuckerwatte verkauft, zum anderen gibt es die wesentlich edleren römischen Meringen. Die Römer stellen gewaltige Meringen her, die fast unmögliche Höhen erreichen. Warum? Weil die Römer, wenn sie mit etwas tatsächlich einmal anfangen, es häufig übertreiben. Das Geheimnis der erfolgreichen Meringenherstellung: Den Zucker nach und nach einrieseln lassen und immer weiterrühren. *Ecco fatto*, fertig ist: wolkiger römischer »Größenwahn«.

Zubereitungszeit: 15 Minuten

Backzeit: 1 Stunde 15 Minuten plus Zeit zum Abkühlen

Für 6 Personen

150 g Puderzucker

150 g feiner Zucker

6 Eiweiß (Größe L)

1 Prise Salz

1 EL Stärke

Für die Orangensauce

Saft von 4 Orangen

4 EL Puderzucker

2 EL Orangenblütenwasser

Zum Servieren

300 ml Schlagsahne

2 EL gehackte Minze

2 EL Rosenblütenblätter (alternativ essbarer roter Glitzerstaub)

Den Ofen auf 150 °C vorheizen. Ein Backblech mit Backpapier auslegen.

In einer kleinen Schüssel die beiden Zuckersorten mischen.

In einer großen Schüssel das Eiweiß mit 1 Prise Salz steif aufschlagen, dabei nach einigen Minuten die Stärke einrühren. Unter weiterem Rühren die Zuckermischung esslöffelweise zufügen (der Zucker muss unbedingt nach und nach zugefügt werden – niemand mag wässrige Meringen), bis die Masse glänzend und dick ist.

Mithilfe eines Teigschabers oder zweier großer Löffel 6 wellenartige Meringen auf das Backblech setzen, dabei den Teigschaber oder Löffel beim Absetzen rasch wegziehen, damit eine Spitze entsteht.

Die Meringen 1 Stunde backen, bis sie hellcremefarben sind, dann den Ofen ausschalten, die Tür einen Spalt öffnen und die Meringen 15 Minuten im Ofen abkühlen lassen.

Unterdessen für die Orangensauce in einem kleinen Topf den Orangensaft mit dem Puderzucker und dem Orangenblütenwasser verrühren, alles zum Kochen bringen. Die Temperatur reduzieren und alles 5 Minuten köcheln lassen, bis die Sauce sirupartig und glatt ist.

Kurz vor dem Servieren die Sahne steif schlagen und die gehackte Minze unterrühren. Die Sahne in die Mitte einzelner Servierteller löffeln. Die *meringona alla Romana* auf die Sahne setzen und die Sauce darübergeben. Abschließend jedes Dessert mit Rosenblütenblättern oder essbarem Glitzerstaub bestreuen.

Torta al cioccolato, amaretti e tutti frutti

SCHOKOLADENKUCHEN MIT AMARETTI & FRÜCHTEN

Eines Tages aß ich in einem winzigen Familienrestaurant meinen Schokoladenkuchen und sah an einem großen Tisch die Leute fröhlich essen, trinken und feiern. Dann begannen sie, unauffällig hinauszuschleichen, einer nach dem anderen. Schließlich war nur noch einer übrig. Er sagte zum Kellner: »Kann ich morgen wiederkommen, um *la dolorosa* zu begleichen?« (»die Schmerzhafte« ist ein italienisches Synonym für die Rechnung.) »Oh nein, *dotto* (alle römischen Restaurantbesitzer reden ihre Gäste mit »Doktor« an), bezahlen Sie sofort oder es setzt etwas.« Manchmal ist es doch sicherer, zu Hause zu essen. Der bunte Mix aus römischen Typen: *tutti frutti*.

Zubereitungszeit: 20 Minuten

Backzeit: 1 Stunde

Für 8 Personen

200 g dunkle Schokolade (etwa 70 % Kakaogehalt), grob gehackt

170 g Butter

2 Prisen Salz

350 ml Rum

4 süße Birnen (etwa Conference), geschält, Kerngehäuse entfernt, in Spalten geschnitten

1 große Banane, in Scheiben geschnitten

100 g feiner brauner Zucker (siehe Tipp Seite 20)

4 Eier (Größe L), getrennt

1 EL Backpulver

100 ml lauwarme Vollmilch

100 g Amaretti (Mandel-makronen), zerkrümelt

1 EL gehackter Thymian (frisch oder getrocknet)

200 g Mehl, Type 405, gesiebt

150 g entsteinte Schwarzkirschen, in Sirup (siehe Tipp)

Den Ofen auf 200 °C vorheizen. Boden und Rand einer Springform (Durchmesser 22 cm) mit Backpapier auslegen.

Auf einem Wasserbad (in einer hitzebeständigen Schüssel auf einem Topf mit kochendem Wasser) die gehackte Schokolade mit der Hälfte der Butter und 1 Prise Salz schmelzen. Alternativ in der Mikrowelle schmelzen, dann beiseitestellen.

In einer großen antihaftbeschichteten Pfanne den Rum und die Birnen-spalten 10–15 Minuten kräftig braten. Nach der Hälfte der Garzeit die Bananenscheiben hinzufügen und alles gelegentlich wenden, bis die Flüssig-keit verdampft und das Obst goldbraun ist. Beiseitestellen.

In einer großen Schüssel die Hälfte des Zuckers mit dem Eigelb zu einer hellen, cremigen Masse luftig aufschlagen. In einer kleinen Schüssel das Backpulver in der Milch auflösen. In der Schüssel mit der Eicreme die Milchmischung gemeinsam mit der geschmolzenen Schokolade, der rest-lichen Butter (85 g), den Amaretti, dem Thymian und dem Mehl zu einem Teig verrühren.

In einer weiteren Schüssel das Eiweiß mit 1 Prise Salz steif schlagen. Dabei esslöffelweise den restlichen Zucker (50 g) einrieseln lassen, bis die Mischung glänzend und dick ist. Den Eischnee vorsichtig unter den Teig heben.

Die Hälfte des Teigs in die Form füllen. Die Hälfte des karamellisierten Obsts gleichmäßig darauf verteilen, dann mit dem restlichen Teig bede-cken. Das restliche Obst dekorativ obenauf legen.

Die *torta* 10 Minuten im Ofen backen, dann die Temperatur auf 170 °C reduzieren, weitere 50 Minuten backen, bis die Oberfläche Risse zeigt. Zur Garprobe ein Holzstäbchen in die Mitte hineinstechen – wenn nichts daran kleben bleibt, ist der Kuchen fertig. Aus dem Ofen nehmen und 30 Minuten auf einem Kuchengitter abkühlen lassen. Die Sirupkirschen dazu reichen.

Tipp: Maraska-Kirschen (Sauerkirschen) sind online erhältlich. Alternativ einen Sirup aus 30 ml Wasser, 30 g Zucker und 1 Spritzer Zitronensaft kochen, Schwarzkirschen (Süßkirschen) darin einlegen und einige Stunden ziehen lassen.

Semifreddo ai cantucci e Vin Santo

MANDELEISTORTE MIT SÜSSEM WEIN

Dieses mächtige Streuseldessert ist ein Mittelding zwischen Sorbet und *gelato*, gelingt aber einfach ohne Eismaschine, Eiswürfel und diesen ganzen Kram. Die Puddingfüllung ist so luftig wie die Wolken am Himmel Roms, begleitet von Starenschwärmen mit ihren waghalsigen Flugmanövern. Eine gute Chance auf dieses Luftspektakel hat man Mitte Oktober, wenn die Blätter von den Bäumen fallen und die Straßen dieser liebenswerten Stadt bedecken.
Als Alternative zu den *cantucci* nehme ich auch gern einfache Vollkornkekse mit einer Handvoll Haselnusskernen, die ich einige Minuten in einer kleinen Pfanne geröstet habe.

Zubereitungszeit: 30 Minuten
plus Zeit zum Einfrieren

Für 8 Personen

400 g *cantucci* (Mandelgebäck)

3 Eier (Größe L), getrennt

50 g Zucker

1 Prise Salz

400 ml Schlagsahne

1 EL Zitronensaft

120 ml Vin Santo, Marsala oder Madeira

170 g frische Brombeeren (nach Belieben; alternativ TK-Ware, aufgetaut)

Eine Kastenform (900 g) so mit Frischhaltefolie auslegen, dass diese über die Seiten hängt (so lässt sich der fertige *semifreddo* leichter aus der Form nehmen).

In einen großen Gefrierbeutel die *cantucci* geben und mit einer Teigrolle durch wiederholtes Klopfen und Rollen fein zerbröseln, beiseitestellen.

In einer großen Schüssel das Eigelb gemeinsam mit dem Zucker zu einer hellen, cremigen Masse mit dem doppelten Volumen aufschlagen. In einer zweiten Schüssel das Eiweiß mit 1 Prise Salz steif schlagen. In einer dritten Schüssel die Sahne cremig aufschlagen.

Den Eischnee und die Schlagsahne vorsichtig unter die Eigelb-Zucker-Masse heben. Den Zitronensaft und ein Viertel der zerbröselten *cantucci* unter die Creme heben.

In einer kleinen Schüssel die restlichen Keksbrösel mit dem Vin Santo tränken und gut mischen.

In die Form zuerst eine Schicht eingeweichte Keksstücke legen, dann eine dicke Schicht Creme darauf verteilen. Weitere Schichten immer abwechselnd hinzufügen, bis die Zutaten aufgebraucht sind, dabei mit einer Schicht *cantucci* abschließen. Die Frischhaltefolie über der Torte zusammenklappen und die Eistorte mindestens 4 Stunden fest gefrieren lassen.

Abschließend den *semifreddo* 10–15 Minuten vor dem Servieren aus dem Gefrierfach nehmen, damit er etwas antauen kann. Zum Servieren die Eistorte auf eine ovale Servierplatte stürzen, die Frischhaltefolie entfernen. Mit einigen Brombeeren bestreut und in dicke Scheiben geschnitten servieren.

Torta della nonna

GROSSMUTTERS CREMETORTE

Mit 13 oder 14 Jahren verbrachte ich immer mehr meiner Freizeit in der Küche – dem Heiligtum meiner Urgroßmutter. Das war bis dahin für nur Unordnung bringende kleine Kinder tabu gewesen. Die geheimnisvolle Ruhe, die von diesem besonderen Raum ausging, faszinierte mich. Von meiner Familie erbte ich ein Rezeptbuch voller Geheimnisse, in die ich mich vertiefte. An Regentagen vertrieb ich mir gern die Düsterkeit, indem ich meine Hände in einen süßen Teig versenkte. Am Teigkneten mag ich besonders, dass die eigene Körperwärme mit dem Gluten und dem Mehl reagiert – eine echte Zusammenarbeit zwischen Mensch und Essen. So hat es mir meine Uroma mit ihrer Hingabe, die mich magisch in die Küche zog, vorgelebt.

La torta della nonna gehört zu den herzerwärmendsten und einfachsten Kuchen im römischen Backrepertoire. Meine persönliche Note habe ich ihr in Form von weißer Schokolade verpasst, für ein besonders üppiges Aroma.

Zubereitungszeit: 15 Minuten plus Zeit zum Ruhen

Backzeit: 40 Minuten

Für 8 Personen

400 g Mehl, Type 405

200 g kalte Butter, gewürfelt (Kantenlänge 1 cm), plus mehr zum Einfetten

1 Prise Salz

150 g feiner Zucker

4 Eigelb

Abrieb von 1 unbehandelten Zitrone

50 g Pinienkerne

50 g Puderzucker

30 g weiße Schokolade, gehobelt, zum Dekorieren

Für die Cremefüllung

4 Eigelb

50 g Mehl, Type 405

500 ml Vollmilch

100 g feiner Zucker

Abrieb von 1 unbehandelten Zitrone

50 g weiße Schokolade, in Stücke gebrochen

Für die Cremefüllung in einem Topf, der nicht auf dem Herd steht, mit einem Rührbesen das Eigelb und Mehl mit der Milch, dem Zucker und Zitronenabrieb verrühren. Dann den Topf auf den Herd stellen und alles unter ständigem Rühren 10 Minuten sanft erwärmen, bis die Creme so dick ist, dass sie an einem Löffelrücken hängen bleibt. Die weiße Schokolade gründlich unter die heiße Creme rühren, bis sie geschmolzen ist. Vom Herd nehmen und zum Abkühlen beiseitestellen.

Für den Teig in einer Schüssel das Mehl mit der Butter und dem Salz mit den Fingerspitzen verreiben, bis die Mischung aussieht wie grobe Streusel. Eine Mulde in die Mitte drücken. Dorthinein den Zucker, das Eigelb und den Zitronenabrieb geben. Alles mit den Händen kurz zu einem glatten Teig verkneten (den Teig nicht zu lange kneten, da die Handwärme sonst die Butter schmilzt). Den Teig in Frischhaltefolie wickeln und im Kühlschrank 30 Minuten ruhen lassen.

Den Ofen auf 180 °C vorheizen. Eine Obstkuchenform (Durchmesser 23 cm) mit Butter einfetten.

Nach dem Ruhen den Teig halbieren. Auf einer bemehlten Arbeitsfläche jedes Teigstück mit einer Teigrolle zu einer Platte mit einem Durchmesser von 25 cm ausrollen. Boden und Rand der Kuchenform mit einer der Teigplatten auslegen, diese sanft andrücken und überstehenden Teig abschneiden.

Die Creme in die Form gießen, die zweite Teigscheibe darauflegen und die Ränder mit den Fingern zusammendrücken. Überstehenden Teig abschneiden. Die *torta* mit Pinienkernen und Puderzucker bestreuen und 30 Minuten im Ofen backen, bis der Teig goldbraun und die Pinienkerne kräftig geröstet sind.

Die *torta della nonna* aus dem Ofen nehmen und auf einem Kuchengitter 1 Stunde abkühlen lassen. Vor dem Servieren mit etwas gehobelter weißer Schokolade dekorieren.

Crostata ricotta e cioccolato come al ghetto

RICOTTA-SCHOKOLADEN-KUCHEN JÜDISCHER ART

Die Ruinen des Forum Romanum führen durch die verschiedenen Ären Roms – es gibt Tempel, die Basilika Santa Francesca Romana, Reste von Triumphbögen und das Kolosseum im Hintergrund. Und dann gibt es noch diese *crostata* (Mürbeteigkuchen), einen von Roms verborgenen Schätzen. Nahe des Teatro Marcello gibt es versteckt an der Ecke zur Straße, die zur Portico d'Ottavia führt, dem Zentrum von Roms historischem jüdischem Ghetto, einen *forno* (Backstube), der berühmt für seinen Ricotta-Schokoladen-Kuchen ist. Die Ewige Stadt ist eine Sammlung verschachtelter Städte. Und in diesem Kuchen sind viele Aromen in einer knusprigen Hülle verpackt.

Zubereitungszeit: 15 Minuten plus Zeit zum Ruhen

Backzeit: 45 Minuten

Für 6 Personen

Für den Teig

2 Eier

120 g Puderzucker

90 ml Sonnenblumenöl

1 TL Backpulver

140 g Dinkelmehl, gesiebt

250 g Mehl, Type 405, gesiebt

30 g schwarze Sesamsaat

1 Stück Butter zum Einfetten

1 Eigelb, verquirlt, zum Bestreichen

400 g Ricotta

4 EL feiner Zucker

Abrieb von 1 unbehandelten Zitrone

30 g dunkle Schokolade (Kakaogehalt mind. 70 %), grob gerieben

Eine flache runde Kuchenform (Durchmesser 20 cm) buttern.

Für den Teig in einer großen Rührschüssel oder der Schüssel eines Rührgeräts die Eier mit dem Puderzucker, Öl und Backpulver mithilfe eines Rührbesens verrühren. Beide Mehlsorten sowie die Sesamsaat hinzufügen und kurz zu einem zarten, feuchten Teig verrühren.

Ein Drittel des Teigs in Alufolie wickeln. Aus dem restlichen Teig walnussgroße Kugeln rollen und diese nebeneinander auf den Boden und Rand der Kuchenform drücken. Die Form und den eingewickelten Teig 30 Minuten im Kühlschrank ruhen lassen.

Den Ofen auf 170 °C vorheizen.

Nach dem Ruhen den Teig 20 Minuten blindbacken (den Teig mit Backpapier bedecken und mit Bohnen oder Linsen beschweren, dann in den Ofen schieben). Anschließend die Form aus dem Ofen nehmen, die Bohnen und das Papier entfernen. Den Teig mit dem verquirlten Eigelb bestreichen und weitere 2–3 Minuten backen, bis er leicht goldbraun ist. Aus dem Ofen nehmen und 15 Minuten abkühlen lassen.

Die Ofentemperatur auf 180 °C erhöhen.

In einer Schüssel oder in der Küchenmaschine den Ricotta, Zucker und den Zitronenabrieb zu einer glatten, cremigen Masse verrühren. Die Schokoladenraspel unterheben, dann die Masse auf den nunmehr abgekühlten Boden gießen und mit einem Löffelrücken glatt streichen.

Den restlichen, gekühlten Teig aus dem Kühlschrank nehmen und mit den Fingerspitzen fein zerkrümeln. Die Teigkrümel gleichmäßig auf der Oberfläche der *crostata* verteilen und alles 20 Minuten im Ofen backen, bis die Ricottafüllung fest ist und Risse zeigt, die Streusel sollten goldbraun sein. Auf einem Kuchengitter abkühlen lassen und dann zu jeder Tages- oder Nachtzeit genießen.

Tiramisù al limone

ZITRONENTIRAMISU

Es gibt doch nichts Besseres, als einem Klassiker eine Frischzellenkur zu verpassen –
Traditionen können überleben, wenn sie selbst modern bleiben. Tiramisù bedeutet wörtlich
»Zieh mich hoch«. Bei diesem Dessert schwelgen Sie im Kochglück. Wenn Sie Zeit
haben, können Sie den Mascarpone auch selbst herstellen: Sie brauchen nur ein Lebens-
mittelthermometer und 24 Stunden Geduld. Achtung: Es könnte süchtig machen.
Sagen Sie nicht, ich hätte Sie nicht gewarnt!

Zubereitungszeit: 15 Minuten plus
Zeit zum Kühlen

Garzeit: 15 Minuten für den
Mascarpone

Für 6 Personen

**Für den hausgemachten
Mascarpone**
1 l Schlagsahne
2 EL Zitronensaft

6 Eigelb (Größe L)
6 EL feiner Zucker
500 g Mascarpone (siehe oben)
Abrieb und Saft von 1 unbehandelten Zitrone
1 EL Limoncello (Zitronenlikör)
300 ml Vollmilch oder fettarme
Milch
250 g Kekse zum Eintunken
(siehe Seite 32) oder Löffelbiskuits
100 g Pistazienkerne
250 g gemischte Beeren (etwa
Brombeeren und Rote Johannisbeeren) zum Dekorieren

Für den hausgemachten Mascarpone die Sahne in einem Topf bei geringer Temperatur unter ständigem Rühren mit dem Rührbesen auf 85 °C
erwärmen. Sobald die gewünschte Temperatur erreicht ist, nach und nach
unter ständigem Rühren den Zitronensaft hinzufügen und 5 Minuten
weiterrühren, bis die Sahne dick genug ist, um an einem Löffelrücken
hängen zu bleiben. Vom Herd nehmen und 15 Minuten abkühlen lassen.

Ein Sieb mit Gaze auslegen und über eine Schüssel hängen. Die einge-
dickte Sahne hineingießen und bei Raumtemperatur 1 Stunde stehen lassen,
dann Sieb und Schüssel für 24 Stunden in den Kühlschrank stellen. Den
Mascarpone in einem luftdichten Behälter bis zum Gebrauch darin lagern.
Er hält sich 3–4 Tage im Kühlschrank.

Für das Tiramisù in einer Schüssel das Eigelb mit dem Zucker zu einer
hellen, cremigen Masse aufschlagen. Den Mascarpone einrühren, dann
den Zitronensaft, -abrieb und den Limoncello unterrühren.

Die Milch in eine flache Schüssel gießen. Die Kekse kurz in die Milch
tunken (nicht mehr als 1 Sekunde pro Seite; sie sollen etwas Flüssigkeit aufnehmen, aber noch fest bleiben). Den Boden einer großen ovalen Schüssel
mit einer Schicht eingeweichter Kekse belegen und mit einer Schicht
Mascarponecreme bedecken. Auf diese Weise alle Kekse und die gesamte
Mascarponecreme abwechselnd in die Schüssel schichten, mit einer
Schicht Mascarpone abschließen.

Das Tiramisù sorgfältig mit Frischhaltefolie abdecken und mindestens
1 Stunde im Kühlschrank abkühlen und fest werden lassen. Die Pistazien
in einem Mixer oder einer Gewürzmühle fein mahlen und vor dem Servieren mit den gemischten Beeren über das Tiramisù streuen.

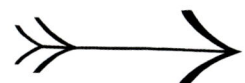

Torta di castagne e mele con farina alle nocciole
e arance candite

APFEL-MARONEN-HASELNUSS-KUCHEN MIT KANDIERTEN ORANGEN

Römische Mode wird nie unmodern. Weltberühmte Designer haben überall in der Stadt ihre Spuren hinterlassen, als sie ihre Modenschauen vor atemberaubenden Kulissen inszenierten, von den Höfen privater Palazzi bis zur Spanischen Treppe. Heute spenden die Modeunternehmer für die Erhaltung von historischen Monumenten – man hat ein gemeinsames Ziel: alten Glanz wieder erstrahlen zu lassen. Diesen Kuchen mit seinen unterschiedlichen Aromen und Konsistenzen werden Sie genießen wie einen Spaziergang auf der Via Condotti.

Zubereitungszeit: 15 Minuten

Koch- und Backzeit: 1 Stunde 40 Minuten

Für 8 Personen

1 Stück Butter zum Einfetten

150 g Mehl, plus mehr zum Bestäuben

Zesten von 1 großen unbehandelten Orange

2 säuerliche, wasserhaltige Kochäpfel (etwa Bramley)

1 EL Zitronensaft

120 ml Marsala

85 g feiner brauner Zucker (siehe Tipp Seite 20)

3 Eier (Größe L)

130 g feiner Zucker

200 g gemahlene Haselnusskerne

6 EL natives Olivenöl extra

2 EL Backpulver

100 ml lauwarme Vollmilch

100 g Maronen aus der Dose, grob gehackt

Den Ofen auf 200 °C vorheizen. Eine flache Kuchenform (23 cm Durchmesser) ausbuttern und mit Mehl bestäuben.

In einem Topf die Orangenzesten mit kaltem Wasser bedecken. Schnell aufkochen, dann abgießen. Diesen Vorgang mit jeweils frischem Wasser noch zwei Mal wiederholen, dann die Orangenzesten aus dem Topf nehmen.

Die Äpfel schälen und das Kerngehäuse entfernen. Einen Apfel in dünne sichelförmige Scheiben schneiden und in eine Schüssel mit Wasser und Zitronensaft legen, damit sie nicht braun werden. Den anderen Apfel würfeln (Kantenlänge 1 cm).

In einer kleinen antihaftbeschichteten Pfanne die Apfelwürfel gemeinsam mit dem Marsala und zwei Dritteln des braunen Zuckers unter Rühren 10 Minuten sanft erhitzen. Die Apfelstücke sollten weich dünsten, aber nicht zerfallen. Vom Herd nehmen und beiseitestellen.

In einer großen Schüssel die Eier mit dem feiner Zucker in 3 Minuten zu einer hellen, luftigen Masse aufschlagen. Das Mehl und die gemahlenen Haselnüsse darübersieben und alles gut vermischen, dabei nach und nach das Olivenöl angießen. Das Backpulver in der Milch auflösen und mit den Apfelwürfeln und Maronen in die Schüssel geben. Alles zu einem dicken, glatten Teig verrühren.

Den Teig in die Kuchenform gießen, dann die Apfelscheiben sorgfältig kreisförmig auf der Oberfläche anrichten. Die Orangenzesten darübergeben und mit dem restlichen braunen Zucker bestreuen.

Die *torta di castagne* 10 Minuten im Ofen backen, dann die Temperatur auf 170 °C reduzieren und weitere 50 Minuten backen, bis die Apfelscheiben goldbraun sind. Zur Garprobe ein Holzstäbchen in die Mitte hineinstechen – wenn nichts daran kleben bleibt, ist der Kuchen fertig. Aus dem Ofen nehmen und in der Form auf einem Kuchengitter mindestens 30 Minuten abkühlen lassen. Dazu eine Tasse Tee reichen.

Castagnaccio

RÜHRKUCHEN MIT KASTANIENMEHL

Zu den wichtigsten Street Foods in Rom gehören *caldarroste*, Röstkastanien, die nie aus der Mode kommen. Die Verkäufer halten sich an den Straßenecken direkt an ihrem Grill warm, mit einem Becher süßem Wein in der einen und glühend heißen Röstkastanien in der anderen Hand. Der glänzende braune Kern spielt auch hier die Hauptrolle. Das Beste: Dahinter steckt eine romantische Geschichte. Traditionell wurde diesem Kuchen Rosmarin als Liebesmittelchen zugefügt: Der Junge, der ein Stück aß, das ihm von einem Mädchen angeboten wurde, sollte sich sofort in es verlieben und es folgerichtig auch heiraten. Kastanienmehl ist in sehr gut sortierten Supermärkten oder online erhältlich. Der Kuchen hält sich in einem geeigneten Behälter bis zu 3 Tage.

Zubereitungszeit: 10 Minuten

Backzeit: 1 Stunde

Für 6 Personen

50 g Rosinen

6 EL natives Olivenöl extra, plus mehr zum Einfetten

3 Eier

150 g feiner Zucker

200 g Kastanienmehl

200 g Mehl, Type 405

2 TL Backpulver

400 ml lauwarme Vollmilch

30 g dunkles Kakaopulver

1 Vanilleschote, längs aufge-schnitten, das Mark ausgekratzt

Blättchen von 3 Rosmarinzweigen

50 g Pinienkerne

20 g Fenchelsamen

20 g Kürbiskerne

30 g Puderzucker

In einer kleinen Schüssel mit warmem Wasser die Rosinen 10 Minuten einweichen, dann abgießen und abtropfen lassen.

Den Ofen auf 180 °C vorheizen. Eine Kuchenform (20 cm Durchmesser) mit etwas Olivenöl einfetten.

In einer Schüssel die Eier und den Zucker mit dem elektrischen Handrühr-gerät in 5 Minuten zu einer hellen, luftigen Masse aufschlagen.

Beide Mehlsorten und das Backpulver darübersieben. Alles gemeinsam mit der Milch, dem Kakaopulver, dem Olivenöl und dem Vanillemark unter die Eimasse rühren. Die Rosmarinblätter und Pinienkerne (jeweils 1 kleine Handvoll aufheben) sowie die eingeweichten Rosinen, die Fenchelsamen und Kürbiskerne zu dem Teig geben und alles gut mischen.

Den Teig in die Kuchenform geben. Die restlichen Rosmarinblätter und Pinienkerne darüberstreuen und den Teig 1 Stunde backen, bis der Kuchen an der Oberfläche Risse zeigt und die Pinienkerne goldbraun sind. Zur Garprobe ein Holzstäbchen in die Mitte hineinstechen – wenn nichts daran kleben bleibt, ist der Kuchen fertig.

Mit Puderzucker bestäuben und den *castagnaccio* warm oder kalt servieren.

Rotolo ricotta e visciole

SAUERKIRSCH-RICOTTA-BISKUITROLLE

Die Zutaten dieser Biskuitrolle sind in den römischen Landen verwurzelt. Manche Sorten Süßkirschen brauchen Hilfe bei der Bestäubung und in jedem Frühling übernehmen Sauerkirschen genau diese Rolle. *Ricotta di pecora* (Ricotta aus Schafsmilch) war lange ein wichtiges Nahrungsmittel auf dem Land um Rom, wo es früher mehr Schafe als Menschen gab. Im Jahr 1817 erweiterte Papst Pius VII. die Grenzen der Gemeinde Rom und verschaffte diesen unterbevölkerten Gebieten damit neue Anerkennung. Die Inspiration für dieses Rezept kam mir durch den Austausch mit der Bloggerin Elizabeth Minett von *Haut Appétit*. So erhält diese uralte Zutatenkombination neues Ansehen. Ein Fest für die Augen und den Magen, wie auf päpstlichen Erlass hin – man verzeihe mir diese Blasphemie.

Zubereitungszeit: 15 Minuten

Backzeit: 15 Minuten

Für 6 Personen

4 Eier, plus 1 Eigelb

120 g feiner Zucker, etwas mehr zum Bestreuen

2 EL Kakaopulver

120 ml Pflanzenöl

135 g Mehl

1 TL Backpulver

150 g Sauerkirschkonfitüre

250 g Ricotta

50 g Puderzucker

100 g gemischte Beeren (etwa Rote Johannisbeeren, Brombeeren, Himbeeren, Erdbeeren)

Den Ofen auf 180 °C vorheizen. Eine Backform oder ein Backblech (35 x 22 cm) mit Backpapier auslegen.

In einer Schüssel die Eier mit dem Eigelb und Zucker zu einer luftigen Masse aufschlagen. Nach und nach mit dem Rührbesen das Kakaopulver und das Pflanzenöl unterrühren. Dann das Mehl und das Backpulver unter Rühren hineinsieben, so dass ein glatter Teig entsteht.

Den Teig in die Backform geben und mit einem Löffelrücken glatt streichen. Im Ofen 15 Minuten backen, bis der Biskuit leicht goldbraun ist und in der Mitte auf leichten Fingerdruck elastisch zurückfedert. Dann aus dem Ofen nehmen und nur kurz abkühlen lassen (er muss noch heiß aufgerollt werden, damit er nicht bricht).

Sobald der Biskuit etwas abgekühlt ist, mit etwas Zucker bestreuen und den Teig auf ein feuchtes Küchenhandtuch stürzen, das Backpapier vorsichtig abziehen. Die Kirschkonfitüre gleichmäßig auf der neuen Oberseite verstreichen, dann den Ricotta darauf verteilen. Von einer der kurzen Seiten her den Biskuit mithilfe des Küchenhandtuchs eng aufrollen.

Mit der Nahtstelle nach unten auf eine Servierplatte setzen. Den *rotolo* mit Puderzucker bestäuben und zum Servieren mit Beeren garnieren.

Kapitel 10 FÜR DIE VORRATSKAMMER

Jedes Jahr im September ist ein verlockendes Zischen aus allen Küchenfenstern Roms zu hören: Die Vorratskammer für den Winter wird gefüllt. Und man teilt seine hausgemachten Köstlichkeiten mit Nachbarn und Freunden. Ein weiterer Beweis dafür, wie eng das Kochen mit dem Leben hier verwoben ist – es ist nicht nur ein Hobby, sondern eine hochgeschätzte Form der Kommunikation.

Wenn ich Teresas Küche in der Via del Pellegrino betrete, begrüßt sie mich mit einem Kuss, während sie mir eine Flasche *sugo* (siehe Seite 254) in die Hand drückt. »Diese Sauce musst du einfach haben. Hier!«, sagt sie mit ausladenden Gesten. Ihre Küche mit den grünen Melamintischen ist bald ganz von Freude erfüllt, während sie mir Käse mit eingelegten roten Zwiebeln und ein paar Grissini (siehe Seiten 263 und 258) anbietet. »Iss, du bist ja nur Haut und Knochen, Schätzchen«, sagt sie im Brustton der Überzeugung. Wie viele römische Frauen ihrer Generation kann sich Teresa nicht damit anfreunden, pro Mahlzeit »nur« drei Gänge zu verspeisen. Zu ihrer Zeit gab es folgende Gänge: Antipasti, gefolgt von *primi piatti* (Pasta und Reis), *secondi piatti* (Fleisch und Fisch), *terzi piatti* (Salat und Käse), *quarti piatti* (Obst) und *quinti piatti* (Dessert). Zweimal täglich, jeden Tag. Und auch nur ein wenig Pasta auf dem Teller zu lassen – das tut man einfach nicht.

Einige Trattorien in Rom entsprechen noch meiner Vorstellung von römischem Essen abseits ausgetretener Pfade. Etwa Mami Trilussa, ein Tempel der Schlemmerei, wo die Spaghetti alla carbonara direkt in der Pfanne serviert werden, damit man das Brot besser eintunken kann. Das beste Fleisch in der Stadt gibt es bei Cesare al Casaletto, einem verborgenen Juwel am Rand des historischen Zentrums. Und wenn mir nach einem perfekten Tiramisù ist, weiß ich, dass Settimio all'Arancio mich nie enttäuschen wird. Danach schlendere ich durch das römische Dreieck (Via Condotti, Via del Corso, Piazza di Spagna), still und ganz ehrfürchtig.

Restaurants in Rom – der Trick ist zu wissen, wo man sie findet. Lassen Sie sich treiben, aber niemals hineinlocken von jemanden, der davorsteht und Sie anspricht. Haben Sie keine Scheu davor, die bescheideneren Lokale zu betreten: Oft findet man dort die authentischste Küche.

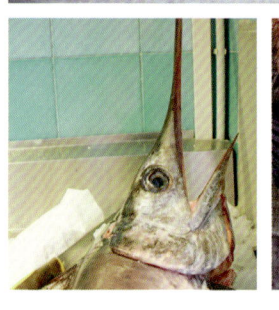

Carciofini sott'olio

ARTISCHOCKEN IN ÖL

Ich liebe die Vielseitigkeit von Artischocken. Viele sonst eher eindimensionale Gerichte bekommen durch sie erst die nötige zusätzliche Geschmacksdimension. Es gibt Hunderte zeitraubender Möglichkeiten, die unwiderstehlichen Artischockenherzen zuzubereiten, aber warum sollte man ewig damit zubringen, wenn man sie doch in wenigen Minuten aufgegessen hat? Dieses Rezept bietet einen schnellen, einfachen Kompromiss – Artischockengenuss ohne großen Aufwand.

Zubereitungszeit: 5 Minuten plus Zeit zum Marinieren

Ergibt 2 Schraubgläser à 250 ml

4 EL Zitronensaft

120 ml natives Olivenöl extra

1 TL Weißweinessig

1 EL Salz

15 schwarze Pfefferkörner

1 TL getrockneter Oregano

1 Handvoll Minze, gehackt

250 g Artischockenherzen in Wasser, aus der Dose, abgetropft

In einen großen Gefrierbeutel den Zitronensaft, das Olivenöl, den Essig, das Salz, die Pfefferkörner, den Oregano und die Minze geben. Kräftig schütteln, bis alles gut vermischt ist.

In den Beutel mit der Marinade die Artischockenherzen geben, dann erneut 1–2 Minuten schütteln, bis die Artischocken gleichmäßig mit Öl benetzt sind.

Die Artischockenherzen in sterilisierte Gläser löffeln (siehe Seite 254) und die Marinade darübergießen. Die *carciofini* vor dem Servieren mindestens 2 Stunden ziehen lassen oder an einem kühlen, dunklen Ort bis zu 5 Tage lagern. Dazu passt frisches Ciabatta zum Tunken, mit frischer Minze bestreut und etwas Marinade servieren.

Sugo passepartout per conserve, pizza e pasta

TOMATENSAUCE AUF VORRAT FÜR PIZZA & PASTA

Selbst gemachte Tomatensauce ist herrlich einfach herzustellen – die kompromisslose Ehrlichkeit der Aromen wird auch bei Ihnen die Frage aufwerfen, warum Sie so lange damit gewartet haben, es auszuprobieren. Am besten an der Rispe gereifte Biotomaten besorgen. Sobald Sie eine üppige Tomatensauce brauchen, öffnen Sie das Glas und lassen die Mittelmeeraromen frei. Machen Sie sich bereit für eine neue Stufe des Küchenrauschs.

Zubereitungszeit: 5 Minuten

Garzeit: 6 Minuten

Ergibt 2 Schraubgläser à 750 ml

12 mittelgroße feste Rispentomaten

2 EL gehackte Basilikumblätter, gehackter Thymian oder gehackter Rosmarin

Salz

Zunächst die Gläser sterilisieren. Dazu den Ofen auf 120 °C vorheizen. Die Gläser und Deckel in heißem Seifenwasser waschen, gründlich abspülen und 10 Minuten im Ofen vollständig trocknen lassen.

In einem großen Topf mit kochendem Salzwasser die Tomaten 6 Minuten blanchieren, bis die Haut sich vom Fleisch löst. Die Tomaten mit einem Schaumlöffel herausheben, die Haut jeweils komplett entfernen. In einem Mixer die Tomaten gemeinsam mit der gewählten Kräutersorte in etwa 20 Sekunden zu einer glatten Sauce pürieren.

Die Sauce in die sterilisierten Gläser geben und die Deckel fest zuschrauben. Die Gläser mit einem sauberen Geschirrtuch zusammenbinden (das verhindert, dass sie gegeneinanderstoßen und splittern), mit den Deckeln nach unten in den Topf stellen und das Wasser erneut zum Kochen bringen. Das Ganze 30 Minuten kochen lassen, dann den Herd ausschalten und die Gläser weitere 30 Minuten im Topf abkühlen lassen. Aus dem Wasser nehmen und abtrocknen.

An einem kühlen, trockenen und dunklen Ort hält sich die Sauce bis zu 6 Monate.

Tozzetti della Tuscia con semi di chia

TOSKANISCHE TOZZETTI MIT CHIASAMEN

Die Beine hochzulegen ist die typische Beschäftigung nach einem Mittagessen in Rom.
Schließlich kann das moderne Büroleben ganz schön hart sein, wenn der normale Arbeitstag
4 bis 6 Stunden dauert, unterbrochen von zahlreichen Variationen von Siestas, abgehalten
mit einem Espresso und einem Schuss Grappa, dazu einem Keks und dem neuesten Klatsch.
Ich stelle diese zwei Mal gebackenen knusprigen Kekse gern für besondere Gelegenheiten her.
Tunken Sie sie in jeden beliebigen lieblichen Wein – ein wunderbarer Mittagssnack,
der Sie von innen aufweckt. Mehr als nur köstlich, einfach typisch römisch.

Zubereitungszeit: 15 Minuten plus
Zeit zum Abkühlen

Backzeit: 35 Minuten

Ergibt 35 Kekse

250 g Mandelkerne

4 Eier, plus 2 Eigelb

250 g feiner Zucker

1 Prise Salz

100 ml natives Olivenöl extra

1 EL lieblicher Wein

630 g Mehl, Type 550, plus mehr
zum Bestäuben

2 TL Backpulver

2 EL Chiasamen

Den Ofengrill auf mittlerer bis starker Stufe vorheizen. Zwei Backbleche
mit Backpapier auslegen.

Auf einem der Backbleche die Mandeln gleichmäßig verteilen und 3 Minuten unter dem Grill leicht goldbraun werden lassen. Auf einem Kuchenrost abkühlen lassen.

Den Ofen auf 200 °C vorheizen.

In einer Rührschüssel die Eier, 1 Eigelb, den Zucker und das Salz in
3 Minuten zu einer luftigen Masse aufschlagen. Das Öl, den Wein, das Mehl
und das Backpulver einrühren und alles zu einem glatten, leicht krümeligen Teig vermengen.

Die gerösteten ganzen Mandeln und die Chiasamen mit den Händen unter
den Teig mengen, dann die Masse in 4 gleich große Stücke teilen. Auf einer
sauberen, bemehlten Arbeitsfläche jedes Teigstück zu einer etwa 20 cm
langen Rolle formen. Die Teigrollen auf das Backblech legen und mit dem
restlichen Eigelb bestreichen. Im Ofen in 20 Minuten leicht goldbraun
backen, dann herausnehmen und 30 Minuten abkühlen lassen.

Die abgekühlten Teigrollen in 2 cm dicke Stücke schneiden. Die Kekse
erneut auf dem Backblech verteilen und weitere 10 Minuten backen, bis
sie fest und goldbraun sind.

Die *tozzetti* vor dem Servieren auf einem Kuchengitter vollständig abkühlen
lassen. In einem luftdichten Behälter halten sie sich bis zu 3 Monate.

GRISSINI

Brot gehört zu den beglückendsten Nahrungsmitteln überhaupt; meiner Meinung
nach hat es nahezu heilende Eigenschaften. Wenn ich Freunde besuche und selbst gemachte
Grissini auf dem Tisch stehen, weiß ich, dass hier jemand mit einem Auge für Details
am Werk war. Ob ich mich für ein üppiges Festessen oder für eine alltägliche Mahlzeit an
den Tisch setze – ich bin sicher, dass mich wahre Gaumenfreuden erwarten.
Da die Temperatur des Wassers bei diesem Rezept eine wichtige Rolle spielt, sollten
Sie sie mit einem Küchenthermometer überprüfen. Der Teig kann per Hand, Rührgerät mit
Knethaken oder im Brotbackautomaten geknetet werden. Ich bevorzuge das letztere
Gerät, da ich einfach manchmal etwas faul bin.

Zubereitungszeit: 20 Minuten
plus Zeit zum Gehen

Backzeit: 15 Minuten

Ergibt 30 Stück

200 ml stilles Mineralwasser
oder gefiltertes Wasser

½ Pckg Trockenhefe

500 g Mehl, Type 550

100 ml natives Olivenöl extra

10 g feiner Zucker oder
Malzextrakt

15 g Salz

50 g Sesam- oder Mohnsaat

In einen Topf das Wasser gießen und mithilfe eines Küchenthermometers
die Temperatur prüfen, sie sollte 25 °C betragen. Sanft erhitzen, bis es
die gewünschte Temperatur erreicht. In einer großen Schüssel die Hefe
unter Rühren in dem temperierten Wasser auflösen. Dann 100 g des Mehls
hinzufügen und alles zu einem feuchten Vorteig verrühren, 45 Minuten
ruhen lassen.

Anschließend den Vorteig in der Schüssel einer Küchenmaschine gemein-
sam mit dem Öl, dem Zucker und dem restlichen Mehl (400 g) mit dem
Knethaken in 10 Minuten zu einem festen, elastischen Teig verkneten.
Das Salz hinzufügen und 3 Minuten weiter kneten, dann den Teig in eine
Schüssel legen, mit Frischhaltefolie abdecken und an einem warmen Ort
1 Stunde gehen lassen, bis sich das Volumen verdoppelt hat.

Den Ofen auf 160 °C vorheizen. Ein Backblech mit Backpapier auslegen.

Nach dem Aufgehen den Teig von Hand durchkneten und zu einem
Rechteck (60 x 20 cm) formen. Mit einem scharfen Messer längs in 2 cm
breite Streifen schneiden und jeden Streifen zu einem langen, ungleich-
mäßig verdrehten Strang formen. Die Grissini mit etwa 1 cm Abstand
auf das Backblech legen. Mit der Sesam- oder Mohnsaat bestreuen und
15 Minuten ruhen lassen.

Im Ofen die Grissini in 15 Minuten goldbraun backen (häufig überprüfen,
damit sie nicht schwarz werden). Auf einem Kuchengitter abkühlen lassen.
Sie halten sich in einem luftdichten Behälter bis zu 5 Tage.

Pangrattato

SEMMELBRÖSEL

Ich mische gern verschiedene Brotreste für meine selbst gemachten Semmelbrösel. Die sind dann optisch ansprechender und schmecken auch interessanter.

Zubereitungszeit: 30 Sekunden

Ergibt 400 g

200 g altbackenes Brot

200 g altbackene Grissini oder Kräcker

1 TL getrockneter Salbei

In einem Mixer alle Zutaten gemeinsam in 30 Sekunden zu feinen Bröseln zerkleinern. In einem luftdichten Behälter bis zu 1 Monat lagern.

Pesto Romano di zucchine

ZUCCHINIPESTO RÖMISCHER ART

Gerade will ich mir ein wohlverdientes Glas Wein zu Gemüte führen, da ruft meine Mutter an. Sie will wissen, ob ich genug esse, genug schlafe und warum aus mir immer noch nicht das perfekte kleine Mädchen geworden ist. Nach solchen Unterhaltungen bin ich immer ganz ausgehungert. Zum Glück finde ich in meinem Gefrierfach immer ausreichend Leckereien. Dieses Pesto streiche ich zum Beispiel gern auf Roggenbrot oder gebe einen Klecks davon auf mein *filetto* oder meine Nudeln – himmlisch!

Zubereitungszeit: 10 Minuten plus Zeit zum Abtropfen

Ergibt 2 Schraubgläser à 250 ml

2 Zucchini

1 Prise Salz

2 TL getrockneter Majoran

1 Knoblauchzehe, geschält

15–25 Basilikumblätter

2 EL Pinienkerne

2 EL natives Olivenöl extra

40 g Pecorino Romano, grob gehackt

40 g Parmesan, grob gehackt

Zunächst die Gläser sterilisieren (siehe Seite 254).

Die Enden der Zucchini kappen und entsorgen. Die Zucchini in dünne Stifte schneiden. Diese in einem Sieb mit 1 großzügigen Prise Salz bestreuen. Das Sieb in der Spüle 30 Minuten stehen lassen und die Zucchini entwässern lassen.

Nach dem Abtropfen in einem Mixer die Zucchinistifte gemeinsam mit allen anderen Zutaten zu einer glatten, cremigen Paste verarbeiten. Das Pesto in die sterilisierten Gläser geben. Es hält sich bis zu 1 Woche im Kühlschrank oder in einem geeigneten Behälter bis zu 2 Monate tiefgefroren.

CROSTINI

Brot ist in Italien heilig, und damit meine ich, es sollte niemals weggeworfen werden, da es viele Suppen und Salate aufwerten kann. Für dieses Rezept können Sie jedes altbackene Brot nehmen.

Zubereitungszeit: 1 Minute

Garzeit: 5 Minuten

altbackene Brotscheiben, gewürfelt (Kantenlänge 1 cm)

In einer antihaftbeschichteten Pfanne die Brotwürfel unter gelegentlichem Wenden etwa 5 Minuten rösten, bis sie goldbraun und knusprig sind.

Conserva alla cipolla rossa

EINGELEGTE ROTE ZWIEBELN

Jemand erzählte mir einmal eine Geschichte aus dem alten Rom, in der sich unverdünnter Wein an einer Kerze entzündete. Damals enthielt der Wein wesentlich mehr Alkohol und war nicht trinkbar, wenn er nicht erst mit Wasser verdünnt wurde; auch heute gießen übrigens noch viele Italiener – vor allem in der älteren Generation –, Wasser in ihr Glas Rotwein. Ich mische für dieses Rezept Reste meines Lieblingsweins mit milden roten Zwiebeln. Sie sind eine ebenso ideale Beilage für einen Braten wie für alle Arten von Käse (siehe Foto Seite 264, links oben). Sobald das Glas geöffnet ist, sollten die Zwiebeln im Kühlschrank aufbewahrt und innerhalb von 1 Woche verzehrt werden.

Zubereitungszeit: 5 Minuten plus Zeit zum Ziehen (über Nacht)

Garzeit: 30 Minuten

Ergibt 6 Schraubgläser à 250 ml

1,5 kg große rote Zwiebeln, halbiert, in dünne Scheiben geschnitten

175 g feiner Zucker

175 g feiner brauner Zucker (siehe Tipp Seite 20)

150 ml Roséwein

50 ml Rotweinessig

4 Knoblauchzehen

2 Kaffirlimettenblätter

Zunächst die Gläser sterilisieren (siehe Seite 254).

In einer großen Schüssel alle Zutaten gut vermengen. Mit Frischhaltefolie bedeckt mindestens 8 Stunden ziehen lassen, am besten über Nacht.

Vor dem Einkochen die Limettenblätter entsorgen. In einem großen Schmortopf die Zwiebeln mit der Marinade sanft aufkochen, dann unter gelegentlichem Rühren 30 Minuten köcheln lassen. Die Zwiebeln sollten weich sein, die Masse dick und von konfitüreartiger Konsistenz.

Für die Gelierprobe eine Untertasse 10 Minuten ins Gefrierfach stellen, dann einige Tropfen des Zwiebelsirups daraufgeben. Nach 1 Minute mit dem Finger durch die Tropfen fahren – sie sollten leichte Falten werfen. Sonst den Topf zurück auf den Herd stellen und weitere 2–3 Minuten köcheln lassen, dann noch einmal testen.

Die warmen *cipolle rosse* in die sterilisierten Gläser löffeln, fest verschließen. Auf dem Deckel stehend abkühlen lassen. An einem trockenen, dunklen Ort halten sich die Zwiebeln im geschlossenen Glas bis zu 6 Monate.

Marmellata di uva e noci pecan

TRAUBEN-PEKANNUSS-KONFITÜRE

Die Geschichte der Konfitüren beginnt melancholisch. Katharina von Aragon, die unglückliche erste Frau von Heinrich VIII., soll die Früchte ihrer Heimat so sehr vermisst haben, dass sie sie zu Konfitüre verarbeiten und von Spanien nach England verschiffen ließ. Wie die Bräunungsstreifen vom Badeanzug erinnern uns eingemachte Früchte an sorglose Sommertage, wenn die Herbstblätter zu fallen beginnen. Diese Trauben-Pekannuss-Konfitüre ist eine hübsche Abwechslung und schmeckt köstlich auf süßem Frühstückszwieback (siehe Seite 35).

Zubereitungszeit: 20 Minuten plus Zeit zum Ziehen

Garzeit: 1 Stunde

Ergibt 4 Schraubgläser à 250 ml

1 kg dunkelrote kernlose Weintrauben, die Beeren halbiert

2 unbehandelte Zitronen, halbiert, in dünne Scheiben geschnitten

500 g feiner Zucker

100 g Pekannusskerne, halbiert

4 EL Weinbrand (Brandy) oder Cognac

In einer großen Schüssel die Weinbeerenhälften und die Zitronenscheiben mit dem Zucker bestreuen und 3 Stunden ziehen lassen, bis der Saft austritt.

Die Zitronenscheiben entsorgen, dann die Weinbeeren in einem großen Topf sanft aufkochen lassen und 1 Stunde unter häufigem Rühren einkochen.

Unterdessen die Gläser sterilisieren (siehe Seite 254).

Für die Gelierprobe eine Untertasse 10 Minuten ins Gefrierfach stellen, dann etwas Konfitüre darauf geben. Nach 1 Minute die Untertasse umdrehen – wenn die Konfitüre fest daran haften bleibt und nicht herunterfällt, ist sie fertig. Wenn nicht, weitere 2–3 Minuten köcheln lassen und dann noch einmal testen.

Die fertige *marmellata* vom Herd nehmen und 5 Minuten abkühlen lassen, dann vorsichtig die Nüsse und den Alkohol unterrühren.

Die heiße Konfitüre in die sterilisierten Gläser geben, fest verschrauben. Die Gläser auf dem Deckel stehend 45 Minuten abkühlen lassen, dann wieder umdrehen. Die Konfitüre hält sich an einem trockenen, dunklen Ort bis zu 6 Monate.

Cubetti di ghiaccio

FARBIGE EISWÜRFEL

Eiswürfel, die anmutig in Gläsern klirren, können so viel mehr, als einfach nur das Getränk zu kühlen. Um ihre Suggestivkraft zu unterstreichen und etwas Farbe in meine Drinks zu bringen, verfeinere ich sie gern mit allen möglichen Früchten, Säften und Kräutern. Für eine fruchtige Erfrischung die Eiswürfelbehälter statt mit Wasser einfach mit Fruchtsaft Ihrer Wahl füllen, tiefgefrieren wie gewohnt und bei der nächsten Party herausholen. Möge die Sonne mit Ihnen sein!

Zubereitungszeit: 5 Minuten plus Zeit zum Gefrieren

Für 1 normale Eiswürfelform

4 rote kernlose Weinbeeren

¼ Kiwi, geschält

1 Rispe Rote Johannisbeeren

8 Minzeblätter, halbiert

150 ml frisch gepresster Fruchtsaft

Jede Weinbeere halbieren und die Kiwi würfeln (Kantenlänge 3 mm). Die Johannisbeeren vorsichtig von der Rispe streifen.

Die Hälfte der Vertiefungen in einer länglichen Eiswürfelform so mit den Traubenhälften, Kiwiwürfeln und Johannisbeeren füllen, dass sich die Früchte nicht berühren. In jede Vertiefung ein halbiertes Minzeblatt legen und mit dem Fruchtsaft, alternativ mit Wasser, auffüllen. Im Gefrierfach fest werden lassen (dauert mindestens 5 Stunden). Die *cubetti* halten sich bis zu 6 Monate im Gefrierschrank.

NEGRONI

Ein Negroni kann »echt« oder »falsch« sein. Auf jeden Fall ist dieser bittere, leuchtend rote Aperitif äußerst beruhigend und lässt nach der Arbeit jede Art von Stress von uns abfallen. Das Geheimnis seiner kräftigen Farbe ist Cochenille, ein karminroter Farbstoff, der heute überwiegend zum Färben von Lebensmitteln eingesetzt wird und mit dem unsere Großmütter früher Wolle oder Baumwolle färbten.
Die alternative Version dieses Cocktails, der *negroni sbagliato* (»falscher« Negroni) ist trotz seines Namens ganz und gar nicht verkehrt, sondern schmeckt sogar sehr gut. Er wird mit Prosecco anstelle von Gin zubereitet, was ihn deutlich leichter macht. Ich gebe auch gern einen Schuss selbst gemachten römischen Sambuca (siehe Seite 271) und einige hausgemachte Eiswürfel (siehe Seite 266) zu meinen Negronis. Die frischen, lebendigen Cocktails sind ein wunderbarer Start für eine Party. Das verlangt nach einer doppelten Version und guter Laune.

Zubereitungszeit: 5 Minuten plus Zeit zum Kühlen

Für 4 Personen

4 farbige Eiswürfel (siehe Seite 266; alternativ normale Eiswürfel, zerstoßen)

240 ml Gin (alternativ Prosecco)

240 ml roter Wermut

240 ml Campari

4 Spritzer (römischer) Sambuca (siehe Seite 271)

4 Zesten von 1 unbehandelten Orange

4 Martinigläser für 10 Minuten ins Gefrierfach stellen.

Die gekühlten Gläser nebeneinander auf eine Arbeitsfläche stellen und in jedes 1 Eiswürfel oder etwas zerstoßenes Eis geben. Den Gin oder den Prosecco gleichmäßig auf die Gläser aufteilen, ebenso den anderen Alkohol. Mit einem kleinen Löffel verrühren, mit den Orangenzesten garnieren und servieren.

Sambuca alla Romana

RÖMISCHER SAMBUCA

Manche Kochvorgänge sind heilende, freudvoll verbrachte Zeit. Andere wiederum, wie das Herstellen eines Likörs zum Beispiel, ähneln einem Versöhnungsritual. Nachtdunkler Sternanis, bronzefarbene Zimtstangen und ein Hauch Koriander sind die Zutaten dieses berühmten Likörs, der auch bei der Zubereitung von *Tarallucci al Vino* (siehe Seite 43) zum Einsatz kommt. Früher oder später trinkt ihn jeder, der in Rom ist, häufig mit einigen gerösteten Kaffeebohnen im Glas für mehr Aroma. Nach all dem Essen braucht man etwas Bitteres, um sich auf das nächste Festmahl vorzubereiten.

Zubereitungszeit: 10 Minuten plus 23 Tage Zeit zum Ziehen

Ergibt 2 Flaschen à 1 l

80 g Sternanis

1 TL Koriandersamen

1 Zimtstange

4 Gewürznelken

1 Vanilleschote

1 unbehandelte Zitrone

700 ml Obstbrand (mind. 37,5 % Vol.)

500 g feiner Zucker

In ein Einmachglas mit 2 l Fassungsvermögen den Sternanis, die Koriandersamen, die Zimtstange, die Nelken, die Vanilleschote und die Zitrone geben. Mit dem Obstbrand übergießen und luftdicht verschließen. Das Ganze 20 Tage an einem dunklen, trockenen Ort ziehen lassen, dabei das Glas alle 2 Tage etwas schütteln, damit die Zutaten sich gut vermischen.

Nach 20 Tagen in einer kleinen Schüssel den Zucker in 1 l Wasser auflösen und ins Glas geben. Das Glas wieder verschließen und weitere 3 Tage stehen lassen, dann den Likör durch ein feines Sieb in saubere, trockene und wiederverschließbare Flaschen abseihen. Der Sambuca hält sich an einem dunklen und trockenen Ort bis zu 2 Jahre.

Kapitel II MITTERNACHTS-SCHLEMMEREIEN

Heutzutage findet man in der Via dei Coronari, der Straße der Kronenmacher, die exklusivsten Antiquitätenläden und Juweliere. In der Nähe befindet sich La Casa di Fiammetta, wo einst Cesare Borgias Mätresse wohnte. Etwas weiter südlich liegt die Via del Governo Vecchio, die Straße der alten Regierung. Einst wurde sie von der konkurrenzlosen Vormacht des Papstes beherrscht, heute befindet sich dort eine unbestritten großartige Osteria, Da Tonino, wo *straccetti* (Kalbsstreifen in Marsalasauce, siehe Seite 279) und Fusilli (siehe Seite 290) serviert werden. Jahrhundertelang trugen die römischen Söhne der Crème de la Crème die Pontifexe auf einem zeremoniellen Thron auf den Schultern über die Via del Governo Vecchio. Die jungen Männer rissen oft Witze auf Kosten ihres Passagiers, der sie dann liebenswürdig in die Engelsburg, das päpstliche Gefängnis, schickte, wo sie ein paar Tage in isolierter Kontemplation mit Zimmerservice verbrachten.

Irgendwo auf dieser furchtbar bezaubernden Straße laufen Sie vielleicht Dolores über den Weg. Sie ist eine örtliche Legende, ihre Augen strahlen wie ein *sgroppino* (Zitronencocktail, siehe Seite 295). Sie erzählt von ihren Abenteuern als Statistin für Federico Fellini und schläft inzwischen unter freiem Himmel. Manche sagen, sie besaß einmal ein Vermögen in Edelsteinen und anderen Geschenken ihrer Liebhaber, andere reden von ihrer zwanghaften Wollust und ihrer Sucht nach *affogato al caffè* (Eis im Kaffeebad, siehe Seite 293). Hat sie wirklich jemals mit dem Regisseur von *Das süße Leben* gearbeitet? Trotz ihrer zerlumpten Erscheinung heutzutage kann man immer noch einen Hauch vergangenen Ruhms in ihrem raffinierten Lächeln erkennen … vielleicht.

Pasquino, die erste »sprechende Statue« von Rom, gab all jenen eine Stimme, die es in den Zeiten vor der allgemeinen Redefreiheit zu anmaßend oder gefährlich fanden, ihre Unzufriedenheit mit dem Staat oder der Kirche öffentlich zu äußern. Menschen jeder Herkunft kamen zur griechischen Statue an der Ecke der Piazza Pasquino, die Köpfe unter schwarzen Schleiern verborgen. Der Protest, geschrieben mit Witz, Scharfsinn und einer großen Portion Verachtung, wurde an den Sockel der Statue geheftet. Figuren des öffentlichen Lebens wurden hier mit Worten karikiert: Manche wurden zu Bauwerken gemacht, andere zu Tieren und manche sogar zu *carciofi alla Romana* (Geschmorte Artischocken, siehe Seite 283).

Grattachecca
RÖMISCHE GRANITA

Für mich symbolisiert nichts besser den glühend heißen römischen Sommer als dieses eiskalte Dessert: Erst wenn die *grattachecce* (Granitastände) wieder öffnen, weiß ich, dass die Zeit des ewigen Flirtens und der Sonnenbrände angebrochen ist. Ein Tagesausflug zur Küstenstadt Sperlonga, wo es die Tiberius-Grotte und ganz fantastischen Mozzarella zu entdecken gibt, wäre nicht dasselbe, wenn er nach dem unvermeidlichen Stau zurück nach Rom nicht mit einem Besuch im Alla Fonte d'Oro enden würde, der ältesten *grattachecce* in Trastevere. Es gibt zwei Gelegenheiten, zu denen ich diese Granita gern esse: Wenn es so heiß ist, dass das innere Thermometer schon längst den Geist aufgegeben hat, und mitten im Frühling, um sich wieder mit den Aromen der wärmeren Jahreszeiten vertraut zu machen, die im Winter verloren gegangen sind. Hier eine einfache Do-it-yourself-Version.

Zubereitungszeit: 5 Minuten plus Zeit zum Kühlen

Garzeit: 5 Minuten

Für 4 Personen

250 g Erdbeeren, geputzt

2 EL Zitronensaft

50 g Puderzucker

30 Eiswürfel

60 g Kokosnussstücke, Bananenscheiben oder andere Fruchtstücke zum Dekorieren

1 kleine Handvoll Minze

In einer kleinen antihaftbeschichteten Pfanne die Erdbeeren 3 Minuten sanft erhitzen, bis sie weich sind und zusammenfallen. In eine Schüssel füllen.

Mit einem Kartoffelstampfer die geschmorten Erdbeeren zu einer dicken Paste zerdrücken. Mit dem Rührbesen den Zitronensaft und den Zucker unterrühren, wieder zurück in die Pfanne geben und weitere 3 Minuten köcheln lassen, bis alles zu einem Sirup eingekocht ist. Den Sirup in eine Schüssel durch ein Sieb abseihen. Im Kühlschrank 1 Stunde abkühlen lassen.

Kurz vor dem Servieren das Eis aus dem Gefrierfach nehmen. In einem großen Gefrierbeutel mithilfe einer Teigrolle die Eiswürfel fein zerkleinern; falls vorhanden, eine Eismühle verwenden.

Das zerstoßene Eis auf 4 Gläser verteilen. Den Fruchtsirup darübergießen und mit einem Cocktaillöffel verrühren. Mit Kokosnussstücken, Bananenscheiben oder anderen Fruchtstücken nach Belieben dekorieren und mit einigen Minzeblättern abrunden.

Pallotte cacio e uova

KURZGEBRATENE KÄSE-EI-BÄLLCHEN

Ein Gericht aus einfachen Zutaten, die in allen römischen Haushalten zu finden sind – wenn nicht gar in allen Haushalten –, wir alle haben doch Weichkäsereste im Kühlschrank, die auf Rettung warten. Es hat etwas unmissverständlich Ehrliches, Reste zu essen, vielleicht weil die guten Absichten des Kochs den Zutaten ein zweites Mal zugutekommen, und das auf höchst geschickte Weise. Das Ei bindet die anderen Zutaten, wie in so vielen Rezepten. Es dauert nicht lange, diese Bällchen herzustellen: Sobald sie im heißen Öl braun werden, sind sie fertig.

Zubereitungszeit: 10 Minuten

Garzeit: 20 Minuten

Ergibt 20 Stück

120 ml Vollmilch

150 g Brot vom Vortag, in kleine Stücke gerissen

250 g Ricotta, Hüttenkäse oder anderer milder Weichkäse

1 Ei (Größe L)

1 Handvoll glatte Petersilie, gehackt

2 TL Salz

2 Knoblauchzehen, in dünne Scheiben geschnitten

2 EL Olivenöl

1 (à 250 g) Dose Kirschtomaten, abgetropft

¼ TL feiner Zucker

1 Handvoll Basilikumblätter, gehackt, plus ganze Blätter zum Garnieren

100 ml Pflanzenöl

1 TL Rosa Pfefferbeeren

In einer kleinen Schüssel mit der Milch die Brotstücke kurz einweichen lassen.

Dann die Brotstücke ausdrücken. In einer Schüssel das eingeweichte Brot mit dem Käse, dem Ei, der Petersilie, dem Salz und der Hälfte der Knoblauchscheiben mit den Händen gut vermengen, dann die Masse zu walnussgroßen Kugeln rollen.

In einer Bratpfanne 2 EL Olivenöl erhitzen, die abgetropften Tomaten, den Zucker, die gehackten Basilikumblätter und den restlichen Knoblauch hinzufügen. Alles salzen, dann aufkochen lassen. Die Tomatensauce in 10 Minuten eindicken lassen.

Unterdessen in einer großen antihaftbeschichteten Pfanne 100 ml Pflanzenöl langsam erhitzen. Die Käse-Ei-Bällchen vorsichtig ins Öl gleiten lassen und in etwa 5 Minuten goldbraun braten. Mit einem Schaumlöffel aus der Pfanne nehmen und auf einem mit Küchenpapier ausgelegten Teller entfetten.

Die *pallotte* vorsichtig in die Tomatensauce geben und 2–3 Minuten darin heiß werden lassen, dann alles in eine Servierschüssel umfüllen und mit den rosa Pfefferbeeren und einigen Basilikumblättern garniert servieren.

Straccetti al Marsala accompagnati da spinaci e pane raffermo

KALBSSTREIFEN IN MARSALASAUCE & SPINAT MIT BROTWÜRFELN

Der Begriff »Paparazzo« tauchte erstmals in Fellinis *Das süße Leben* auf, für eine schmierige, hartnäckige Figur, die durch Rom streift, um kompromittierende Fotos von Prominenten zu schießen und um damit berühmt oder eher berüchtigt zu werden. Viele haben sich schon mit wütenden öffentlichen Ausbrüchen gegen die aufdringlichen Paparazzi gewehrt, andere ließen sich von ihnen versprechen, die schlechtesten Bilder zu zerreißen. Traditionell mit Rindfleisch, schmeckt dieses Gericht auch mit Kalb oder Schwein köstlich. Schneiden Sie das Fleisch einfach in Streifen und fertig sind die *straccetti*. So einfach, wie den Auslöser zu drücken.

Zubereitungszeit: 10 Minuten

Garzeit: 20 Minuten

Für 6 Personen

80 g Mehl, Type 550

1 TL gemahlene Kurkuma

600 g Bio-Kalbs- oder Schweineschnitzel, 1 cm dick, in 1 cm dicke Streifen geschnitten

3 EL natives Olivenöl extra

1 Stück Butter

2 EL Stärke

6 EL Marsala

1 Tropfen Sojasauce

Für den Spinat

500 g Blattspinat, geputzt

Salz

150 g Brot vom Vortag, gewürfelt (Kantenlänge 1 cm)

80 g Pancetta oder anderer geräucherter Bauchspeck, klein gewürfelt

1 Knoblauchzehe, geschält

2 EL natives Olivenöl extra

2 EL frisch geriebener Pecorino Romano

In einen großen Gefrierbeutel die Fleischstreifen gemeinsam mit dem Mehl und dem Kurkumapulver geben. Kräftig schütteln, bis die Fleischstücke gleichmäßig mit Mehl und Kurkuma überzogen sind.

In einer großen Pfanne das Öl und die Butter gemeinsam erhitzen. Die bemehlten Fleischstreifen darin unter gelegentlichem Rühren in 5 Minuten von allen Seiten leicht goldbraun braten. Aus der Pfanne nehmen und beiseitelegen.

In einer kleinen Schüssel die Stärke in 130 ml Wasser anrühren. In dieselbe Pfanne nun den Marsala, die Sojasauce und die aufgelöste Stärke gießen, aufkochen und 5 Minuten sprudelnd kochen lassen, bis die Sauce eingedickt ist. Beiseitestellen.

Unterdessen in einem großen Topf die Spinatblätter mit so viel kochendem Wasser übergießen, dass sie bedeckt sind. Den Spinat salzen, aufkochen lassen und bei mittlerer Temperatur 5 Minuten garen. Dann die Brotwürfel gründlich untermischen, damit das Brot die Kochflüssigkeit aufsaugen kann. Alles über einem Sieb abgießen, dann wieder in den Topf geben und mit einer Gabel grob zerkleinern.

Eine kleine antihaftbeschichtete Pfanne erhitzen und die Pancettawürfel darin 2–3 Minuten ausbraten. Den Knoblauch hinzufügen und 3 Minuten weiter braten, bis der Pancetta kross und goldbraun ist, dann den Knoblauch und die Pancettawürfel zum gestampften Spinat geben und alles gut vermengen. Das Olivenöl unterrühren und mit Salz abschmecken.

Die *straccetti* in der Marsalasauce 1–2 Minuten erhitzen, dann auf Teller aufteilen. Den geriebenen Pecorino über den Spinat streuen und servieren.

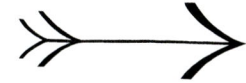

Carciofi alla Romana

GESCHMORTE ARTISCHOCKEN RÖMISCHER ART

Hinter dem Circus Maximus befindet sich unter den Herrlichkeiten der Ruinen
auf dem Palatin ein Rosengarten mit mehr als 1100 Rosensorten. Ich bin überrascht, dass
hier keine Artischocken wachsen, denn mich erinnert das Gemüse ganz stark an die
romantischste aller Blumen. Nicht nur entfaltet sie beim Hineinbeißen einen köstlichen Duft,
sondern hinterlässt auch einen himmlischen Nachgeschmack. Wenn Artischocken
Saison haben, essen die Römer sie, als wäre sie ein Wundermittel gegen alle Sorgen des
Lebens. Sie haben glücklicherweise kaum Kalorien und entgiften die Leber wunderbar.
Herzhaft und sättigend.

Zubereitungszeit: 15 Minuten

Garzeit: 40 Minuten

Für 4 Personen

1 große Handvoll Minze

2 Kaffirlimettenblätter, fein
gehackt

1 Knoblauchzehe, fein gehackt

100 g Semmelbrösel (siehe
Seite 262)

3 EL natives Olivenöl extra

4 kleine Artischocken, geputzt
(siehe Seite 13), in Zitronenwasser
gelegt

150 ml Gemüsebrühe (siehe
Seite 12)

Salz

Die Hälfte der Minze fein hacken und in einer Schüssel gemeinsam
mit den Limettenblättern, dem Knoblauch, den Semmelbröseln und
1 EL Olivenöl vermischen, abschließend salzen.

Den Hohlraum jeder Artischocke vorsichtig mithilfe eines Teelöffels
öffnen und jeweils mit 4 TL der Kräutermischung füllen.

In einem großen Topf die restlichen 2 EL Öl sanft erhitzen. Die Artischocken mit der Stielseite nach oben in die Pfanne legen und mit der
Gemüsebrühe übergießen.

Die restlichen Minzeblätter darüberstreuen, alles aufkochen und bei
geschlossenem Deckel etwa 40 Minuten dünsten. Garprobe: Der dickste
Teil des Artischockenstiels sollte beim Einstechen mit einem scharfen
Messer weich sein.

Die Artischocken salzen, auf einer Servierplatte entweder heiß servieren
oder (am besten) auf Zimmertemperatur abkühlen lassen.

Die gegarten *carciofi* halten sich bis zu 5 Tage im Kühlschrank und
schmecken hervorragend auf Nudeln oder zu pochierten Eiern.

Salsiccia con lenticchie, porro e finocchio

EINTOPF MIT SCHWEINEWURST, LINSEN, LAUCH & FENCHEL

Ich bekomme einfach nicht genug von diesen nussigen Hülsenfrüchten, die in Italien als Glückssymbol gelten und sich so gut mit so vielen anderen Zutaten kombinieren lassen. Sie schmecken köstlich in Eintöpfen, Suppen und Salaten und sind auch ein wunderbarer Fleischersatz. Eines der Lebensmittel, die immer gute Laune machen, ist die italienische Salami *finocchiona*. Sie ist nicht das ganze Jahr über zu haben und auch nicht leicht aufzutreiben, aber ich beschwöre gern ihren Duft und ihr Aroma mit diesem Eintopf in meiner Küche herauf, den man am besten auf dem Sofa beim Lieblingsfilm zügig verzehrt.

Zubereitungszeit: 5 Minuten

Garzeit: 30 Minuten

Für 4 Personen

4 EL natives Olivenöl extra

1 Stange Lauch, geputzt, längs in dünne Scheiben geschnitten

1 Knolle Fenchel, Strunk und Grün entfernt, in grobe Streifen geschnitten

400 g Schweinewürstchen (*salsiccia*)

250 g Castelluccio- oder Puy-Linsen

350 ml Gemüsebrühe (siehe Seite 12)

Salz

frisch gemahlener schwarzer Pfeffer

10 g Fenchelsamen

1 kleine Handvoll Schnittlauch-röllchen

In einer Pfanne das Öl erhitzen und darin den Lauch in 5 Minuten weich und glasig dünsten. Die Fenchelstreifen und die *salsicce* in die Pfanne geben und 5 Minuten braten, bis die Würstchen auf allen Seiten gebräunt sind.

In dieselbe Pfanne die Linsen geben und mit der Brühe übergießen. Alles aufkochen, dann die Temperatur reduzieren. Den Eintopf 25 Minuten sanft köcheln lassen, bis die Linsen weich und die Würstchen gar sind. Mit Salz und Pfeffer abschmecken.

Den Eintopf auf Teller verteilen und mit den Fenchelsamen und Schnitt-lauchröllchen bestreut servieren.

SALTIMBOCCA MIT KARAMELLISIERTER BIRNE, GEBRATENEM SALBEI & GESCHMORTEM SALAT

Saltimbocca alla Romana con pera caramellata, salvia fritta e lattuga brasata

Zubereitungszeit: 25 Minuten

Garzeit: 40 Minuten

Für 4 Personen

Für den geschmorten Salat

500 g knackiger Salat, Strunk entfernt, Blätter getrennt

1 Karotte, geschält, gewürfelt (Kantenlänge 1 cm)

1 große Zwiebel, in 1 cm große Stücke geschnitten

3 EL natives Olivenöl extra

1 TL gehackter Thymian

1 TL gehackter Estragon

1 TL gehackte glatte Petersilie

200 ml Gemüsebrühe (siehe Seite 12)

Für die Saltimbocca

100 g Butter

1 EL Zucker

10 Salbeiblätter, 2 davon fein gehackt

½ Birne (Williams), geschält, Kerngehäuse entfernt, klein geschnitten

8 (à 70 g) Bio-Kalbsschnitzel, pariert

30 g Mehl, Type 550

4 (à 10 g) Scheiben Prosciutto, halbiert

150 ml Weißwein

Salz und Pfeffer

Für den frittierten Salbei

1 EL Mehl, Type 550

50 ml Mineralwasser mit Kohlensäure

50 ml natives Olivenöl extra

3 in Salz eingelegte Sardellenfilets, abgespült, in 1 cm große Stücke geschnitten

25 Salbeiblätter

So anstrengend oder vergnügt mein Tag auch war, wenn es Abend wird, führt mein Weg mich in die Küche, wo auch immer ich mich gerade befinde auf der Welt. Auf diese Weise bin ich immer zu Hause. Für dieses Rezept müssen Sie das Fleisch gut klopfen, damit es wirklich auf der Zunge zergeht. Wenn Sie keinen Fleischklopfer haben, decken Sie das Fleisch mit Frischhaltefolie ab und klopfen Sie mit einer schweren Bratpfanne. Übrigens auch eine tolle Methode, den Stress nach einem langen Arbeitstag loszuwerden.

Den Ofen auf 200 °C vorheizen.

Für den geschmorten Salat in einem großen Topf mit kochendem Salzwasser die Salatblätter 3 Minuten blanchieren. Gut abtropfen lassen und unter kaltem fließendem Wasser abspülen. Dann in einer Auflaufform gemeinsam mit den Karotten- und Zwiebelstücken mit dem Öl beträufeln, mit den gehackten Kräutern gut vermischen. Abschließend mit der Brühe übergießen. Mit Backpapier bedeckt 30 Minuten im Ofen weich und zart garen, bis die Brühe vollständig aufgesogen ist.

Unterdessen für die Saltimbocca in einem kleinen Topf die Hälfte der Butter sanft zerlassen. Den Zucker, die gehackten Salbeiblätter und die Birnenstücke 10 Minuten darin weich garen. Vom Herd nehmen und beiseitestellen.

Die Kalbsschnitzel dünn und gleichmäßig flach klopfen (siehe oben), dann in dem Mehl wenden. Die Schnitzel leicht ausschütteln. Nun jeweils 1 TL der Birnenmischung auf eine Hälfte des Schnitzels setzen, die andere Hälfte darüberklappen, so dass ein Päckchen entsteht. Darauf jeweils 1 Prosciuttoscheibe legen und je 1 Salbeiblatt auf den Prosciutto geben, alles mit einem Zahnstocher fixieren.

In einer Pfanne die restliche Butter (50 g) sanft erhitzen. Die Kalbsschnitzel mit dem Salbeiblatt nach unten hineingeben und von jeder Seite in 2 Minuten goldbraun braten. Vorsichtig wenden, portionsweise vorgehen. Die Schnitzel aus der Pfanne nehmen und in einer feuerfesten Form bei geringer Temperatur im Ofen warm halten. Den Weißwein in die Pfanne gießen und schnell aufkochen; den Bratensatz durch Rühren lösen. Salzen und pfeffern, dann sirupartig einkochen lassen.

Für den frittierten Salbei in einer kleinen Schüssel das Mehl und das Sprudelwasser zu einem Teig verrühren. Das Olivenöl in einer Pfanne erhitzen. Je 1 Sardellenstück zwischen 2 Salbeiblätter legen, gemeinsam in den Teig tauchen und in der Pfanne von jeder Seite in etwa 1 Minute goldbraun braten. Die krossen Päckchen auf Küchenpapier entfetten, mit dem geschmorten Salat sowie den Saltimbocca und der Sauce servieren.

Pappa al pomodoro
BROT MIT TOMATENSUPPE

»Viva la Pappa col Pomodoro« ist ein beliebter Song von Rita Pavone, einem Teeniestar aus den 1960er-Jahren. Sie besang nicht nur dieses Gericht, sondern spielte auch die Hauptrolle in einer der allerersten italienischen Fernsehserien namens *Il Giornalino di Gian Burrasca* über einen Jungen, dessen Name sich ungefähr mit »Johnny Sturm« wiedergeben lässt. Dieser Spitzname, den der Junge von seiner Familie wegen seines schlechten Benehmens bekam (eher eine Frage des Überschwangs als der Böswilligkeit), wird seitdem als geflügeltes Wort jedem renitenten Kind verpasst. Brot und Tomate ist die italienische Kombination schlechthin, mit der man nie etwas falsch machen kann, selbst wenn alles andere schiefläuft.

Zubereitungszeit: 20 Minuten

Garzeit: 25 Minuten

Für 4 Personen

3 EL natives Olivenöl extra

1 Frühlingszwiebel, fein gehackt

400 g Kirschtomaten, halbiert

1 große Handvoll Basilikum, grob gehackt

1 TL frisch geriebene Muskatnuss

120 ml Gemüsebrühe (siehe Seite 12)

1 runder Laib Sauerteigbrot mit Kruste (alternativ 4 große Sauerteigbrötchen mit Kruste)

1 Knoblauchzehe, geschält, halbiert

einige Chiliflocken

Abrieb von 1 unbehandelten Zitrone

Basilikumblätter zum Garnieren

Salz

In einer Pfanne 2 EL des Olivenöls sanft erhitzen, die Frühlingszwiebel hineingeben und unter gelegentlichem Rühren 5 Minuten dünsten, bis sie weich und leicht gebräunt ist.

Die Tomatenhälften, die gehackten Basilikumblätter und die Muskatnuss unter Rühren 10 Minuten mitbraten. Die Brühe angießen, alles sanft aufkochen lassen und weitere 10 Minuten köcheln, bis das Ganze zu einer dicken Sauce eingekocht ist.

Vom Brot oder den Brötchen den Deckel kappen. Das Innere vorsichtig herauslöffeln, so dass eine Suppenschüssel aus Brot entsteht. Die Kruste sollte dabei intakt bleiben. Das entfernte Brotinnere mit den Knoblauchhälften einreiben, in daumengroße Stücke reißen und in einer Pfanne ohne Fett in 3 Minuten rösten.

Die gerösteten Brotstücke in die *pappa al pomodoro* geben und alles mit Salz abschmecken. Die Chiliflocken einrühren und weiter kochen, bis die Suppe dick und von seidiger Konsistenz ist. Vom Herd nehmen, mit dem restlichen Öl (1 EL) beträufeln. Die Suppe in das ausgehöhlte Brot oder die Brötchen löffeln. Mit dem Zitronenabrieb sowie einigen Basilikumblättern bestreut servieren.

Fusilli lunghi aglio, olio, indivia, peperoncino, capperi e molliche

FUSILLI MIT ENDIVIEN, CHILISCHOTEN, KAPERN & CROSTINI

Dies ist eines der ersten Gerichte, das Kinder selbst kochen lernen – einfach und äußerst unkompliziert. Im Namen des Rezepts hört man schon den schleppenden römischen Dialekt mitschwingen: »aio, oio e peperoncino«, so hörten wir alle es immer ausgesprochen. Natürlich verleihe ich dem Gericht gern einen römischen Anstrich mit meiner persönlichen Note. *Colatura di alici* heißt der bernsteinfarbene aromatische Saft gesalzener Sardellenfilets. Da er nicht immer leicht aufzutreiben ist, brate ich als Ersatz einige Sardellenfilets im besten Olivenöl, das ich finde.

Zubereitungszeit: 10 Minuten

Garzeit: 10 Minuten

Für 4 Personen

Salz

350 g Fusilli lunghi, Linguine oder andere längere Nudeln

8 EL natives Olivenöl extra

2 Knoblauchzehen, geschält

4 in Olivenöl eingelegte Sardellenfilets

2 Köpfe Endivie oder Chicorée, Strunk entfernt, in dünne Streifen geschnitten

1 TL gehackte rote Chilischote (alternativ Chiliflocken)

1 TL in Salz eingelegte Kapern, abgespült

1 große Handvoll glatte Petersilie, fein gehackt, plus ganze Blätter zum Garnieren

20 g Butter

50 g altbackenes Brot, gewürfelt (Kantenlänge 1 cm), zum Garnieren

In einem großen Topf mit kochendem Salzwasser die Nudeln nach Packungsanleitung al dente garen.

Unterdessen für die Sauce in einer großen antihaftbeschichteten Pfanne das Olivenöl mit dem Knoblauch und den Sardellenfilets unter gelegentlichem Rühren sanft erhitzen, bis die Sardellenfilets zerfallen sind. Die Endivienstreifen, die gehackte Chilischote und die Kapern unterrühren.

Die gegarten Nudeln abgießen, dabei 1 Kelle Kochwasser aufheben. Die Nudeln in die Sauce geben, dann die gehackte Petersilie, die Butter und das aufgehobene Nudelkochwasser hinzufügen. Alles gut vermischen.

Die Nudeln auf tiefe Teller verteilen. Dabei die ganzen Knoblauchzehen entsorgen. Das Brot nach Belieben vorher rasch in einer antihaftbeschichteten Pfanne rösten – und mit etwas Petersilie bestreut servieren.

Affogato al caffè

EIS IM KAFFEEBAD

Dieses traditionelle Rezept ist ein Sinnbild für den Sommer in Italien, weil es zwei Klassiker der italienischen Gastronomie vereint – selbst gemachtes Eis und Kaffee. In Italien kochen wir Kaffee mit der Espressokanne, aber Sie können ihn auch anders herstellen; auf jeden Fall sollte er ein kräftiges, bitteres, espressoartiges Aroma haben. Nach dem folgenden Rezept können Sie Eis ohne viel Aufwand selbst herstellen. Zum Kaffee passen ansonsten am besten gekaufte Sorten wie Vanille, Stracciatella und nussige Sorten. Fruchteis dagegen verträgt sich weniger gut mit Kaffee. Nicht vergessen, die Kugelgröße für jede Portion muss angemessen schlemmerhaft sein.

Zubereitung: 10 Minuten plus Zeit zum Einfrieren

Kochzeit: 5 Minuten

Für 4 Personen

Für das hausgemachte Eis

350 ml Vollmilch

50 g feiner Zucker

100 g Haselnusskerne

4 Tassen kräftiger Espresso, frisch zubereitet

4 TL feiner Zucker

50 g Pistazienkerne, gehackt

Für das hausgemachte Eis in einem Eiswürfelbehälter die Milch im Gefrierfach durchfrieren lassen (dauert mindestens 5 Stunden).

Wenn die Milch gefroren ist, den Espresso frisch zubereiten und noch heiß mit dem Zucker süßen. Dann 10 Minuten abkühlen lassen.

Unterdessen in einem Mixer den Zucker und die Haselnusskerne zu einem feinen Pulver zermahlen. Die gefrorene Milch hinzufügen und einige Sekunden verarbeiten, bis die Konsistenz an Eiscreme erinnert. Die genaue Zubereitungszeit hängt von der Leistungsfähigkeit der Maschine ab – die Konsistenz genau beobachten.

Dann die Eiscreme auf 4 Gläser verteilen und den leicht abgekühlten Kaffee vom Rand aus angießen (siehe Foto). Wenn Sie den Kaffee direkt daraufgießen, schmilzt die Eiscreme und zerstört so das ansprechende Dessert. Den *affogato al caffè* mit den gehackten Pistazien bestreuen und sofort genießen.

Sgroppino

LUFTIGER ZITRONENCOCKTAIL

Wenn man in Italien über das Ende einer üppigen Mahlzeit spricht, hört man häufig
Dinge wie: »Es gab Obst, Dessert, Kaffee und Kaffeemörder.« Bei einem »Kaffeemörder«,
die wörtliche Übersetzung für das italienische *ammazzacaffè*, handelt es sich häufig
um Dessertwein oder Likör. Dazu würde man auch *sgroppino* zählen, auch wenn er leichter
ist und weniger Alkohol als die meisten anderen enthält. Wenn Sie diese zitronige Köstlichkeit
noch nie probiert haben, empfehle ich Ihnen dringend, das nachzuholen. Vergessen Sie
alle Regeln und sorgen Sie mit diesem lächerlich einfachen Rezept für einen krönenden
Abschluss Ihres Menüs. Ich serviere den Cocktail gern in altmodischen Champagnergläsern.
Außerdem würde ich Ihnen empfehlen, etwas mehr zuzubereiten, denn sicherlich werden
Ihre Gäste einen Nachschlag verlangen und noch einen und noch einen …

Zubereitungszeit: 5 Minuten

Für 4 Personen (ohne Nachschlag)

8 EL Zitroneneiscreme

etwa 400 ml Prosecco

2 TL frisch geriebene Muskatnuss

1 TL frisch gemahlener schwarzer
Pfeffer

Abrieb von 1 unbehandelten
Zitrone zum Garnieren

In einer großen Schüssel die Eiscreme mit einem Rührbesen 1–2 Minuten
durchrühren, bis sie etwas weicher ist. Unter ständigem Rühren nach
und nach den Prosecco angießen, bis ein helle, cremige, luftige Masse ent-
standen ist. Die geriebene Muskatnuss und den Pfeffer einrühren.

Den *sgroppino* in Champagnergläser gießen und zum Garnieren mit dem
Zitronenabrieb bestreuen. Sofort genießen.

Indice
REGISTER

Agretti 98–99
Apfel
Apfel-Maronen-Haselnuss-
Kuchen mit kandierten Orangen
244
Polentakuchen mit Kürbis & Apfel
58–59
Pastinaken-Bete-Salat 183
Rosetta-Brötchen mit Mortadella,
Stracchino & hausgemachter
Mostarda 68–70
Schweinekoteletts mit geröstetem
Landbrot 182–183
Artischocke 13, 273
Bauernpastete mit Artischocken,
Erbsen & Schinken 50
Artischocken, geschmorte, römi-
scher Art 282–283
Artischocken in Öl 252–253
Maccheroni mit Artischocken,
Zucchini & Ricotta salata 192
Lammkoteletts, knusprige,
mit Blumenkohl, Maronen &
Kartoffel-Orangen-Kuchen
164–167
Ossobuco, römisches, mit
geschmortem Frühlingsgemüse
156–157
Rinderragout mit Artischocken-
auflauf 108–109
Aubergine 39, 46–47, 84–85
Avocado 72–73, 172–173

Backpflaumen 116–117, 212–215
Banane 232–233, 276–277
Birne
Eiscremefrüchte 228–229
Saltimbocca mit karamellisierter
Birne, gebratenem Salbei &
geschmortem Salat 286–287
Schokoladenkuchen mit Ama-
retti & Früchten 232–233
Bohnen
Cannellinibohnen 158
Lachsfilet mit Minze-Bohnen-
Mousse 104–105
Nudeln, Kichererbsen & Bohnen
mit schwarzen Trüffeln 158–159
Ossobuco, römisches, mit
geschmortem Frühlingsgemüse
156–157
Ribollita aus dem Latium 196–197

Zitronen-Seeteufel mit Fenchel &
fruchtigem Stangenbohnensalat
96–97
Brombeeren
Eiscremefrüchte 228–229
Mandeleistorte mit süßem Wein
236–237
Pfirsiche, pochierte, in Sirup mit
Sahne 216–217
Sauerkirsch-Ricotta-Biskuitrolle
246–247
Zitronentiramisu 241–243
Brot 13, 79, 91, 157, 199, 249, 262
Briochezopf mit Schokostückchen
24–25
Brot mit Tomatensuppe 288–289
Brotsalat 132–133
Bruschette, dreierlei 46–47
Crostini 263, 290–291
Frühstückszwieback 34–35
Fusilli mit Endivien, Chilischoten,
Kapern & Crostini 290–291
Grissini 258–259
Kaiserbrot, süßes, mit Clemen-
tinengelee 212–215
Kalbsstreifen in Marsalasauce &
Spinat mit Brotwürfeln 279–
281
Käse-Ei-Bällchen, kurzgebratene
278
Mozzarella im Brotteig 130–131
Osterbrot mit Ei 207
Osterbrot mit Pecorino, Honig &
Salami 210–211
Rosetta-Brötchen mit Mortadella,
Stracchino & hausgemachter
Mostarda 68–70
Sandwiches, feine 146
Sandwichschnecken mit Prosciut-
tomousse 56
Schweinebraten nach Ariccia-
Art mit »gezogenem« Wirsing
188–191
Schweinekoteletts mit geröstetem
Landbrot 182–183
Semmelbrösel 262
Rosinenbrötchen 18–19
Weiße Suppe 125

Chicorée 39
Cannelloni mit Ricotta & Safran
121–123

Cotechino im Teigmantel mit Salat
aus Fenchel, Oliven, Orangen &
Granatapfel 218–221
Fusilli mit Endivien, Chilischoten,
Kapern & Crostini 290–291
Puntarellesalat 119, 120, 170
Rindfleischpäckchen, gefüllte,
mit herzhaften Agrettiküchlein
98–99
Schwertfisch, in Papier gegarter,
mit Babykalmaren & geschmor-
ten Endivien 112–113

Eingemachtes, Eingekochtes
Kaiserbrot, süßes, mit Clemen-
tinengelee 212–215
Pfirsiche, pochierte, in Sirup mit
Sahne 216–217
Trauben-Pekannuss-Konfitüre
264–265
Zwiebeln, eingelegte rote 263, 264
Eis (-creme und -würfel)
Eis im Kaffeebad 292–293
Eiscremefrüchte 228–229
Eiswürfel, farbige 266–267
Granita, römische 276–277
Endivie 112–113, 290–291
Erbsen
Bauernpastete mit Artischocken,
Erbsen & Schinken 50
Nudelpastete mit Schinken,
Leber & Erbsen 114
Ossobuco, römisches, mit
geschmortem Frühlingsgemüse
157
Tintenfisch mit Erbsen,
Avocado & Tomaten 173
Erdnusskerne 74, 180–181

Feigen 212–215, 228–229
Fenchel
Cotechino im Teigmantel mit Salat
aus Fenchel, Oliven, Orangen &
Granatapfel 218–221
Eintopf mit Schweinewurst, Lin-
sen, Lauch & Fenchel 284–285
Wolfsbarschcarpaccio mit Pfirsi-
chen, Kiwi & Rucola 75–77
Zitronen-Seeteufel mit Fenchel &
fruchtigem Stangenbohnensalat
96–97
Fisch 80, 249

Aal-Lorbeer-Spieße mit hausgemachter Meerrettichsauce 170

Dorade im Kartoffelmantel
160–161

Freitagsfisch mit Kichererbsen
88–89

Kalb mit Thunfischsauce 118–119

Lachsfilet mit Minze-Boh-
nen-Mousse 104–105

Reis-Rotzunge-Timbale mit
Proseccosauce 184–185

Sandwiches, feine 146

Sardellen oder Sardinen, marinierte 147

Schwertfisch, in Papier gegarter,
mit Babykalmaren & geschmorten Endivien 112–113

Wolfsbarschcarpaccio mit Pfirsichen, Kiwi & Rucola 75–77

Zitronen gefüllt mit Thunfischcreme 148–149

Zitronen-Seeteufel mit Fenchel &
fruchtigem Stangenbohnensalat
96–97

Fleisch *siehe Fleischsorten*

Getränke, *auch kochen mit* 60
Eis im Kaffeebad 292–293

Kalbsstreifen in Marsalasauce &
Spinat mit Brotwürfeln 279–281

Knabbereien, süße, mit & zum
Wein 42–43

Negroni 268–269

Reis-Rotzunge-Timbale mit
Proseccosauce 184–185

Sambuca, römischer 43, 223,
268–269, 270–271

Zitronencocktail, luftiger 294–
295

Gnocchi 86–87, 94–95

Granatapfelsamen
Cotechino im Teigmantel mit Salat
aus Fenchel, Oliven, Orangen &
Granatapfel 218–221

Kaiserbrot, süßes, mit Clementinengelee 212–215

Kekse, hässliche, aber leckere 96

Zitronen-Seeteufel mit Fenchel &
fruchtigem Stangenbohnensalat
96–97

Haselnusskerne 237
Apfel-Maronen-Haselnuss-
Kuchen mit kandierten Orangen
244

Eis im Kaffeebad 292–293

Kaiserbrot, süßes, mit Clementinengelee 212–215

Kekse, hässliche, aber leckere
26–27

Hühnchen-, Lamm- und Kaninchen-
fleisch
Dinkelreissalat mit gegrillten
Hähnchenstreifen, Zucchini &
Ziegenkäse 44–45

Hähnchen, römisches, mit Paprika
178–179

Hähnchengalantine mit Käsetrauben 142–143

Kaninchenragout mit Trauben &
Oliven 194–195

Lammkoteletts, knusprige, mit
Blumenkohl, Maronen & Kartoffel-Orangen-Kuchen 164–167

Nudelpastete mit Schinken,
Leber & Erbsen 114–115

Oliven, gefüllte, nach Ascoli-Art
137

Pennegratin nach Art von Campolattaro 171

Reiskugeln, römische, Kartoffelkroketten & Fleischbällchen
134–136

Weiße Suppe 125

Kaffee 10, 15, 32, 43, 257, 271,
292–293, 295

Kalb 39, 273
Hähnchengalantine mit Käsetrauben 142–143

Kalb mit Thunfischsauce 118–119

Kalbsstreifen in Marsalasauce &
Spinat mit Brotwürfeln 279–281

Ossobuco, römisches, mit
geschmortem Frühlingsgemüse
156–157

Reiskugeln, römische, Kartoffelkroketten & Fleischbällchen
134–136

Saltimbocca mit karamellisierter
Birne, gebratenem Salbei &
geschmortem Salat 286–287

Wirsing-Kalbfleisch-Päckchen 74

Kapern 72, 84, 112, 118, 149, 154,
290

Kartoffeln 13, 31, 39, 66–67, 80–
81, 86–87, 125, 134–136, 154–155,
160–161, 164–167, 188–191,
196–197, 222

Kichererbsen 88–89, 158–159

Kirschen
Eiscremefrüchte 228–229

Sauerkirsch-Ricotta-Biskuitrolle
246–247

Schokoladenkuchen mit Amaretti
& Früchten 233

Kiwi 75–77, 266–267

Kohl 39, 74, 196
Lammkoteletts, knusprige,
mit Blumenkohl, Maronen &
Kartoffel-Orangen-Kuchen
164–167

Bruschette, dreierlei 46–47

Ravioli, römische, mit Brokkoli,
Sardellen & sonnengetrockneten
Tomaten 168–169

Ribollita aus dem Latium 196–197

Schweinebraten nach Ariccia-
Art mit »gezogenem« Wirsing
188–191

Wirsing-Kalbfleisch-Päckchen 74

Kokos
Granita, römische 276–277

Ricotta-Kokos-Kugeln 202–203

Kürbis, *auch -kerne* 22–23, 58–59,
245

Lauch
Eintopf mit Schweinewurst, Linsen, Lauch & Fenchel 284–285

Gemüsepastete im Mangoldkleid
50–51

Nudelpastete mit Schinken,
Leber & Erbsen 114–115

Nudeln, überbackene, mit Spargel
& Pancetta 103

Ribollita aus dem Latium 196–197

Linsen 218–221, 284–285

Mandeln, *auch Amaretti, Cantucci*
Hähnchen, römisches, mit Paprika
178–179

Kaiserbrot, süßes, mit Clementinengelee 212–215

Kekse, hässliche, aber leckere
26–27

Knuspermüsli 22–23

Lammkoteletts, knusprige,
mit Blumenkohl, Maronen &
Kartoffel-Orangen-Kuchen
164–167

Mandeleistorte mit süßem Wein
236–237

Schokoladenkuchen mit Amaretti
& Früchten 232–233

Tozzetti, toskanische, mit Chiasamen 256–257

Weiße Suppe 125

Mango 96

Mangold 50–51, 59, 139, 196–197

Maronen
Apfel-Maronen-Haselnuss-
Kuchen mit kandierten Orangen
244

Lammkoteletts, knusprige,
mit Blumenkohl, Maronen &
Kartoffel-Orangen-Kuchen
164–167
Rührkuchen mit Kastanienmehl
245
Meeresfrüchte
Bucatini mit Venusmuscheln &
Minzekartoffeln 154–155
Donnerstags-Ricotta-Gnocchi
mit Garnelen & Pistazien
86–87
Nudeln mit Käse, Pfeffer & Mies-
muscheln 180–181
Tintenfisch mit Erbsen,
Avocado & Tomaten 172–173
Tintenfisch-»Wurst« mit Kartof-
feln & Sellerie 80–81
Meerrettich 170

Oliven
Auberginen- & Zucchiniboote
84–85
Brotsalat 132–133
Conchiglioni, gefüllte, auf Basili-
kumblättern 72–73
Cotechino im Teigmantel mit Salat
aus Fenchel, Oliven, Orangen &
Granatapfel 218–221
Hähnchen, römisches, mit Paprika
178–179
Kaninchenragout mit Trauben &
Oliven 194–195
Oliven, gefüllte, nach Ascoli-Art
137
Schwertfisch, in Papier gegarter,
mit Babykalmaren & geschmor-
ten Endivien 112–113
Weihnachts-»Fisch« 222
Zitronen gefüllt mit Thunfisch-
creme 148–149
Orange 22, 60–61, 184–185, 212–215,
268–269
Apfel-Maronen-Haselnuss-Kuchen
mit kandierten Orangen 244
Cotechino im Teigmantel mit Salat
aus Fenchel, Oliven, Orangen &
Granatapfel 218–221
Karnevalskrapfen, römische 223
Lammkoteletts, knusprige,
mit Blumenkohl, Maronen &
Kartoffel-Orangen-Kuchen
164–167
Meringen, römische, mit Orangen-
sauce 230–231
Polentakuchen mit Kürbis & Apfel
58–59
Rosinenbrötchen 18–19

Panzanella siehe Brotsalat
Paprika 39, 178–179
Pasta 12, 249
Bucatini mit Venusmuscheln &
Minzekartoffeln 154–155
Cannelloni mit Ricotta & Safran
121–123
Conchiglioni, gefüllte, auf Basili-
kumblättern 72–73
Fusilli mit Endivien, Chilischoten,
Kapern & Crostini 290–291
Maccheroni mit Artischocken,
Zucchini & Ricotta salata 192
Nudeln, Kichererbsen & Bohnen
mit schwarzen Trüffeln 158–159
Nudeln mit Amatriciana 193
Nudeln mit Käse, Pfeffer & Mies-
muscheln 180–181
Nudeln, überbackene, mit Spargel
& Pancetta 102–103
Nudelpastete mit Schinken, Leber
& Erbsen 114–115
Pennegratin nach Art von Campo-
lattaro 171
Ravioli, römische, mit Brokkoli,
Sardellen & sonnengetrockneten
Tomaten 168–169
Spaghetti mit Carbonara-Sauce
106–107
Spaghetti-Omelett 78–79
Tomatensauce auf Vorrat für Pizza
& Pasta 254–255
Pesto 124, 262
Pfirsiche 57, 75–77, 216–217
Pistazien 86, 142
Donnerstags-Ricotta-Gnocchi mit
Garnelen & Pistazien 86–87
Eis im Kaffeebad 292–293
Hähnchengalantine mit Käsetrau-
ben 142–143
Kaiserbrot, süßes, mit Clemen-
tinengelee 212–215
Rosinenbrötchen 18–19
Zitronentiramisu 241–243
Pizza 9, 10, 139
Minipizzen mit Tomatensauce
54–55
Tomatensauce auf Vorrat für Pizza
& Pasta 254–255
Polenta 58–59, 144–145

Reis 12, 249
Tomaten, reisgefüllte, mit Kartoffeln 66–67
Reistörtchen 36–37
Reiskugeln, römische, Kartoffelkroketten & Fleischbällchen
134–135

Reis-Rotzunge-Timbale mit Proseccosauce 184–185
Rindfleisch, *Kalb siehe ebd.*
Fleischbällchen, Großmutters,
mit glasierten Schalotten & Backpflaumen 116–117
Ochsenschwanzragout, grünes 124
Oliven, gefüllte, nach Ascoli-Art
137

Salatgerichte 50, 74, 84, 114, 118,
127, 170, 172, 183, 194, 199, 249,
263, 284
Brotsalat 132–133
Cotechino im Teigmantel mit Salat
aus Fenchel, Oliven, Orangen &
Granatapfel 218–221
Dinkelreissalat mit gegrillten
Hähnchenstreifen, Zucchini &
Ziegenkäse 44–45
Puntarellesalat 119, 120, 170
Saltimbocca mit karamellisierter
Birne, gebratenem Salbei & ge-
schmortem Salat 286–287
Schwertfisch, in Papier gegarter,
mit Babykalmaren & geschmor-
ten Endivien 112–113
Tintenfisch-»Wurst« mit Kar-
toffeln & Sellerie 80–81
Zitronen-Seeteufel mit Fenchel &
fruchtigem Stangenbohnensalat
96–97
Salatgurke
Brotsalat 132–133
Schweinekoteletts mit geröstetem
Landbrot 182–183
Weihnachts-»Fisch« 222
Sandwiches 56, 72, 79, 146, 188
Mozzarella-»Sandwich« 70–71
Polentasandwich mit gebackenem
Würstchen & Käse 144–145
Sandwiches, feine 146
Sandwichschnecken mit Prosciut-
tomousse 56
Sardellen 12
Auberginen- & Zucchiniboote
84–85
Bruschette, dreierlei 46–47
Conchiglioni, gefüllte, auf Basili-
kumblättern 72–73
Kalb mit Thunfischsauce 118–119
Ossobuco, römisches, mit
geschmortem Frühlingsgemüse
156–157
Puntarellesalat 119, 120, 170
Ravioli, römische, mit Brokkoli,
Sardellen & sonnengetrockneten
Tomaten 168–169

Saltimbocca mit karamellisierter Birne, gebratenem Salbei & geschmortem Salat 286–287
Sardellen oder Sardinen, marinierte 147
Schwertfisch, in Papier gegarter, mit Babykalmaren & geschmorten Endivien 112–113
Weihnachts-»Fisch« 222
Schinken, auch Prosciutto 217
  Bauernpastete mit Artischocken, Erbsen & Schinken 50
  Lammkoteletts, knusprige, mit Blumenkohl, Maronen & Kartoffel-Orangen-Kuchen 164–167
  Nudelpastete mit Schinken, Leber & Erbsen 114
  Pennegratin nach Art von Campolattaro 171
  Reiskugeln, römische, Kartoffelkroketten & Fleischbällchen 134–136
  Rindfleischpäckchen, gefüllte, mit herzhaften Agrettiküchlein 98–99
  Saltimbocca mit karamellisierter Birne, gebratenem Salbei & geschmortem Salat 286–287
  Sandwichschnecken mit Prosciuttomousse 56
Schokolade, auch weiße 15, 225
  Briochezopf mit Schokostückchen 24–25
  Cremetorte, Großmutters 238–239
  Kaiserbrot, süßes, mit Clementinengelee 212–215
  Schokoladenkuchen mit Amaretti & Früchten 232–233
  Ochsenschwanzragout, grünes 124
  Ricotta-Schokoladen-Kuchen jüdischer Art 240
Schweinefleisch, siehe auch Speck, Wurst und Würstchen 168, 196, 279
  Fleischbällchen, Großmutters, mit glasierten Schalotten & Backpflaumen 116–117
  Gnocchi, römische, mit Schweinerippchen in Tomatensauce 94–95
  Hähnchengalantine mit Käsetrauben 142–143
  Oliven, gefüllte, nach Ascoli-Art 137

Schweinebraten nach Ariccia-Art mit »gezogenem« Wirsing 188–191
Schweinekoteletts mit geröstetem Landbrot 182–183
Soffritto 13
Spargel 102–103
Speck
  Maccheroni mit Artischocken, Zucchini & Ricotta salata 192
  Nudeln, Kichererbsen & Bohnen mit schwarzen Trüffeln 158–159
  Nudeln mit Amatriciana 193
  Nudeln, überbackene, mit Spargel & Pancetta 102–103
  Ochsenschwanzragout, grünes 124
  Oliven, gefüllte, nach Ascoli-Art 137
  Ossobuco, römisches, mit geschmortem Frühlingsgemüse 156–157
  Spaghetti mit Carbonara-Sauce 106–107
  Spaghetti-Omelett 78–79
  Wirsing-Kalbfleisch-Päckchen 74
Suppe 50, 211, 263, 284
  Brot mit Tomatensuppe 288–289
  Ribollita aus dem Latium 196–197
  Weiße Suppe 125

Teig, auch Keksteig 238
  Bauernpastete mit Artischocken, Erbsen & Schinken 50
  Blätterteigfächer 20–21
  Butterkekse mit dreierlei Konfitüre 57
  Cremetorte, Großmutters 238–239
  Donuts, gebackene 31
  Frühstückskekse zum Eintunken 32–33
  Mimosentorte mit Ananas & kandierten Blüten 204–206
  Minipizzen mit Tomatensauce 54–55
  Osterkuchen, neapolitanischer 60–61
  Reistörtchen 36–37
  Ricotta-Schokoladen-Kuchen jüdischer Art 240
  Sauerkirsch-Ricotta-Biskuitrolle 246–247
  Zitronentiramisu 241–243
Tramezzini siehe Sandwiches, feine
Trüffel

Hähnchengalantine mit Käsetrauben 142–143
Nudeln, Kichererbsen & Bohnen mit schwarzen Trüffeln 158–159
Pennegratin nach Art von Campolattaro 171

Weintrauben
  Eiswürfel 266
  Hähnchengalantine mit Käsetrauben 142–143
  Kaninchenragout mit Trauben & Oliven 194–195
  Trauben-Pekannuss-Konfitüre 265–266
Wurst und Würstchen 211
  Bruschette, dreierlei 46–47
  Cotechino im Teigmantel mit Salat aus Fenchel, Oliven, Orangen & Granatapfel 218–221
  Eintopf mit Schweinewurst, Linsen, Lauch & Fenchel 284–285
  Gnocchi, römische, mit Schweinerippchen in Tomatensauce 94–95
  Hähnchengalantine mit Käsetrauben 142–143
  Kaiserbrötchen mit Mortadella, Stracchino & hausgemachter Mostarda 68–70
  Osterbrot mit Pecorino, Honig & Salami 210–211
  Polentasandwich mit gebackenem Würstchen & Käse 144–145
  Weiße Suppe 125
  Wirsing-Kalbfleisch-Päckchen 74

Zitronen
  Zitronencocktail, luftiger 294–295
  Zitronen gefüllt mit Thunfischcreme 148–149
  Zitronentiramisu 241–243
Zucchini
  Auberginen- & Zucchiniboote 84–85
  Dinkelreissalat mit gegrillten Hähnchenstreifen, Zucchini & Ziegenkäse 44–45
  Maccheroni mit Artischocken, Zucchini & Ricotta salata 192
  Mozzarella-»Sandwich« 70–71
  Zucchiniblüten, gefüllte 138–139
  Zucchinipesto römischer Art 262

Ringraziamenti

DANKSAGUNGEN

Ich habe ein wunderbares Jahr mit dem Schreiben dieses Buches verbracht, das mein Leben auf fantastische Weise bereichert hat. Ich bin überwältigt vor Freude darüber, dass ich von bemerkenswerten Menschen umgeben bin, die mich unbeirrt derart unterstützten, was ich nur als spektakulär bezeichnen kann. Daher geht mein Dank zuallererst an die außergewöhnliche Octopus Publishing Group wegen der ansteckenden Begeisterung, mit der sie meine römisch-kulinarische Abenteuerreise ab dem ersten Tag zu einem erreichbaren Ziel machten.

Im Einzelnen gehören dazu unter anderem:

Meine Herausgeberin Eleanor Maxfield, die mich als Erstautorin vertrauensvoll beauftragte und mir ermöglichte, dieses Buch zu schreiben, und mich damit in den erlauchten Kreis der wunderbaren Autoren dieses Verlags mit aufnahm, die mich über so viele Jahre hinweg unterhalten und beeinflusst haben, bevor dieses Buch auch nur angedacht war. Es ist ein Triumph für mich, auf dieser Liste zu stehen.

Die fantastische Alex Stetter, die mein Buch lektorierte und mir die Chance gab, es in meinem eigenen Stil zu schreiben, und meine Vision auf ganzer Linie unterstützte. Danke für die Begleitung auf dieser Reise.

Art Director Juliette Norsworthy. Es war mir ein Privileg, mit ihr zusammen den grafischen und kreativen Prozess zu durchleben. Danke für das Engagement und die Hingabe.

Natalie Bradley, die immer dafür sorgte, dass ich im Zeitplan blieb.

Caroline Alberti, die dafür verantwortlich ist, dass dieses Buch so schön aussieht.

Caroline Brown, Kevin Hawkins und die grandiose Marketing- und Verkaufsabteilung, die mich so mutig und intelligent auf den Weg in diese ungeheure Branche führten und so unendlich optimistisch waren.

Alles, was ich in diesem Buch zeige, verdanke ich einem Telefonanruf bei meiner brillanten Agentin Federica Leonardis von Rogers, Coleridge and White, mit der ich über meine Ideen sprach und die mir eine Chance gab. Das hat mein Leben verändert. Sie ist im Wesentlichen verantwortlich für dieses Debüt; ohne sie wäre es niemals Wirklichkeit geworden.
Danke für den unerschrockenen Aufbruch in dieses Abenteuer und für das Vertrauen und die Unterstützung mittels reiner Erleuchtung und auch dafür, dass ich so viele E-Mails schreiben darf, wie ich will, selbst wenn sie im Urlaub ist.

Der meisterhafte Fotograf David Loftus, der alles dafür tat, damit mir nichts passierte, der mich zum Lachen brachte und ohne dessen Professionalität, Talent und Menschlichkeit dieses Buch nicht der Schatz wäre, der es ist. Das Schießen dieser Bilder hat sündhaft viel Spaß gemacht und ich hoffe, das sieht man auch. Danke für das nahtlose Einpassen der Bilder in meine Texte.

Den reizenden und sehr talentierten (Food-)Stylistinnen Emily Ezekiel und Linda Berlin danke ich für ihre harte Arbeit beim Fotoshooting. Und danke für die Verkörperung meines Glaubens an zeitlose starke Frauen, die sich niemals bescheiden zurückhalten sollten.

Die Designer bei Fendi, Red Valentino, Renato Balestra und Beulah, die mir erlaubten, ihre Schränke zu plündern und in ihren Kleidern hübsch auszusehen und das Lebensgefühl des *dolce vita* so überzeugend darzustellen. Tut mir leid, dass mir dabei auf den *sanpietrini* (dem Kopfsteinpflaster) ein paar Absätze abgebrochen sind.

La Belle Assiette, durch die ich mein #foodhappiness in die Haushalte der Menschen bringen konnte.

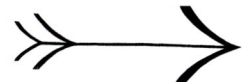

Ringraziamenti

DANKSAGUNGEN

Alle meine Freunde, die meine Rezepte probiert haben: Danke, dass sie so empfänglich und wild und witzig sind und zu meinem Erstaunen auch zufrieden mit dem Ergebnis – allen voran Ginevra Boralevi, Rodolphe & Maggie Frerejean Taittinger, Matteo Basilé & Teresa Manuele, Francesco Ruspoli & Angelica Visconti, Arnaud de Giovanni, Anne Helia Roure, Helene Bernowitz.

Giovanna Rispoli, die mich so großzügig in ihrem Ferienhaus auf Capri beherbergte, danke ich für die ruhigen, kühlen, sonnendurchfluteten Tage, an denen ich ohne Unterbrechung arbeiten konnte.

Anna & Sergio Gelmi di Caporiacco, die sich während des Schreibens und darüber hinaus so gut um mich gekümmert haben und mir einen friedlichen Kokon zur Verfügung stellten, in dem ich schreiben konnte, eine Küche, in der ich meine Rezepte ausprobieren konnte, und die mich mit warmer Gastfreundschaft empfingen. Ich bin ewig dankbar für ihren unerreichten Familiensinn und ihre Geduld.

Artico, du bist der Größte. Danke dafür, dass du mich auf der Spur hältst, dem Himmel sei Dank für deine Sturheit, dem Himmel sei Dank für alles an dir: Alles, was mir im Leben wichtig ist, hast du mir gegeben. Du hast wirklich dafür gesorgt, dass ich die beste Frau sein will, von der ich nie gedacht hätte, dass ich sie sein kann.

Ich hätte dieses Buch nicht geschrieben, wenn ich nichts von der Liebe und ihrer unendlichen Größe gewusst hätte, und dafür danke ich meiner geliebten und glorreichen Urgroßmutter, *nonna* Ia, der schönsten und mutigsten Frau, die ich je kannte, die alle guten Eigenschaften in sich vereinte, mit denen ein Mensch ausgestattet sein sollte. Danke für deine ungeteilte Liebe und Großzügigkeit und dafür, dass du mir durch dein Beispiel gezeigt hast, was für eine zauberhafte Macht es ist, sein Leben mit anderen und für andere zu teilen.

Meinem lieben Bruder Giuseppe danke ich dafür, dass er immer wieder die Grenzen des Machbaren neu auslotet. Du bist mein Schutzengel auf Erden, zu dessen Weisheit und Führung ich immer aufgeschaut habe.

Meinen tiefsten Dank an die glühende Instagram-Community für all die Tipps und die stetige Unterstützung.

Ich bin dankbar dafür, dass ich die herrlichen Lokalitäten des Antico Caffè Greco, der Trattoria Settimio al Pellegrino, der Bar del Fico, der Bar Perù und der Wochenmärkte auf der Via della Croce und der Piazza Campo dei Fiori nutzen durfte.

Zum guten Schluss ein Dank für den Heldenmut des Schlachters, des Schusters, der Kunsthandwerker, der Markthändler – sie stehen für eine Welt unerreichter Vortrefflichkeit. Ihre Darstellung wirft nicht nur ein Licht auf das Kunsthandwerk, das allzu oft keine Beachtung findet, sondern sie zeigt auch Rom und ihre Leidenschaft, ihre Verletzlichkeit, ihren Humor und ihre außerordentliche Tiefe, die viel zu außergewöhnlich sind, um unbeachtet zu bleiben. #foodhappiness und römische Tradition müssen hochgehalten werden!

Eleonora Galasso ist Food-Autorin, Bloggerin, Lehrerin und Instagram-Sensation. Ihre Liebe zum Essen nahm schon in jungen Jahren ihren Anfang: Sie durfte die Küche ihrer Urgroßmutter nicht betreten, aber sie durfte sagen, ob die Nudeln *al dente* waren. Wie so oft im Leben machte die Erschwernis aus der Neugier eines Mädchens ein Hobby und eine Karriere. Sie lernte am Ateneo Italiano della Cucina in Rom und machte anschließend ihren Master in Gastronomie und Essenskultur. Für ihr erstes Kochbuch bereiste Eleonora ausgiebig das Latium, sammelte Rezepte und Geschichten von den unterschiedlichsten Menschen und erweckte sie mit ihrer einzigartigen Kreativität zum Leben.

Heute pendelt Eleonora zwischen Rom und Paris, arbeitet als Journalistin, leitet Kochseminare und arbeitet mit großen internationalen Namen und Unternehmen aus der Lebensmittelbranche zusammen.